Historische Anthropologie zur Einführung

Jakob Tanner

Historische Anthropologie zur Einführung

JUNIUS

Für Simone

Junius Verlag GmbH
Stresemannstraße 375
22761 Hamburg

Umschlaggestaltung: Florian Zietz
Titelbild: Nicolay Diulgheroff,
L'uomo razionale (1928)
Satz: Junius Verlag GmbH
Druck: Druckhaus Dresden
Printed in Germany 2008
ISBN 978-3-88506-601-9
2. Aufl. April 2008
(zur Einführung; 301)

Bibliografische Information der Deutschen Nationalbibliothek
Die Deutsche Nationalbibliothek verzeichnet diese Publikation in der Deutschen Nationalbibliografie; detaillierte bibliografische Daten sind im Internet über <http://dnb.d-nb.de> abrufbar.

Inhalt

1. Einleitung: Anthropologisches Tohuwabohu 9
1.1 Menschenfresser im Cyberspace 9
1.2 Definitionen und Systematiken 13
1.3 Fragen und Thesen 20
1.4 Zielsetzung und Aufbau 27

2. Vom Staunen in der Aufklärung zum Krisenbewusstsein um 1900 36
2.1 Geschichtswissenschaft *versus* Wissenschaft vom Menschen 37
Exkurs: »M. Machine« Julien Offray de La Mettrie 40
2.2 Anthropologie und Rassenklassifikation 44
Exkurs: Foucaults Kritik am »anthropologischen Schlaf« . . 49
2.3 Krise der Geschichtswissenschaft im *Fin de siècle* 52
2.4 Physische und philosophische Anthropologie 55

3. Geschichtswissenschaft und Anthropologie im 20. Jahrhundert 64
3.1 Innovationen aus Frankreich: Die Historiker der *Annales* 65
3.2 Historisch-anthropologische Annäherungen in den USA und in Europa 74
3.3 Tendenzen und Debatten in Deutschland 77
3.4 Hors-texte? Feldforschung im Archiv und Spurensuche im Forschungsfeld 82

4. Probleme und Perspektiven der Historischen Anthropologie 97
4.1 Der »konkrete Mensch« als Fiktion? 98
4.2 Mikrohistorie und Handlungstheorien 101
4.3 Mikro- versus Makroperspektive und »les jeux d'échelles« 110
4.4 Alltag, Gewohnheiten, Wiederholungsstrukturen: Beständigkeit und Wandel 118
4.5 Leibliche Erfahrung und Techniken des Körpers . . . 123

5. Der *Anthropos* im Lichte naturwissenschaftlicher Forschung 136
5.1 Feststellungen über das »noch nicht festgestellte Tier« . 137
5.2 Soziobiologische Reduktionen und evolutionstheoretische Generalisierungen 141
5.3 Kultur im Gehirn: neurowissenschaftliche Einblicke . 146
5.4 Begrenzte Rationalität und Alltagsheuristiken 151
5.5 Probleme und Chancen des interdisziplinären Dialogs . 155

6. Geschichte und symmetrische Anthropologie 164
6.1 Zirkularität und Wechselwirkungen 165
6.2 Arbeit und Medien: das *tool making animal* als *zoon symbolicon* 168
Exkurs: Schrift als Medium und menschliche Praxis 173
6.3 Informationstheorie, kybernetische Anthropologie, Technik 176
6.4. Möglichkeiten und Grenzen des Verstehens 179

7. Epilog: Der »rationale Mensch« 190

Dank 198
Literaturhinweise 203

Zur Einführung …

… hat diese Taschenbuchreihe seit ihrer Gründung 1978 gedient. Zunächst als sozialistische Initiative gestartet, die philosophisches Wissen allgemein zugänglich machen und so den Marsch durch die Institutionen theoretisch ausrüsten sollte, wurden die Bände in den achtziger Jahren zu einem verlässlichen Leitfaden durch das Labyrinth der neuen Unübersichtlichkeit. Mit der Kombination von Wissensvermittlung und kritischer Analyse haben die Junius-Bände stilbildend gewirkt.

Von Zeit zu Zeit müssen im ausufernden Gebiet der Wissenschaften neue Wegweiser aufgestellt werden. Teile der Geisteswissenschaften haben sich als Kulturwissenschaften reformiert und neue Fächer und Schwerpunkte wie Medienwissenschaften, Wissenschaftsgeschichte oder Bildwissenschaften hervorgebracht; auch im Verhältnis zu den Naturwissenschaften sind die traditionellen Kernfächer der Geistes- und Sozialwissenschaften neuen Herausforderungen ausgesetzt. Diese Veränderungen sind nicht bloß Rochaden auf dem Schachbrett der akademischen Disziplinen. Sie tragen vielmehr grundlegenden Transformationen in der Genealogie, Anordnung und Geltung des Wissens Rechnung. Angesichts dieser Prozesse besteht die Aufgabe der Einführungsreihe darin, regelmäßig, kompetent und anschaulich Inventur zu halten.

Zur Einführung ist für Leute geschrieben, denen daran gelegen ist, sich über bekannte und manchmal weniger bekannte Autor(inn)en und Themen zu orientieren. Sie wollen klassische

Fragen in neuem Licht und neue Forschungsfelder in gültiger Form dargestellt sehen.

Zur Einführung ist von Leuten geschrieben, die nicht nur einen souveränen Überblick geben, sondern ihren eigenen Standpunkt markieren. Vermittlung heißt nicht Verwässerung, Repräsentativität nicht Vollständigkeit. Die Autorinnen und Autoren der Reihe haben eine eigene Perspektive auf ihren Gegenstand, und ihre Handschrift ist in den einzelnen Bänden deutlich erkennbar.

Zur Einführung ist in verstärktem Maß ein Ort für Themen, die unter dem weiten Mantel der Kulturwissenschaften Platz haben und exemplarisch zeigen, was das Denken heute jenseits der Naturwissenschaften zu leisten vermag.

Zur Einführung bleibt seinem ursprünglichen Konzept treu, indem es die Zirkulation von Ideen, Erkenntnissen und Wissen befördert.

Michael Hagner
Dieter Thomä
Cornelia Vismann

1. Einleitung: Anthropologisches Tohuwabohu

»Dagegen gleicht der gute Historiker
dem Menschenfresser im Märchen.
Seine Beute weiß er dort,
wo er Menschenfleisch wittert.«[1]
(Marc Bloch)

1.1 Menschenfresser im Cyberspace

Der Historiker als »Menschenfresser«, der sich auf die Jagd begibt, weil das Menschliche das Objekt seiner Begierde und der Stoff seiner Geschichten ist: Mit diesem Bild hat der Historiker Marc Bloch in seiner zu Beginn der 1940er Jahre verfassten *Apologie der Geschichte* sein Handwerk beschrieben. Ihm ging es vor allem um »den Menschen [...] in der Zeit«[2]. Dies könnte eine knappe Definition von »Historischer Anthropologie« sein – doch Bloch verwendet den Begriff nicht. Als das Buch 1949 durch seinen Kollegen und Freund Lucien Febvre posthum[3] veröffentlicht wurde, befand sich das Substantiv »Anthropologie« noch immer weit weg vom Adjektiv »historisch«. Heute hingegen ist der Begriff »Historische Anthropologie« fest etabliert. Jene Vertreter der französischen Geschichtsschreibung, die in den 1950er und 1960er Jahren das Erkenntnisinteresse von Bloch und Febvre teilten, spielten bei der Prägung dieses neuen Wortes eine entscheidende Rolle. Aus gegenwärtiger Perspektive lässt sich feststellen, dass der Blick, den Bloch auf den »Beruf des Historikers« wirft, ihn als einen der Pioniere dieses interdisziplinären Ansatzes ausweist.

Dasselbe gilt für Lucien Febvre. Bereits 1930 hatte dieser die Jagd-Metapher für sein Historikermetier verwendet, zielte damit aber nicht direkt auf den Menschen, sondern auf die sprachlichen Ausdrucksmittel, die diesem zur Verfügung stehen. Die Jagdgründe stellen sich hier als semantisches Dickicht dar. Doch die Pirsch lohnt sich, denn »die Geschichte eines Wortes zu schreiben ist nie verlorene Mühe«. Allerdings hält sich Febvre an das Großwild, an die Schlüsselworter einer Sprache, deren Vergangenheit »kein Wild für die bloße Gelehrtenjagd« sei, »sondern Wild für den Historiker«[4]. Heute lässt sich im *world wide web* nach Begriffen jagen. Die Suche unter dem Stichwort »Historische Anthropologie« führt auf vielfältige, aber auch verwirrende Spuren.[5]

Der Weg zur menschlichen Kultur führt zunächst über Knochen. Die erste Position auf der angezeigten Liste verweist auf die Arbeitsgruppe Historische Anthropologie, eine Abteilung des Medizinhistorischen Instituts der Universität Bern.[6] Laut Einführungstext wurden hier »seit 1974 [...] alle im Kanton Bern ausgegrabenen menschlichen Skelettreste untersucht«. Dies geschieht »in enger Zusammenarbeit mit dem Archäologischen Dienst des Kantons Bern und mit verschiedenen Spezialisten vor allem aus dem Bereich der Medizin und der Historischen Wissenschaften. Der Schwerpunkt unserer Forschung liegt beim Menschen der jüngeren Zeitepochen«, worunter die spätrömische Zeit, das Früh- und Spätmittelalter sowie die Frühe Neuzeit subsumiert werden. Historische Anthropologie also als Methode, die es ermöglicht, aus unscheinbaren Knochenrelikten historische Tatsachen – buchstäbliche, nämlich auf Genen basierende Genealogien und Verwandtschaftsbeziehungen, aber auch

Ernährungsweisen, Krankheiten, Verletzungen, Todesursachen – herauszupräparieren, und zwar mit den avancierten naturwissenschaftlichen Untersuchungstechniken.

Der *link* auf der zweiten Position führt zur Arbeitsstelle Historische Anthropologie an der Universität Erfurt, die durch die Historiker Hans Medick und Alf Lüdtke gegründet wurde und von ihnen geleitet wird.[7] Hier werden »Impulse der historisch-kulturwissenschaftlichen Grundlagenforschung in die Lehre und in das Zusammenwirken der unterschiedlichen kulturwissenschaftlichen Fachdisziplinen« umgesetzt. Die Arbeitsstelle orientiert sich an der interpretativen Sozial- und Kulturanthropologie sowie an der Alltags- und Mikrogeschichte.[8] Die »historisch-anthropologischen Ansätze [...] nötigen zur Überprüfung von Geschichtsinterpretationen, die historische Veränderungsmacht primär an umfassende historische Prozesse und herausgehobene Ereignisse rückbinden. Sie überwinden damit die Konzentration auf Staaten und Kriege, ›große Männer‹ und ›große Strukturen‹, wie sie jahrzehntelang die Geschichtswissenschaft bestimmt hat. [...] So kommen soziale Beziehungen und Konflikte, Herrschaft und Politik sowie kulturell-ökonomische Verhältnisse als soziale Praktiken in den Blick.« Neben der Erforschung zu bisher wenig behandelten Themen wie etwa »Geschichte von Person und Selbst, von Gewalt und Krieg oder auch von Arbeit und Umwelt« nennt die Arbeitsstelle als ihre hauptsächliche Zielsetzung, einen »Beitrag zur verstärkten methodisch-kritischen Reflexion einer interkulturellen Geschichtswissenschaft« leisten zu wollen. Historische Anthropologie ist hier der Blick durch ein mikroanalytisches Vergrößerungsglas, das die Komplexität gesellschaftlicher Phänomene und menschlichen Lebens einsichtig macht und damit neue Fragen nach den Möglichkeiten und Grenzen der Geschichtswissenschaft anregt. Institute und Abteilungen für Historische Anthropologie gibt es auch an den Universitäten Freiburg i.Br. (Jochen Martin), Konstanz (Rudolf Schlögel) und Klagenfurt (Gert Dressel).

Dagegen ist das Interdisziplinäre Zentrum für Historische Anthropologie der Freien Universität Berlin weniger geschichtswissenschaftlich als vielmehr philosophisch ausgerichtet. Die Zeitschrift dieses Zentrums, *Paragrana*, ist »dedicated to the continuing study of phenomena and structures of human conduct after the collapse of an obliging abstract anthropological norm«. Freilich sind die Trümmer dieses »Kollapses« noch immer merkwürdig präsent in den Themen von Publikationen, die zwischen kultureller Totalrelativierung und partieller Re-Universalisierung oszillieren. Zwar wird immer wieder festgehalten, es gebe »keinen definitiven Begriff vom Menschen« mehr.[9] Andererseits aber veröffentlicht das Zentrum Beiträge, in denen konstatiert wird, »außerhalb der Übertreibungen des linguistischen Relativismus« habe »auch die Sprachwissenschaft [...] die Annahme einer universellen geistigen und körperlichen Ausstattung des Menschen [...] eigentlich immer akzeptiert«[10]. Das sind Positionen, die einander diametral gegenüberstehen, was – durchaus postmodern – kein Problem verursacht, weil Historische Anthropologie »keine geschlossene Theorie und keinen festen Standpunkt mehr zulässt«[11].

Ein weiterer *link* verweist auf das Ludwig-Boltzmann-Institut für Historische Anthropologie in Wien, das sich als »Forschungsstelle und Forum zur Diskussion von Forschungsergebnissen über den Menschen« versteht und »Aussagen über die *conditio humana* als biologischen und als kulturellen Phänomenkomplex« anvisiert; ferner taucht das Institut für Zoologie und Anthropologie der Universität Göttingen auf, das eine auf die »Analyse menschlicher DNA aus bodengelagertem Skelettmaterial« und »DNA-Analysen an historischen nichtmenschlichen organischen Überlieferungsformen wie z.B. Pergament, Leder,

Topfinhalte oder Felsbilder« spezialisierte Abteilung Historische Anthropologie und Humanökologie unterhält.

Offenbar ist »Historische Anthropologie« ein schillernder Begriff, der ein zerklüftetes Feld und auseinander driftende Forschungszugänge abdeckt. Mit dem Historiker André Burguière lässt sich verallgemeinernd sagen, dass er nicht einen spezifischen Zweig der historischen Forschung bezeichnet, sondern einen »Anziehungspunkt für neue Methoden und neue Fragestellungen«[12].

1.2 Definitionen und Systematiken

Auch der Begriff der Anthropologie ist Teil eines verzweigten semantischen Netzwerkes und entsprechend vieldeutig. Bestehende Klassifizierungsraster bieten eine Orientierung. Jochen Martin schlägt ein zweistufiges System vor und unterscheidet systematische von historischen Anthropologien. Für die systematischen schlägt er folgende Klassifikation vor: a) biologisch-medizinische, b) philosophische und c) strukturale Anthropologie. Die »Historische Anthropologie« wird, weil sie in den unübersichtlichen Bereich der Geschichte integriert ist, nicht mehr weiter unterteilt.[13]

Bei dieser Gliederung fällt zweierlei auf: *Erstens* wird die »physische Anthropologie«, die in Europa eine zentrale Rolle spielte, nicht speziell genannt, sondern der biologisch-medizinischen Variante subsumiert, die sich unter anderem mit der physischen Konstitution des Menschen befasst. Und *zweitens* fehlt die Ethnologie. Sie weist zwar eine gemeinsame Schnittfläche mit der strukturalen Anthropologie auf, lässt sich aber nicht auf diese reduzieren. Mit seiner Systematik versucht Martin, die in kontinentaleuropäischen Ländern stark verankerte Zweiteilung zu überwinden, in der sich die physische Anthropologie auf der einen und die Völkerkunde bzw. Ethnologie auf der anderen Seite zum Teil bis heute gegenüberstehen.

Im Unterschied zu deutschen und französischen Klassifikationsvorschlägen gilt die Historische Anthropologie im angelsächsischen Raum nicht als eigene Richtung. Die *International Encyclopedia of Social Sciences* von 1968 listet unter dem Stichwort »Anthropologie« die verschiedenen disziplinären Fragmentierungen auf, welche aus dem vielfältigen Bemühen um die Erforschung des Menschen und der Menschheit resultierten, und nennt nacheinander fünf Bereiche: die deskriptiv und historisch orientierte *cultural anthropology* (Franz Boas, Marshall D. Sahlins, Clifford Geertz), die strukturfunktionalistisch ausgerichtete *social anthropology* (Bronislaw Malinowski, A.R. Radcliffe-Brown), die physische Anthropologie, die Linguistik und die Archäologie. Dies entspricht der in den USA üblichen Disziplineneinteilung als *four field approach*; ein Feld fehlt hier, weil die *social anthropology* nicht selbständig aufgeführt wird, sondern unter die *cultural anthropology* fällt. Die grundlegende, »truly fundamental division« innerhalb der Anthropologie sei allerdings, so die Schlussfolgerung der Enzylopädie, jene zwischen »physical anthropology« und dem »sociocultural study of man«[14]. Damit ist wieder die oben erwähnte Bifurkation angesprochen, die in Kontinentaleuropa zentral war, wo sich die beiden Richtungen der physischen Anthropologie und der Ethnologie – institutionell völlig getrennt und vom disziplinären Selbstverständnis her weit auseinander liegend – durchgesetzt hatten. Es ist diese Unterscheidung, die bereits Immanuel Kant im ausgehenden 18. Jahrhundert im Auge hatte, als er die »pragmatische Menschenkenntnis« von der »physiologischen« unterschied.[15]

Auf der »pragmatischen« Seite, die den Menschen in seinen vielfältigen kulturellen Ausdrucksformen untersucht und am historischen Wandel interessiert ist, situiert sich das Konzept einer Historischen Anthropologie, wie es in Frankreich schon seit den 1950er Jahren im Umkreis der Zeitschrift *Annales* diskutiert wurde. Dabei war anfänglich noch die Vorstellung leitend, diese sei speziell für »körpernahe« und die biologische Reproduktion betreffende Themen zuständig, was Roger Chartier zu der despektierlichen Bemerkung veranlasste, Historische Anthropologie laufe darauf hinaus, »anthropologischen Gegenständen eine historische Behandlung angedeihen zu lassen«[16]. Die italienische Mikrogeschichte und die deutsche Alltagsgeschichte, die seit den ausgehenden 1970er Jahren an Profil und Interesse gewannen, ließen sich demgegenüber von sozial- und kulturanthropologischen Ansätzen inspirieren und lösten sich von der traditionellen Vorstellung ab, es gebe spezifische anthropologische Untersuchungsgegenstände. Daraus entwickelte sich eine Historische Anthropologie, die von einem weiten Kulturbegriff ausgeht, sich eher in der Nähe einer »historischen Kulturanalyse«[17] ansiedelt und starke Affinitäten zu *cultural studies*[18], zur *microstoria*[19], zu *gender studies*[20] sowie zur *postcolonial theory*[21] aufweist. Alle diese Ansätze schlagen nicht nur neue historische Sicht- und Interpretationsweisen vor, sondern erschließen auch neue, einander vielfältig überschneidende Forschungsbereiche. Vor allem Letztere, die *postcolonial theory*, sensibilisiert die Anthropologie darauf, dass sie als wissenschaftliches Unternehmen selber in einem kolonialistischen Zusammenhang entstanden ist.[22]

In Deutschland wurde vergleichsweise früh schon von Historischer Anthropologie gesprochen. Als Thomas Nipperdey (1967), Reinhart Koselleck (1971), Oskar Köhler (1974) und Wolf Lepenies (1975) für eine solche Bezeichnung plädierten[23], wurde der Vorschlag allerdings kaum verstanden und fand zunächst nur wenig Resonanz. Lepenies schrieb in seinem Plädoyer für die Intensivierung des Kontakts zwischen den beiden Disziplinen:

»Traditionellerweise werden Anthropologie und Geschichte einander gegenübergestellt – ihre gegenwärtige Annäherung in der doppelten Form einer Historisierung der Anthropologie wie einer Anthropologisierung der Geschichte muß daher auf den ersten Blick irritieren.«[24] Tatsächlich erschien die Bezeichnung »Historische Anthropologie« auch in den 1970er Jahren noch vielen als ein Oxymoron. Zudem handelte es sich aus der Sicht der selbstbewusst aufstrebenden Sozialgeschichte beim Rekurs auf »den Menschen« um ein problematisches und ideologieanfälliges Konzept. Von dieser Richtung konnte nicht mit Entgegenkommen gerechnet werden. Abwehrreflexe gegen den Begriff »Historische Anthropologie« waren ebenso auf Seiten der Alltagsgeschichte zu registrieren, obwohl hier keine Berührungsängste gegenüber anthropologisch-ethnologischen Fragestellungen vorhanden waren. Im Gegenteil forderte z.B. Hans Medick 1984 den Einbezug »ethnologischer Erkenntnisweisen« in die Geschichte und verstand dies als »Herausforderung für die Sozialgeschichte«[25]. Gleich dreimal grenzte er sich jedoch in seinem programmatischen Aufsatz gegen »die historische Anthropologie deutscher Provenienz«[26] ab, die er auf einem Holzweg sah, suche sie doch nach »epochen-, gesellschafts- und kulturübergreifenden Verhaltensweisen«. Medick beklagte vor allem die anhaltende »traditionelle Arbeitsteilung von Anthropologie und Geschichte«, in der »dem Historiker [...] die Erforschung großer Veränderungen zugewiesen, dem ›historischen Anthropologen‹ aber die Untersuchung ›elementarer menschlicher Verhaltensweisen‹, gerade auch in ihrer Resistenz und Widerspenstigkeit gegen solche Veränderungen« aufgetragen werde.[27]

In einer wissenschaftlichen Arbeitsteilung, welche die Natur zum Forschungsgegenstand der Anthropologen, die Kultur aber zu jenem der Historiker erklärte, sahen allerdings auch schon

Nipperdey, Koselleck, Köhler und Lepenies ein Auslaufmodell. So war es nur noch eine Frage der Zeit, bis sich die Bezeichnung »Historische Anthropologie« vom Oxymoron zum Pleonasmus wandelte. Zu Beginn der 1990er Jahre waren die wichtigsten Widerstände gegen die Verwendung dieses Begriffs gefallen. Nun schien Anthropologie anders denn als historische gar nicht mehr denkbar. Die 1993 erfolgte Gründung der Zeitschrift *Historische Anthropologie*, in der sich Vertreter der Alltagsgeschichte, einer kulturgeschichtlich erweiterten Sozialgeschichte und der Historischen Kulturforschung zusammenfanden, war ein Indiz dieses Wandels. Dieser war das Resultat dreier Umwege: *erstens* über die französischen *Annales*-Historiker, in deren Umfeld der Begriff *anthropologie historique* seit den 1950er Jahren auftauchte, *zweitens* über die britische *social anthropology* und die amerikanische *cultural anthropology*, in der die Debatte über eine Historisierung der Anthropologie zu Beginn der 1960er Jahre vehement aufbrach, und *drittens* über die Volkskunde, die sich seit den 1960er Jahren auch in Deutschland zunehmend als »Europäische Ethnologie« und später als »Ethnologie industrieller Gesellschaften« verstand und sich einem kulturalistischen Paradigma annäherte.[28] Durch die Impulse aus diesen drei Richtungen wurden Bedeutung und Ausrichtung des Konzepts substanziell verändert. Es kam – wie Richard van Dülmen schrieb – zu einer Themenausweitung ohne Grenzen, »insofern alle Gegenstände, Phänomene und Handlungen Rückschlüsse auf das Handeln und Denken von Menschen erlauben«[29].

Zum Zeitpunkt, als die trotz interdisziplinärem Anspruch stark auf die Geschichtswissenschaft ausgerichtete Zeitschrift *Historische Anthropologie* zu erscheinen begann, war derselbe Begriff allerdings auch von anderer Seite her neu lanciert worden. Inzwischen war die Diskussion um den Zustand der universitären Wissenschaft aufgrund neuer transnationaler und -disziplinärer Impulse (Ende des Kalten Krieges sowie Formierung der Kultur- und Medienwissenschaften) wiederum in Bewegung geraten. In einer von Wolfgang Frühwald, Hans Robert Jauß, Reinhart Koselleck, Jürgen Mittelstraß und Burkhart Steinwachs 1991 veröffentlichten Denkschrift *Geisteswissenschaften heute* wurde vor diesem Hintergrund der »Versuch einer Grundlagenverständigung über die Geisteswissenschaften« angestrebt.[30] Die Rede war von einer »Modernisierung« der Geisteswissenschaften »durch ihre Neubestimmung als Kulturwissenschaften«. Um dies zu erreichen, wurde wiederum das »Erkenntnisziel einer ›Anthropologisierung des Wissens‹« postuliert. In der Denkschrift ist auch von einer »humanwissenschaftlichen Anthropologie« die Rede, die der Erforschung der »anthropologischen Dimension« von Geschichte und Gegenwart gelte.[31] Nicht nur in dieser deutschen Publikation, sondern auch in französischen Studien fungiert »Anthropologisierung« zu Beginn der 1990er Jahre als theoretischer Attraktor. So prognostizierte der Ethnologe Marc Augé, das 21. Jahrhundert werde »anthropologisch« sein.[32]

Das vielstimmige »neue Interesse an einer historischen Anthropologie«[33] war also kaum der Effekt eines zündenden Begriffs mit klarer semantischer Kontur; es entfaltete sich eher umgekehrt proportional zur konzeptionellen Stärke des Vorschlags. Wie so häufig ergeben auch hier semantisch weiche Wörter einen starken gemeinsamen Nenner für unterschiedlichste Bestrebungen. So war es nicht erstaunlich, dass die wolkige, polyseme, zwischen verschiedenen Bedeutungspolen schwankende Bezeichnung »Anthropologie« einherging mit einer Inflation von aktualisierten alten und neuen Bindestrich-Bezeichnungen. Physische, philosophische und evolutionäre Anthropologie sowie vergleichende Anthropologie sind heute ebenso fest etablierte Disziplinen wie *social anthropology* und *cultural anthropo-*

logy.[34] Auch über Technik-, Wirtschafts- und Umweltanthropologie, über eine »Anthropologie der Erkenntnis«[35] sowie über eine *anthropology of experience*[36] und eine *anthropology of the senses*[37] wird seit Jahrzehnten und bis in die Gegenwart fächerübergreifend diskutiert. Der Begriff »negative Anthropologie« taucht – im Anschluss an ältere philosophische Traditionen – seit den 1960er Jahren in verschiedenen Analysekontexten auf und hat seine Attraktivität nicht eingebüßt.[38] Die Bezeichnung *psychoanalytical anthropology* hielt sich hingegen weniger gut.[39] Heute wird auch verstärkt über »Anthropologie der Intersubjektivität«[40], »kybernetische Anthropologie«[41], Medienanthropologie[42], »literarische Anthropologie«[43], »Bildanthropologie«[44], »Anthropologie geschichtlicher Zeiterfahrung«[45] und *»anthropologie de la surmodernité«*[46] publiziert. *Anthropology of gender*[47], *anthropology of life sciences*[48] und »Anthropologie des Cyberspace«[49] markieren wichtige Schwerpunkte in aktuellen Debatten. Es erschienen Bücher, die eine »psychiatrische Anthropologie«[50] oder eine »anthropologie politique«[51] vorschlagen. Auch der Zusammenhang von »Anthropologie und Politiksteuerung«[52] ist ein Thema. Diese Begriffskonstruktionen verweisen alle auf historische Vorgänge, auf einen gesellschaftlichen Wandel, dessen Facetten durch einen anthropologischen Blick fokussiert werden. Anthropologie ist heute also dabei, die Wissenschaft quer durch die Disziplinen hindurch zu infiltrieren; dank des subversiven Adjektivs »historisch« gibt es mittlerweile fast keinen Forschungsbereich mehr, in dem sich die Figur des *anthropos* nicht diskursiv hätte reproduzieren können.

1.3 Fragen und Thesen

Der französische Philosoph Jacques Rancière erklärte: »Die Geschichte konstituiert sich als Wissenschaft dadurch, dass sie mit literarischen Verfahren philosophische Probleme löst, die sie als solche zu stellen vermeidet.«[53] Schon Siegfried Kracauer hat darauf hingewiesen, dass die »formgebende Tendenz«, die durch literarische Verfahren entfaltet wird, für die Geschichtsschreibung zwar zentral ist, dass sie aber die »realistische Tendenz« nicht beherrschen dürfe. Man könne verstehen, »warum Historiker von Misstrauen gegen philosophische Spekulationen erfüllt sind, die wie zu weite Kleider locker am Gerippe der Fakten hängen, und warum sie zu Recht oder Unrecht Skrupel hegen gegen historische Schriften, deren literarische Schönheit sichtlich ins Auge fällt«[54]. Er spricht von einer »›richtigen‹ Balance« zwischen den Formimpulsen des Historikers und seiner »realistischen Tendenz«, die bei der Darstellung der »inhomogenen Struktur des historischen Universums«[55] gesucht werden müsse. Geschichtsschreibung konzentriere sich »gewöhnlich nicht so sehr auf die letzten als auf die vorletzten Dinge«; sie versuche, philosophische Grundsatzfragen in eine Reflexion über das Zusammenspiel von Archivarbeit und historischem Erzählen zu übersetzen. Das theoretische Hauptwerk Kracauers trägt denn auch den programmatischen Titel: *History. The Last Things Before The Last.*

Diese pragmatische Haltung zeigt sich bei den Versuchen, Historische Anthropologie zu definieren und ihren Platz in der disziplinären Matrix der Wissenschaft zu bestimmen. Robert Darnton sprach 1984 von einem *anthropological mode of history*[56]. Peter Burke zählt 1987 fünf Kriterien auf, durch die dieser »kulturgeschichtliche« Ansatz sich unterscheide von »anderen Formen der Sozialgeschichte«: Qualitative Fallstudien, räumlich beschränkte Untersuchungsfelder, Verfahren der ›dichten Beschreibung‹, Analyse der weltbilderhaltenden Funktion trivialer Routinen bzw. Rituale sowie Bezugnahme auf anthropologische und kulturwissenschaftliche Theorietraditionen.[57] Historische Anthropologie bleibe aber nichts weiter als eine Form der Geschichtsschreibung. Kritiker einer solchen Engführung haben demgegenüber betont, mit der Verbindung von Anthropologie und Geschichte böten sich nicht nur gemeinsame Forschungsgebiete, sondern darüber hinaus eine aussichtsreiche Möglichkeit, das theoretische Drehmoment interdisziplinären Arbeitens besser zu nutzen. So bemerkte der Anthropologe Bernard S. Cohn im Jahre 1980: »It is relatively simple to suggest and explore subject matters which are of joint interest to historians and anthropologists. It is much more difficult to delineate a common epistemological space which can be termed historical anthropology.«[58] Unlängst hat Brian Keith Axel für einen noch weiter gehenden sozial- und geisteswissenschaftlichen Paradigmenwechsel plädiert, der die festgefügte disziplinäre Matrix der akademischen Wissenschaft aufzubrechen beabsichtigt. In der Historischen Anthropologie sieht er das Vehikel für die Erprobung ganz neuer Formen wissenschaftlicher Forschung jenseits traditioneller Modelle der Interdisziplinarität.[59]

In welche Richtung die Reise geht, hängt vor allem von den Fragestellungen ab, welche die Historische Anthropologie in die wissenschaftliche Forschung einbringt. Drei Grundfragen lassen sich unterscheiden: *erstens* jene nach dem Wandel von Menschenbildern und den sich verändernden diskursiven und medialen Bedingungen anthropozentrischer Selbstbeschreibungen; *zweitens* jene nach den sozialen Praktiken und symbolischen Formen, durch welche die Menschen ihr gesellschaftliches Zusammenleben organisieren und regulieren, und *drittens* jene nach der Geschichtlichkeit der menschlichen Natur.

Zur *ersten* Problematik liegt bereits eine größere Zahl kulturwissenschaftlicher Untersuchungen vor, die das Sensorium für den unerhörten Reichtum menschlicher Selbst- und Fremdbilder gestärkt haben.[60] In den Formen diskursiver und visueller Selbstrepräsentation des Menschen sind sowohl Kontinuitäten als auch frappante Umbrüche zu erkennen. Dabei zeigt sich, wie sehr Menschenbilder ihre Konturen durch Demarkation erhalten. Das Wissen über den *anthropos* war und ist immer auch ein Nachdenken über die Grenzziehungen und Übergänge zwischen Nichtmenschlichem, Menschlichem und Numinosem. Unterschiede und Gemeinsamkeiten zwischen Maschinen, Automaten, Androiden, Cyborgs, Monstren, Tieren, Primaten, Barbaren, Menschen, Engeln, Teufeln und Göttern spielten zu unterschiedlichen Zeiten eine zentrale Rolle in den Diskursen, welche um den oder die Menschen oszillierten. Traten manchmal Vermischungen und Analogien hervor, so gab es auch Versuche einer Differentialdiagnostik des *homo sapiens.* Seit Beginn der Neuzeit waren Bau und Beobachtung von Automaten zur obsessiven Leidenschaft geworden. Aus Maschinen wurden neue Selbstrepräsentationen des Menschen generiert. Gleichzeitig kam nun verstärkt die Geschichtlichkeit ins Spiel. Der Vorschlag, den z.B. Giambattista Vico in seiner *Scienza nuova* aus dem Jahre 1725 machte: nämlich die Geschichte als Prozess der allmählichen Menschwerdung des Menschen aufzufassen und auf ein »Zeitalter der Götter« eines der »Heroen« und schließlich eines der »Menschen« folgen zu lassen[61], gehorcht einer ganz anderen Logik als der mehr als ein Jahrhundert später formulierte Satz Charles Darwins: »If all men were dead, then monkeys make men. – Men make angels.«[62] In den Debatten um Künstliche Intelligenz, die wiederum hundert Jahre später mit dem Aufkommen des Computers geführt wurden, verschwanden Engel und Affen zunächst aus dem Blickfeld; demgegenüber rückten nun die Unterscheidungsmerkmale zwischen Menschen und »intelligenten« Maschinen in den Vordergrund. Inzwischen kehren die Primaten in die Diskussion zurück. Gleichzeitig betonen Religionswissenschaftler, wie wichtig es gerade heute sei, erneut »der heilsamen Unterscheidung von Gott und Mensch Geltung zu verschaffen«[63]. Diese und viele andere Beispiele zeigen, wie variantenreich und unterschiedlich die durch Abgrenzungen gewonnenen Selbstbeschreibungsformen des Menschen im Laufe der Geschichte ausgefallen sind. (vgl. Kapitel 5.1)

Die *zweite* Frage nach sozialen Praktiken und symbolischen Formen wird durch jene Richtungen der Historischen Anthropologie aufgegriffen, die in den 1980er Jahren aus der Alltagsgeschichte und der Historischen Kulturforschung hervorgingen und zunächst einen deutlichen Schwerpunkt auf der mittelalterlichen und frühneuzeitlichen Geschichte hatten. Hier wurde vor allem zu drei von der Historischen Sozialwissenschaft weitgehend ausgesparten Untersuchungsbereichen geforscht: Zunächst hielt sich noch die Vorstellung von »anthropologienahen« Themenfeldern, worunter vor allem »körperbezogene« Aspekte menschlichen Sozialverhaltens verstanden wurden: Geburt und Tod, Sexualverhalten, Ehe und Prostitution, Krankheiten, Umgang mit Tieren, Gewalt, Ernährung, Bekleidung etc. Dann kamen jene Bereiche ins Blickfeld, die von einer modernisierungstheoretischen Konzeption der Geschichtsschreibung als »Relikte« der Vergangenheit betrachtet und deshalb kaum einer historischen Untersuchung unterzogen wurden: Religion, Frömmigkeit, Magie, Aberglaube, Hexerei etc. Generell ist dieser Ansatz schließlich gekennzeichnet durch die Orientierung an einem »Blick von unten« und durch das Interesse an einer »Erweiterung der Ränder«; die Stichworte lauteten: Verlierer, Minoritäten, Haus und Familie, Generation, Lebensalter und Geschlecht, Eigensinn, Konflikt, Protest, Aufstand, Kriminalität etc. Seit einiger Zeit wurden auch Fragen der Inter- und Transkulturalität, des Kulturaustausches sowie des Verhältnisses von Eigenem und Fremdem wichtiger. Dabei geht es nicht nur um die Erschließung neuer Forschungsobjekte, sondern weit stärker um die Möglichkeiten und Grenzen des Verstehens des Anderen sowie um die Präsenz des Fremden in der eigenen Kultur. Die Selbstbeschränkung auf Europa, welche die historische Kulturforschung noch charakterisierte, wurde im Zuge dieser Auseinandersetzung aufgebrochen.[64]

Die *dritte* Problematik der Geschichtlichkeit der menschlichen Natur ist komplexer und umstrittener. Heute gibt es eine ganze Reihe von gut dotierten Forschungseinrichtungen, die experimentell gewonnenes positives Wissen über den Menschen generieren. Dabei wird häufig von einem ontologischen Unterschied zwischen Natur und Kultur ausgegangen. Man überlässt hier die Untersuchung der verwirrenden und faszinierenden Vielfalt sozialer und kultureller Phänomene den Sozial-, Kultur- und Geisteswissenschaften und konzentriert sich auf das, was man als die Natur des Menschen, d.h. als das gegenüber kulturellem Wandel »Gegebene« betrachtet. Das gemeinsame Erkenntnisziel dieser im Einzelnen sehr unterschiedlichen Forschungszugänge besteht darin, invariante Grundmuster und Typen menschlichen Verhaltens freizulegen. Die alten Fragen, mit denen sich die philosophische Anthropologie befasste, sollen – dies ist ein vielfach formulierter Anspruch – endlich mittels naturwissenschaftlicher Methoden ein für alle Mal geklärt werden. In den aufstrebenden »Lebenswissenschaften« (im weitesten Sinne von Genomik und Molekularbiologie über Neuro- und Kognitionswissenschaften bis hin zu Soziobiologie und Humanethologie) sowie in Bereichen der experimentellen Ökonomie, Psychologie und Soziologie wird somit auf eine Enthistorisierung der Anthropologie hingearbeitet. Unter dem Einfluss naturwissenschaftlicher, experimentell gewonnener Forschungsbefunde nehmen neue Menschenbilder Gestalt an, z.B. jenes des »neuronalen Menschen«[65]. Bereits ist von einem *neuronal turn* in der Geschichtswissenschaft die Rede, der die Aufmerksamkeit der Historiker auf die faszinierende Verfasstheit des menschlichen Gehirns lenken soll.[66] Gerade das Hirn bietet sich aber auch an, um von der geschichtlichen Natur des Menschen zu sprechen. Denn weit davon entfernt, durch genetische Faktoren determiniert zu sein, formt sich »die Natur« nicht nur menschlicher Gehirne, sondern des ganzen Körpers in Wechselwirkung mit den Kulturtechniken und Mediensystemen, die Menschen in ihrer kommunikativen Interaktion auf vielfältige Weise gebrauchen. Diese Kulturfaktoren sind einem starken Wandel unterworfen, was auf die genuine Historizität der menschlichen Natur schließen lässt.

Eine Auseinandersetzung mit diesen drei Problemstellungen macht deutlich, dass Positionen, die entweder einseitig universalistisch oder radikal kulturrelativistisch argumentieren, kaum mehr theoretische Schubkraft zu entwickeln vermögen. Die Vorstellung einer überhistorischen »menschlichen Natur«, die auf »anthropologische Grundkonstanten« zurückgeführt werden kann, hat sich ebenso erschöpft wie ein Ansatz, der angesichts der Fülle der zu entdeckenden menschlichen Phänomene rein deskriptiv-additiv verfährt und »Kulturen« voneinander isoliert. Wenn diese Alternative nicht mehr interessant ist: Welche theoretischen Entwürfe, welche Argumentationsstrategien bieten sich dann an? Wie verfährt eine Anthropologie, die sich nicht mehr über einen »materialen Wissensbestand, der unabhängig von der Geschichte« gewonnen werden kann, definiert?[67] Welche Konsequenzen sind aus der von Reinhart Koselleck formulierten Einsicht zu ziehen, auch die Frage nach »anthropologischen Bedingungen möglicher Erfahrungen« sei »in die Diachronie hineingezwungen« worden?[68]

Eine weiter führende Perspektive eröffnet die *Symmetrisierung der historischen Anthropologie*. Der Begriff der »symmetrischen Anthropologie« stammt aus der Wissenschaftsgeschichte. In Anlehnung an Michel Callon hat Bruno Latour seine inspirierende Studie *Wir sind nie modern gewesen* als den »Versuch einer symmetrischen Anthropologie« bezeichnet.[69] Mit einem »verallgemeinernden Symmetrieprinzip« kann – so die These Latours – die »alte anthropologische Matrix« gesprengt und anthropozentrischen Kurzschlüssen entgegengewirkt werden. An der Konstitution von Erfahrungsräumen sind nicht nur die Menschen, sondern auch die Dinge beteiligt, die dem menschlichen Handeln vorausgesetzt sind und vielfach aus ihm hervorgehen. Menschen und Dinge sind überhaupt nicht mehr so einfach zu unterscheiden, wie das ein cartesianisches Menschenbild suggeriert, wonach der Körper des Menschen zwar auch ein Ding und dementsprechend mechanischen Kausalgesetzen unterworfen sei, während das für den »Geist« nicht gelte.[70] Wird diese Dichotomie zurückgewiesen, so rücken Interaktionen unterschiedlicher Aktanten – menschlicher Wesen und natürlicher Objekte – ins Aufmerksamkeitsfeld. Es werden komplexe Netzwerke erkennbar, die auf der permanenten Vermischung von Natur/Kultur basieren. Kanalisationen, Verkehrs- und Kommunikationssysteme, chemische Substanzen und Elektrizität sind weder »Natur« noch »Kultur«, sondern immer schon beides. Menschen, die sich als »Kulturwesen« einer »Naturwelt« gegenüberzustehen glauben und die physikalische Ereignisse zu technisch nutzbaren »Naturkräften« bündeln, sind faktisch mit Hybriden konfrontiert. Wer das sieht, wird auch sich selbst als hybrides Wesen begreifen können.[71] Das Postulat einer Symmetrisierung der Anthropologie bezieht sich über ein neues Verständnis von Institutionen, Technik und Medien hinaus auch auf das Handeln und Verstehen im Spannungsfeld von universellen Eigenschaften und kultureller Differenz. (vgl. dazu Kapitel 6)

1.4 Zielsetzung und Aufbau

Diese Einführung versteht sich weniger als Kompendium von Forschungsgebieten und -ansätzen denn als Versuch einer problemorientierten Übersicht über die Historische Anthropologie. Dabei kommen vielfach neue, noch nicht etablierte Fragen zur Sprache. Aus dem breiten Angebot bereits vorhandener Werke einführenden Charakters sollen vor allem zwei hervorgehoben werden: Richard van Dülmens *Historische Anthropologie. Entwicklung – Probleme – Aufgaben* (2001) und Gert Dressels *Historische Anthropologie. Eine Einführung* (1996). Die Feststellung, es gebe inzwischen »viel, viel Literatur« und das Forschungsgelände sei vollkommen unübersichtlich geworden[72], zeugt zwar von der akademischen Normalisierung der Historischen Anthropologie: Sie ist, von den Rändern verschiedener Disziplinen herkommend, zu einem wichtigen Produktionszentrum historischer Untersuchungen geworden, das nun routiniert und mit steigendem *output* arbeitet. Die veränderte Lage verlangt aber nach theoretischer Reflexion und dem Versuch einer profilierteren Positionierung des Ansatzes. Hilfreich dafür sind noch immer der von Hans Süssmuth herausgegebene Sammelband *Historische Anthropologie. Der Mensch in der Geschichte* (1984)[73] und Pier Paolo Viazzos *Introduzione all'anthropologia storica* (2000)[74]. Hingewiesen sei zudem auf einen Beitrag von Norbert Ricken: *Menschen – Zur Struktur anthropologischer Reflexionen* (2004).[75]

Das Buch gliedert sich in sechs Kapitel. Die auf das einleitende Kapitel *eins* folgenden drei Kapitel sind wissenschafts- und theoriegeschichtlich angelegt. In Kapitel *zwei* wird davon ausgegangen, dass ein Untersuchungszeitraum von wenigen Jahrzehnten nicht genügt, um die Probleme, mit denen sich die Historische Anthropologie theoretisch auseinander setzen muss, zu erfassen. Nötig ist vielmehr eine Rückblende in das 18. Jahrhundert, als die Geschichtswissenschaft und die Anthropologie als wissenschaftliche Disziplinen etwa gleichzeitig entstanden. Von dieser Konstellation ausgehend wird die Entwicklung des anthropologischen Denkens im 19. und 20. Jahrhundert knapp und problembezogen skizziert. Dabei kommen auch kurz die physische und philosophische Anthropologie zur Sprache. Kapitel *drei* fokussiert auf Konvergenzen zwischen Geschichtswissenschaft und Anthropologie im 20. Jahrhundert. Dabei werden die Denkanstöße, die von den französischen Historikern der *Annales* kamen (und aus denen in den 1950er Jahren die Bezeichnung *anthropologie historique* hervorging) ebenso dargestellt wie die Impulse, die von der angelsächsischen Sozial- und Kulturanthropologie, der italienischen Mikrogeschichte und der deutschsprachigen Volkskunde ausgingen. Es zeigt sich, dass die verschiedenen Richtungen und Ansätze einer Historischen Anthropologie ein erweitertes Verständnis historischer Dokumente begründen, welches über Texte hinausgeht. Dadurch können neue Fragestellungen entwickelt und bisher kaum beachtete Spuren der Vergangenheit in historische Quellen verwandelt werden. Kapitel *vier* befasst sich mit Problemen und Perspektiven der Historischen Anthropologie, so wie sie sich heute präsentiert. Der Schwerpunkt liegt auf einem praxeologischen Kulturbegriff und auf der Frage, wie das Zusammenspiel von sozialen Praktiken, Bedeutungsproduktion und symbolischen Zuschreibungen analysiert werden kann. Dabei spielen vor allem

Verfahren eine Rolle, die in der französischen Geschichtsschreibung unter dem Stichwort »jeux d'échelles« diskutiert werden.[76]

Die beiden folgenden Kapitel beschreiten in der Diskussion um die Historische Anthropologie weitgehend Neuland. Kapitel *fünf* setzt sich kritisch mit jenen natur-, sozial- und wirtschaftswissenschaftlichen Forschungsansätzen auseinander, welche eine Enthistorisierung der Anthropologie anstreben. Paläoanthropologie, Soziobiologie und Evolutionstheorie kommen ebenso zur Sprache wie Molekulargenetik, Neuro- und Kognitionswissenschaft und experimentelle Ökonomie. Es geht hier um den *logos* oder besser: die *logoi*, die im Begriff Anthropologie mitgedacht werden. Kapitel *sechs* ist explorativ angelegt und versteht sich zugleich als Intervention in die laufenden Diskussionen um Perspektiven und Selbstverständnis der Historischen Anthropologie. Es werden – unter Verweis auf philosophische und kultur- sowie medienwissenschaftliche Ansätze – die (bereits vorgestellten) Hauptthesen einer symmetrischen Anthropologie begründet. Das Schlusswort formuliert einige Anregungen, die sich vor dem entwickelten Argumentationshintergrund machen lassen.

Historische Anthropologie muss, wie die Herausgeber des Sammelbandes *Logik und Leidenschaft* schreiben, »auf sich selbst anwendbar sein«[77]. Damit folgt sie einem Grundpostulat der kritischen Theorie und versteht sich als kritische oder – wie dies mit ganz anderem Hintergrund auch Paul Rabinow gefordert hat – als selbst-reflexive Anthropologie.[78] Für dieses Buch heißt das zweierlei: *Erstens* wird hier nicht normativ festgelegt, was eine Historische Anthropologie ist oder sein soll, sondern es werden immer wieder Stimmen von Exponent/innen dieses Ansatzes zitiert und Bezüge zu unterschiedlichen Diskussionen hergestellt. Damit können Positionen verdeutlicht und theoretische Tabuzonen sowie argumentative Widersprüche herausgearbeitet werden. *Zweitens* wird versucht, historische Untersuchungen mit aktuellen Problemstellungen zu verschränken. Das Interesse am »Menschen in der Zeit« ist ein gegenwärtiges. Es hat aber auch seine eigene Geschichte, in deren Verlauf sich Vorstellungen und Bilder des Menschen veränderten. Aus der Perspektive der *Annales*-Historiker könnte man die Suche nach der »Natur des Menschen« als anachronistisch bezeichnen. Anachronismen gehören allerdings – wie gezeigt werden wird – zur Geschichtswissenschaft. So kann man es denn mit der vieldeutigen Frage Marc Blochs halten: »Ist in der Natur nicht der Mensch die große Variable?«[79]

Anmerkungen

1 Bloch, Apologie der Geschichte, S. 30. Dieses Bild wurde in den Titel der deutschen Übersetzung eines Buches aufgenommen: Braudel/Febvre/Momigliano, Der Historiker als Menschenfresser.
2 Bloch, Apologie der Geschichte, S. 32
3 Nach der Besetzung Frankreichs durch die deutsche Wehrmacht engagierte sich Bloch in der Résistance; 1944 wurde er von der Gestapo ermordet. Lucien Febvre publizierte das Werk Marc Blochs unter dem Titel »Apologie der Geschichte«. Inzwischen liegt eine kommentierte Edition »Apologie der Geschichtswissenschaft« von Peter Schöttler vor. Ab Fußnote 79 wird diese letzte Ausgabe zitiert.
4 Febvre, Zur Entwicklung des Wortes und der Vorstellungen von ›Civilisation‹, in: ders., Gewissen des Historikers, S. 39.
5 Der entsprechende Suchbefehl unter der Adresse www.google.com brachte am 8.2.2004 8 410 Einträge in die Anzeige. Unter »anthropologie historique« erscheinen nur 2 770, unter »historical anthropology« 7 070 Einträge.
6 http://www.mhi.unibe.ch/histanth/index.htm
7 http://www.uni-erfurt.de/anthropologie/profil.html
8 Vgl. dazu die Ausführungen in Kapitel 3 und 4.
9 So in der Einleitung zu Wulf/Kamper (Hg.), Logik und Leidenschaft, S. 7.
10 Trabant, Über das Schwinden der Sinne, S. 190.

11 Wulf/Kamper (Hg.), Logik und Leidenschaft, S. 7.

12 Burguière, Historische Anthropologie, in: Le Goff/Chartier/Revel (Hg.), Rückeroberung des historischen Denkens, S. 74.

13 Martin, Wandel des Beständigen, S. 36.

14 International Encyclopedia of Social Sciences, Vol. 1, 1968, S. 306.

15 Immanuel Kant, Anthropologie in pragmatischer Hinsicht (1798), in: ders., Werke, hg. von W. Weischedel, Bd. 12: Schriften zur Anthropologie, Geschichtsphilosophie, Politik und Pädagogik. Zweiter Teil, Darmstadt 1964, S. 399.

16 Chartier, Text, Symbol und Frenchness. Der Historiker und die symbolische Anthropologie, in: ders., Unvollendete Vergangenheit, S. 59.

17 Vgl. etwa die Verwendung dieses Konzepts bei Lindner, Die Wilden Cliquen in Berlin, S. 451 ff., und in Sarat/Simon, Cultural Analysis.

18 Grossberg/Nelson/Treichler (Hg.), Cultural Studies; Bromley/Göttlich/Winter (Hg.), Cultural Studies.

19 Carlo Ginzburg, Microstoria. Due o tre cose che so di lei, in: Quaderni storici, Vol. 86, 1994, S. 511-539 (dt.: Mikro-Historie. Zwei oder drei Dinge, die ich von ihr weiß, in: Historische Anthropologie, Heft 2, 1995, S. 169-192); Bensa, De la micro-histoire vers une anthropologie critique, in: Revel (Hg.), Jeux d'échelles, S. 37-70; Levi, On Microhistory, in: Burke (Hg.), New Perspectives, S. 93-113.

20 Braun (Hg.), Gender-Studien; Joan W. Scott, Gender and the Politics of History, Columbia 1999; Myra Marx Ferree/Judith Lorber/Beth B. Hess (Hg.), Revisioning Gender, Thousand Oaks 1999; Judith Butler, Gender Trouble. Feminism and the Subversion of Identity, New York/ London 1999.

21 Moore-Gilbert, Postcolonial Theory; Ashcroft/Griffiths/Tiffin (Hg.), Key Terms.

22 Shalini Randeria, Geteilte Geschichte und verwobene Moderne, Berlin 1999; vgl. auch Klaus Günther/Shalini Randeria, Recht, Kultur und Gesellschaft im Prozess der Globalisierung, Bad Homburg 2001.

23 Nipperdey, Bemerkungen zum Problem einer historischen Anthropologie; ders., Kulturgeschichte, Sozialgeschichte, historische Anthropologie; Koselleck, Wozu noch Historie?; Köhler, Versuch einer ›Historischen Anthropologie‹; Lepenies, Geschichte und Anthropologie.

24 Lepenies, Geschichte und Anthropologie, S. 325.

25 Medick, ›Missionare im Ruderboot?‹ Ethnologische Erkenntnisweisen als Herausforderung an die Sozialgeschichte. Zitate aus dem Untertitel.

26 Ebenda, S. 299 und S. 318.

27 Ebenda, S. 300. Einzig die Arbeiten von August Nitschke werden als »bemerkenswerte Ausnahme« bezeichnet und gewürdigt.

28 Nixdorff/Hauschild (Hg.), Europäische Ethnologie. Auf dem internationalen Volkskundekongress in Arnhem 1955 wurde empfohlen, Volkskunde als »regionale« oder »europäische Ethnographie/Ethnologie« zu verstehen und sie in ein erweitertes Konzept von Ethnologie einzuordnen; vgl. ebenda, S. 11.

29 Dülmen, Historische Anthropologie, S. 107.

30 Bezeichnenderweise wurde hier maßgeblich auf eine Konferenz der in den USA erscheinenden Zeitschrift *Daedalus* Bezug genommen, die sich 1968 »the Future of the Humanities« widmete und in der Walter J. Ong, der als Historiker von Kulturtechniken international renommiert war, unter dem Titel »Crisis and Understanding in the Humanities« eine »knowledge explosion« und ein dadurch ausgelöstes »anthropologizing of knowledge« diagnostizierte. Die Schockwellen dieser Explosion hatten nun, zwei Jahrzehnte später, den Atlantik überquert und Deutschland erreicht. Vgl. Ong, Crisis and Understanding, hier S. 626 f.

31 Frühwald/Jauß/Koselleck/Mittelstraß/Steinwachs, Geisteswissenschaften heute, S. 115.

32 Augé, Non-Lieux, S. 55.

33 Hans Robert Jauß, Paradigmatik der Geisteswissenschaften, in: Frühwald et al., Geisteswissenschaften heute, S. 71.

34 Vgl. zu diesen Begriffen die entsprechenden Ausführungen im Kapitel 3.2. Von einer »vergleichenden Anthropologie« spricht Wilhelm von Humboldt 1795 in seinem *Plan einer vergleichenden Anthropologie* (1795), in: Wagner, Anthropologie und Theorie der Menschenkenntnis, S. 9-37. Vgl. die Forderung nach einer »komparativen Anthropologie« in: Schmidinger/Sedmak (Hg.), Der Mensch – ein ›animal rationale‹?, S. 14. Auch Pierre Bourdieu bezeichnete seine »Analyse des sozialen Raums« als »vergleichende Anthropologie«: Pierre Bourdieu, Praktische Vernunft, S. 14. Das Konzept einer philosophischen Anthropologie wurde auch von marxistischer Seite aufgegriffen; vgl.

dazu Constantin Gulian, Versuch einer marxistischen philosophischen Anthropologie, Darmstadt/Neuwied 1973.

35 Elkana, Anthropologie der Erkenntnis.

36 U.a. Victor W. Turner/Edward Bruner (Hg.), The Anthropology of Experience, Urbana 1986.

37 Howes (Hg.), Varieties of Sensory Experience.

38 Sonnemann, Negative Anthropologie; vgl. auch Nikolaus Koch (Hg.), Negative Anthropologie – offene Anthropologie, Hamburg 1981; Minazzoli, L'homme sans image; Shihoko Ora, Negative Anthropologie. Die literarische Leistung des Romans »Malina« von Ingeborg Bachmann, Wien 1991; Schurz, Negative Hermeneutik.

39 Vgl. Reichmayr/Wagner/Ouederruo/Pletzer, Psychoanalyse und Ethnologie.

40 Fischer, Der Dritte.

41 Rieger, Individualität der Medien.

42 Ders., Kybernetische Anthropologie.

43 Wolfgang Iser, Das Fiktive und das Imaginäre. Perspektiven literarischer Anthropologie, Frankfurt a.M. 2001.

44 Zu diesen beiden Begriffen vgl. Fauser, Einführung in die Kulturwissenschaft, S. 41 ff. und S. 94 ff., sowie Belting, Bild-Anthropologie.

45 Koselleck, Zeitschichten, S. 17-127.

46 Augé, Non-Lieux.

47 Habermas, Geschlechtergeschichte und ›anthropology of gender‹.

48 So der Untertitel einer Tagung, die im Dezember 2003 in Berlin/Schloss Blanckensee stattfand (Emergent Forms of Life. Towards an Anthropology of Life Sciences).

49 Lévy, Die kollektive Intelligenz.

50 Emrich, Psychiatrische Anthropologie.

51 Lefort, Les formes de l'histoire; Höffe (Hg.), Der Mensch – ein politisches Tier?

52 Ingolf Glabbatz, Anthropologie und Politiksteuerung. Zum Verhältnis von Individuum und Gesellschaft in der Demokratie, Düsseldorf/Bonn 1997.

53 Rancière, Le concept d'anachronisme, S. 53.

54 Kracauer, Geschichte, S. 72 f.

55 Ebenda, S. 230.

56 Darnton, The Great Cat Massacre.

57 Burke, Historical Anthropology of Early Modern Italy, S. 3 f.
58 Zit. nach Axel (Hg.), From the Margins, S. viii; vgl. Cohn, History and Anthropology.
59 Axel, From the Margins, S. viii.
60 Barsch/Hejl (Hg.), Menschenbilder.
61 Burke, Vico, S. 67 ff.
62 Zit. nach Howard E. Gruber, Darwin on Man. A Psychological Study of Scientific Creativity, Chicago 1981, S. 213.
63 Graf, Wiederkehr der Götter, S. 278.
64 Einen Überblick über die Forschungsliteratur geben Dülmen, Historische Anthropologie, S. 60-100; Dressel, Historische Anthropologie, S. 59-227; Burghartz, Historische Anthropologie/Mikrogeschichte.
65 Jean-Pierre Changeux, Der neuronale Mensch. Wie die Seele funktioniert – die Entdeckungen der neuen Gehirnforschung, Reinbek b. Hamburg 1984.
66 Vgl. etwa Christian Geyer, Frieds Brainstorming. Jetzt ist auch die Geschichtswissenschaft aufs Gehirn gekommen, in: Frankfurter Allgemeine Zeitung vom 5. Juli 2004, S. 29.
67 Köhler, Versuch einer ›Historischen Anthropologie‹, S. 144. Köhler bezieht sich hier auf die Sammelbände Gadamer/Vogler (Hg.), Neue Anthropologie.
68 Koselleck, Zeitschichten, S. 33.
69 Callon, Éléments pour une sociologie de la traduction; Latour, Wir sind nie modern gewesen.
70 Zur Kritik am Cartesianismus ist noch immer maßgeblich Ryle, Begriff des Geistes.
71 Aus diesen Überlegungen ging die sog. »Aktor-Netzwerk-Theorie« hervor.
72 Dressel, Historische Anthropologie, S. 17.
73 Süssmuth (Hg.), Historische Anthropologie.
74 Viazzo, Introduzione all'antropologia storica. In der abschließenden Bibliographie sind unter 8.1 Einführungstexte in die Historische Anthropologie aufgelistet.
75 Ricken, Menschen.
76 Revel, Jeux d'échelles.
77 Wulf/Kamper, Logik und Leidenschaft, S. 8.

78 Rabinow, Reflections on Fieldwork.

79 Bloch, Apologie der Geschichtswissenschaft. Bloch erkennt zwischen historischen und natürlichen Phänomenen nur »graduelle Unterschiede«; vgl. Bloch, Aus der Werkstatt des Historikers. Zur Theorie und Praxis der Geschichtswissenschaft, Frankfurt/New York 2000, S. 55. Vgl. auch Schöttler, Marc Blochs Testament, in: Bloch, Apologie der Geschichtswissenschaft, S. 253.

2. Vom Staunen in der Aufklärung zum Krisenbewusstsein um 1900

»Aber vergessen wir nie, dass das
Subjekt-Objekt der Geschichte der Mensch ist.
Der so ungeheuer vielfältige Mensch,
dessen Komplexität sich nicht auf eine
simple Formel bringen läßt.«[1]
(Lucien Febvre)

Geschichte und Anthropologie sind keine überzeitlichen Kategorien. Die heutigen Diskussionen – auch jene um die Historische Anthropologie – sind nach wie vor von Problemstellungen geprägt, die in der Frühen Neuzeit und in der Aufklärung formuliert wurden. Sie fallen häufig in eine Dichotomie zurück, die den Menschen in seiner Leiblichkeit auf die Natur, den Menschen in seiner Geschichte aber auf die Kultur bezieht. Die Ausführungen dieses Kapitels verstehen sich als eine Geschichte der Probleme der aktuellen Historischen Anthropologie.[2] Es wird versucht, das argumentative Koordinatensystem für Definitionsversuche einer »Wissenschaft vom Menschen« zu entwickeln; es wird die Neugier der »Aufklärer« zum Thema gemacht, die sich in einer neuen »Wissenschaft vom Menschen« konkretisierte.

2.1 Geschichtswissenschaft *versus* Wissenschaft vom Menschen

Die Aufklärung wird häufig als »Sattelzeit« dargestellt, die ein Vorher von einem Nachher trennte. Die topographische Metapher des »Sattels« verdeutlicht, dass ein Rückblick in die Geschichte, der sich an den Kategorien des 19. und 20. Jahrhunderts orientiert, immer nur bis ins 18. Jahrhundert zurückreicht und dass das, was »dahinter« liegt, mit den begrifflichen Mitteln, die seit damals zur Verfügung stehen, nicht eingeholt werden kann. Es ist allerdings wichtig zu sehen, dass die Anfänge moderner anthropologischer Denkfiguren sich bis ins 16. Jahrhundert zurückverfolgen lassen. *L'art de connaître soi-même* (Jacques Abbadie) war in der Frühen Neuzeit gebunden an einen Reflexionsstil, der durch minuziöse Selbstbeobachtung und Unruhe geprägt war – Montaigne und Descartes sind zwei Autoren, die für dieses bewegte Denken im Umgang mit sich selbst stehen.[3] Das Individuum löste sich mit dieser Selbstbezüglichkeit aus religiösen und kosmologischen Vorstellungen heraus, auch wenn mit der Religion als dem begrifflichen Referenzrahmen nicht gebrochen wurde.

Mit der Aufklärung geriet der Mensch nun ins Visier der »beobachtenden Vernunft«[4]. Es zeigte sich ein vom metaphysischen Zauber befreites Wesen, das viele in einen Zustand des Staunens versetzte; es ist nicht einfach, sich die unbefangene Neugier und die Verblüffungsfähigkeit vor Augen zu halten, die sich bei Philosophen und Naturwissenschaftlern zeigte. »Der Mensch ist ein wildes Tier, mit wolligem Haar auf dem Kopf; er geht auf zwei Füßen, ist fast so geschickt wie ein Affe und schwächer als die andern Tiere seiner Größe; er besitzt einige Ideen mehr als sie und kann diese leichter ausdrücken; im übrigen ist er den genau gleichen Notwendigkeiten unterworfen: er wird geboren, lebt und stirbt wie sie.«[5] Dies schrieb Voltaire 1734. Der *homo sapiens* – diesen Namen sollte er 1766 von dem schwedischen Naturforscher Carl von Linné in einer Neuauflage seines *Systema naturae* erhalten – wird hier als *homo* in seiner konkreten naturhaften Leiblichkeit, als ein lebendiges und damit endliches Naturding betrachtet und zugleich – dies drückt das Attribut *sapiens* aus – als kulturelles Wesen vorgestellt.[6] Er wird zum Kristallisationskern für unterschiedlichste philosophische, naturwissenschaftliche und anthropologische Diskurse. Vor allem seit Mitte des 18. Jahrhunderts konsolidierte sich diese »Wissenschaft vom Menschen«, was sich in einer steigenden Zahl von Publikationen niederschlug.[7]

Etwa gleichzeitig setzte sich »Geschichte« als Kollektivsingular und Bewusstseinskategorie durch. In den Jahrhunderten zuvor hatte sich der Begriff der »Historie« auf die Kunde von Geschichten bezogen, d.h. auf den Bericht über verschiedenste Vorkommnisse, Begebenheiten, Schicksal, Zufall, Folge gewalttätiger oder erlittener Handlungen. Historie und Geschichte stellten somit zwei getrennte Bedeutungsfelder dar. In der Aufklärung überlappten sich diese beiden Begriffe zunehmend. Reinhart Koselleck spricht von einer gegenseitigen »sprachlichen Kontamination« und schreibt: »Ereignis und Erzählung wuchsen in beiden Wortbedeutungen zusammen, Historie und Geschichte färbten sich gegenseitig ein, aber doch mit einer unüberhörbaren Dominanz der ›Geschichte‹ für den Doppelsinn von Wissenschaft und Erzählung einerseits und Ereignis- und Wirkungszusammenhang andererseits.«[8] Es formte sich eine Konstellation heraus, in der die Geschichte als wissenschaftliche Disziplin Gestalt annahm. 1752 sprach Johann Martin Chladenius erstmals von »Allgemeiner Geschichtswissenschaft«, kurze Zeit später wurden erste Lehrstühle geschaffen und Historische Institute gegründet.[9] Der Umgang mit der Geschichte beruhte nun auf einer Vorstellung historischer Zeit, die eingefügt war in eine neue Konzeption der Temporalmodalitäten Vergangenheit, Gegenwart und Zukunft. Indem geschichtliche Entwicklungen aus einem komplexen Kausalgefüge und Verursachungszusammenhängen heraus begriffen wurden, konnte Geschichte nun zum Subjekt und Objekt ihrer selbst werden. Sie wurde als das Wissen ihrer selbst verstanden, und durch die Praxis der Geschichtsschreibung konnte sich der aufgeklärte Mensch mit dieser Geschichte versöhnen. Der objektive Prozess ließ sich in subjektive Bewusstseinskategorien übersetzen, und es wurde möglich – etwa mit Hegel, der dieses Denken auf eine einsame Spitze trieb –, von »der Arbeit der Geschichte« zu sprechen. Die Vorstellung einer geschichtlichen Selbsterschaffung des Menschen resultiert aus diesem Umschlag. Zunehmend traten nun auch ein methodisches Ethos und ein quellenkritischer Anspruch hervor; um 1800 begannen diese das Selbstverständnis der Geschichtswissenschaft auf Kosten eines abstrakten Begriffs der Vernunft zu bestimmen.[10] Sowohl in der Geschichte wie auch in der Anthropologie hatten sich also zu Beginn des 19. Jahrhunderts wegweisende Konzepte von langfristiger Prägewirkung durchgesetzt.

Im 19. Jahrhundert setzte in ganz Europa die Rezeption von Giambattista Vicos *Scienza nuova* von 1725 (bzw. 1744) ein, welche anthropologische und historische Einsichten gleichermaßen vermittelte.[11] Wichtig war Vicos Gedanke, dass Menschen nur das erkennen können, was sie selber gemacht haben, und dass deshalb die Geschichte die Grundlage ihrer (Selbst-)Erkenntnis sein müsse. Damit regte Vico zu einer Vergeschichtlichung sozialer Phänomene an, die nun als technische Hervorbringungen, kulturelle Konstrukte und »Objektivationen« des Geistes »gelesen« werden konnten. Menschen haben eine Geschichte und – diese Umkehrung wurde dann von der Französischen Revolution exemplarisch exekutiert – sie können Geschichte machen.

Im Gegensatz zu Descartes, dessen rationalistisches Weltbild eine Beschäftigung mit Geschichte als überflüssig erscheinen ließ, legte Vico seiner erst im 19. Jahrhundert zahlreicher werdenden Leserschaft nahe, Geschichte sei der Prozess fortschreitender Menschwerdung, weshalb historische Erkenntnis die tiefsten Einsichten vermitteln könne. Als die Erschaffer der »geschichtlichen Welt« könnten Menschen weit sicherere Aussagen über diese machen als über die natürliche Welt, zu der sie keinen genuinen Zugang hätten.[12] Dabei ging Vico – womit er eine weitere, höchst einflussreiche These formulierte – von einer diskontinuierlichen Struktur dieses historischen Universums aus. Die drei großen Epochen, die er unterschied, waren durch jeweils andere Konventionen, Institutionen und Wertvorstellungen charakterisiert. Jedes Zeitalter war in sich geschlossen, es stellte einen spezifischen, jedoch begrenzten Möglichkeitsraum dar. Der Begriff des »Zeitgeistes«, der sich aus dieser Epochenvorstellung ableiten ließ, erfreute sich schnell großer Beliebtheit. Demgegenüber fand Vicos These, auch »die menschliche Natur« habe sich »im Laufe der Zeit tiefgreifend verändert, so dass den drei Zeitaltern, die er im zyklischen Ablauf der Geschichte feststellte, ›drei Arten der Natur‹ entsprechen«[13], kaum Beachtung.

Exkurs: »M. Machine« Julien Offray de La Mettrie

An der neuen diskursiven Modellierung des Menschen waren im 18. Jahrhundert viele Autoren beteiligt. Einer, der zur Zeit, als er schrieb, auf weit mehr Beachtung stieß als Vico, der dann aber später weit weniger Resonanz fand als Letzterer, war Julien Offray de La Mettrie, einer der faszinierendsten Exponenten der aufklärerischen Selbstexploration des Menschen. 1709 in St. Malo geboren, setzte er sich in den 1740er Jahren mit seinen sarkastischen und philosophisch kompromisslosen Untersuchungen Kritik und Verfolgung aus; 1751 starb er im Exil, auf Sanssouci, dem neu erbauten Schloss Friedrichs des Großen in Potsdam. La Mettrie war schon zu Lebenszeit als *Monsieur Machine* bekannt; 1748 (auf 1747 vordatiert) war sein Opus *L'Homme Machine* erschienen, mit dem der Philosoph rasch Furore machte, aber umstritten blieb.[14] Die Maschinenthese war damals alles andere als neu; in der Medizin wohl etabliert, verfügte sie seit Descartes' klarer Trennung von *res cogitans* (Geist oder Seele) und *res extensa* (Leib oder Körper) über philosophische Dignität. Es sprach also wenig dagegen, die materielle Dimension des Menschen nach dem Modell einer – allerdings sehr komplizierten – Maschine wahrzunehmen. La Mettrie selbst hat später mit einer Reihe von Werken deutlich gemacht, dass die Fluchtlinie seines Denkens keineswegs in einem solchen Räderwerk, sondern »jenseits der Maschine« lag. Die Titel einiger seiner weiteren Publikationen lauten: *L'Homme plus que Machine (1748), La Machine Térrassée (1749), Les Animaux plus que Machine* (1750). Doch dieses Weiterdenken des Problems war nicht darauf angelegt, die Maschine zu verabschieden; sie sollte vielmehr komplexer gedacht werden, um eine eindimensionale *reductio ad machinam* zu vermeiden. La Mettrie kämpfte mit einem sich selbst in Richtung Mensch transzendierenden Maschinenkonzept gegen die statischen Maschinenvorstellungen seiner Zeit an. Im *Système d'Épicure*, das er kurz vor seinem Tode, zunehmend isoliert und angegriffen, als Einleitung zu seinen *Œuvres philosophiques* niederschrieb, stellte er fest: »Wisst ihr, warum ich mich mit den Menschen überhaupt noch abgebe? Weil ich sie allen Ernstes für Maschinen halte. Andernfalls wüsste ich wenig Gründe, warum ich ihre Gesellschaft suchen sollte: Materialismus als Gegengift für den Menschenhaß.«[15]

Der Skandal, den La Mettrie mit seinem Werk auslöste, bestand in der Genealogie, die er zwischen Maschinen, Tieren und Menschen herstellte. In dieser Trias verfügen die Tiere über eine Zwischenstellung, über eine Mittlerfunktion auch, denn sie sind nicht statische Konstrukte (wie in Automaten), sondern mit Empfindungen ausgestattete »dynamische Begabungsmaschinen«, deren Untersuchung auch Aufschlüsse über die Möglichkeiten des Menschen geben konnte.[16] Für La Mettrie gilt, »dass es im Universum nur eine Substanz gibt, und dass der Mensch die vollkommenste ist«[17]. Als solche steht der Mensch in einem Kontinuum: »Der Übergang von den Tieren zum Menschen ist kein gewaltsamer; die wahren Philosophen werden darin übereinstimmen.«[18] »Was war der Mensch vor der Erfindung der Wörter und der Kenntnis der Sprachen? Ein Tier seiner Art, mit sehr viel weniger natürlichem Instinkt als die anderen – für deren König er sich damals noch nicht hielt.«[19] Doch: »Die Wörter, die Sprachen, die Gesetze, die Wissenschaften und die schönen Künste sind gekommen; und durch sie wurde schließlich der Rohdiamant unseres Geistes geschliffen.«[20] Menschen wie Tiere haben »alles durch Zeichen erreicht«, und »jede Gattung hat das verstanden, was sie verstehen konnte«. Für La Mettrie zeichnet sich der Mensch aufgrund seiner Disposition und seiner Erziehung durch die Fähigkeit zu »symbolischer Erkenntnis« aus. Was die Organisation des Gehirns betrifft, so gelangt der Philosoph zu einigen erstaunlichen und aktuellen Ergebnissen: Das Wissen entsteht durch neurophysiologische Einschreibungsprozesse: Das Hirn »erkennt« über die sinnliche Wahrnehmung, über das Zusammenspiel von Ohr und Auge, »Bilder von Gegenständen« oder, genauer, deren »Abbilder und ihre Unterschiede«. Und in diesem Hirn werden dann »die Zeichen für diese Unterschiede markiert (*marqué*) oder eingeprägt (*gravé*)«[21]. Hier finden sich ebenso Anklänge an das aristotelische Bild der weichen, unbeschriebenen Wachsplatte, die im Zuge der Erkenntnisarbeit strukturiert wird, wie solche an die heutige Neurophysiologie, die von Synapsenbildungen spricht, d.h. von der Strukturierung des neuronalen Substrats durch den fortgesetzten praktischen Gebrauch, den der Mensch von seinen körperlichen und geistigen Fähigkeiten macht.

Für La Mettrie besteht die wichtigste Qualität des Menschen allerdings nicht in der logischen Transformation von Symbolen oder im Vermögen, Gedanken über den Augenblick hinaus zu behalten. Wichtiger als der Bau des Gedächtnisses ist die Einbildungskraft. Es ist »dieser phantastische Teil des Gehirns«, dessen Funktionsweise uns unbekannt sei[22], durch die der Mensch sein In-der-Welt-sein begründet. Durch diese Imagination, »durch ihren schmeichelhaften Pinsel, erhält das kalte Skelett der Vernunft lebendiges und rosiges Fleisch; durch sie blühen die Wissenschaften, vervollkommnen sich die Künste, sprechen die Wälder, seufzen die Echos, weinen die Felder, atmet der Marmor – alles nimmt Leben an unter den leblosen Körpern.«[23] Mit seinen Bemerkungen zum Kontinuum Maschine-Tier-Mensch, zum Primat der Imagination und zur Theorie der Eingravierung von Differenzen im Gehirn hat La Mettrie Elemente zum Repertoire menschlicher Selbstbeschreibungsformen beigesteuert oder aktualisiert, die bis heute fortwirken. Mit seiner Neugierde überspielte er normative Vorgaben und fügte einen Relativismus und eine Offenheit für das Neue in das Menschenbild ein, die – auch wenn sie immer wieder abhanden kamen – für das anthropologische Denken als Ferment wirkten.[24]

2.2 Anthropologie und Rassenklassifikation

Stärker entlang an Moralprinzipien argumentierte Immanuel Kant, der in seiner *Anthropologie in pragmatischer Hinsicht* danach fragt, was der »Mensch, als freihandelndes Wesen, aus sich selber macht oder machen kann und soll«[25]. Im Unterschied, ja immer mehr im Gegensatz zu den Tieren, wurde der Mensch als ein lernfähiges, ein steigerbares Wesen betrachtet. Die Aufklärer definierten ihn weniger über Qualitäten wie Vernunft und Verstand als durch den dynamischen Leitgedanken der Verbesserbarkeit, der Perfektibilität. Das Individuum konstituierte sich mit seinem Selbstbewusstsein über seinen Selbstvervollkommnungsanspruch, der wiederum einen *idealiter* transparenten Umgang mit seinesgleichen voraussetzte. Denn um sich erfolgreich perfektionieren zu können, war es auf einen permanenten Austausch, auf rationale Kommunikation mit anderen Individuen angewiesen. Die herrschaftsfreie bürgerliche Öffentlichkeit, in der sich Transparenz und Rationalität gegenseitig stützten und bedingten, war eine Idealvorstellung; sozialhistorisch lässt sich leicht zeigen, dass Kommunikationsstrukturen damals stark vermachtet waren. Doch das Bild eines räsonierenden Publikums, das sich neue Formen der Geselligkeit und der Subjektkonstitution eröffnet, war zentral für den utopischen Überschuss, für den optimistischen Erwartungshorizont der Aufklärung.[26]

Unter diesen Bedingungen gedieh auch die Wissenschaft. Es zeigte sich, entlang der kantischen Unterscheidung, gegen Ende des 18. Jahrhunderts europaweit ein ausgeprägtes Bemühen um »physiologische Menschenkenntnis«, die »auf die Erforschung dessen, was die Natur aus dem Menschen macht«, gerichtet ist.[27] So wurde Ende 1799 in Paris die Société des Observateurs de l'Homme gegründet, welche das damals vorhandene Wissen systematisierte, die Erkenntnisinteressen bündelte und neue Forschungsprojekte anregte.[28]

Ein zentrales Anliegen wurde die Abgrenzung des Menschen von den Tieren, die bei La Mettrie noch sehr porös war. Der Mensch erarbeitete nun ein Verständnis seines eigenen Logos vor allem in seiner Absetzung gegenüber animalischen Organismen. Dafür war der Rekurs auf die »moralische Person der Menschheit«[29] nötig. Für Kant war es zwar klar, dass der Instinkt der Tiere »auch eine Art von Verstand« sei, »in so fern zum blossen Verstande der freie Wille nicht gehört«[30]. Doch das »moralische Gesetz, welches uns durchaus so aus der Natur herausreißt und über sie erhebt, dass wir, als moralische Wesen, die Naturdinge weder zu Ursachen und Triebfedern der Aktion des Willens bedürfen, noch sie als Gegenstände unseres Wollens ansehen können, [...] diese Moralität, und nicht der Verstand, ist es also, was den Menschen erst zum Menschen macht«[31]. So sank das Tier auf den Status einer Sache herab.[32] Doch auch der zu Willen und Moralität befähigte Mensch war trotz seiner »durchaus aktiven Existenz«, trotz seiner »Unabhängigkeit von den Außendingen«[33] auf einen Körper, auf dessen sinnliche Wahrnehmungsfähigkeit angewiesen. Dieser »aktionsfähige Körper« konnte beobachtet und nach sichtbaren, visuell registrierbaren oder messbaren biologischen, morphologisch-somatischen Merkmalen beschrieben und sortiert werden. Wie alle Lebewesen waren Menschen sichtbare Wesen mit einer klar erkennbaren physischen Ausdehnung. Das »epistemische Objekt«, das die physische Anthropologie der Aufklärung mit ihrem Begriffsapparat und ihren Beobachtungstechniken schuf, war also der Körper, der mit Natur identifiziert und von der Geschichte abgehoben wurde. Damit fiel das Nachdenken über den Menschen wieder in die cartesianische Trennung zurück.

Das Wissen über körperliche Eigenschaften des Menschen war in ein spezifisches Dispositiv, in eine klassifikatorische Ordnung eingebunden. Um die Mitte der 1770er Jahre setzte ein Wettlauf um das einleuchtendste Raster für die Klassifikation der Menschengattung in »Racen« oder – synonym verwendet – in »Varietäten« ein. Bekannt wurden vor allem die Vorschläge von Carl von Linné und Johann Friedrich Blumenbach. Linné legte eine Vierereinteilung, Blumenbach eine Fünfereinteilung vor.[34] Auch Kant hatte sich mit Rassentypologien befasst; 1777 ging er von einer einzigen Stammgattung – das waren »Weisse«, aber noch von »brünetter Farbe« – aus und differenzierte die Menschheit in vier »Racen« aus[35], die er dann in der 1785 erschienenen Abhandlung über die *Bestimmung des Begriffs einer Menschenrasse* kurz und bündig »Weisse«, »Kupferrote«, »Schwarze« und »Gelbe« nannte.[36]

Diese Einteilungen waren auch eine Reaktion auf die zunehmenden und widersprüchlichen Beobachtungsergebnisse, welche die Forschungsreisenden von ihren Exkursionen nach Europa zurückbrachten. 1766 war unter der Leitung von Louis-Antoine de Bougainville das erste Schiff zu einer als rein wissenschaftlich deklarierten und mit präzisen königlichen Instruktionen versehenen Fahrt in unbekannte Weltgegenden gestartet. In der neuen Ordnung des zunehmenden Wissens wurde Kultur durch Natur substituiert. Dass Kant in seiner auch humoralpathologisch begründeten Rassentypologie die Hautfarbe zum dominanten Unterscheidungskriterium machte, beruhte nicht auf einer Präferenz für eine durch das Auge erkennbare Eigenschaft; Kant ging vielmehr davon aus, dass das, was wir heute (in Anlehnung an die aktuelle angelsächsische Forschungstradition) *visibility* nennen, zurückgebunden ist an die begrifflich-kategorial strukturierte Wahrnehmung. Er gab damit seinen Kritikern – insbesondere dem mit Kapitän Cook in die Südsee gereisten Georg Forster, der auf der Methode des Augenscheins beharrte – zu verstehen, dass »durch bloßes empirisches Herumtappen ohne ein leitendes Prinzip, wornach man zu suchen habe, nichts Zweckmäßiges jemals würde gefunden werden«[37]. Diese Sicht, welche die Anschauung in einen Zusammenhang mit begrifflichem Denken rückte, verdrängte die traditionelle Wahrnehmung der Hautfarbe als eines Emblems, eines »eingesetzten« kulturellen Zeichens; an ihre Stelle trat die vernunftgeleitete Beobachtung einer Eigenschaft, die, so Kant, »unausbleiblich erblich«[38] ist. Haut war zum »äusseren Kennzeichen«[39] für Rassen, d.h. zum leistungsfähigen visuellen *marker* geworden, der die Wahrnehmung dieser vererbten und damit natürlichen Differenz ermöglicht.

Diese Naturordnung der Menschen unterlag von Anfang an einer hierarchisch wertenden Tendenz. Die Rassenlehren waren nie unschuldig, mit ihrer normativen Aufladung gerieten sie zunehmend in ein Spannungsverhältnis zum aufklärerischen Postulat einer grundsätzlichen Gleichheit aller Menschen und unterminierten die Vorstellung einer »Einheit des Menschengeschlechts«. Doch der Wille zur Klassifikation, zur ordnenden Weltaneignung, war nicht mehr zu bremsen. Um die »Racen« oder (so Blumenbach häufiger) »Varietäten« identifizieren zu können, produzierten Wissenschaftler die Informationen, die sie benötigten, nach standardisierten Verfahren und massenhaft. Sie griffen zu Messgeräten, geometrischen Darstellungen und mathematischen Formeln. Der Historiker Sergio Moravia hat diese Vernunft zu Recht eine »beobachtende« genannt: »Beobachtend« ist der Tatsachenblick, die Herstellung von »Fakten«, unter anderem durch Vermessen, wie dies in der Anthropometrie (Menschenvermessung) durch das Suffix »-metrie« ausgedrückt wird. Vernunft ist, komplementär dazu, ordnendes Prinzip und begriffliche Klassifikation, entsprechend dem Suffix »-logie«. Moravia schreibt zusammenfassend: »Das ganze gelehrte Europa beschäftigte sich offensichtlich damit, den ›homme physique‹ und seine rassischen Varietäten experimentell, konkret und quantitativ zu messen und zu analysieren.«[40]

Diese beobachtende Vernunft der Aufklärung, die Ausdruck eines neuen Wissenschaftsverständnisses war, hielt sich nicht, wie sie dies anstrebte, an empirisch registrierbare Phänomene. Michèle Duchet stellt in ihrer Untersuchung *Anthropologie et histoire au siècle des lumières* fest, es sei den aufklärerischen Anthropologen nicht nur um die Erstellung eines botanisch-zoologisch-ethnographischen Inventars, sondern um die Demonstration eines neuen Wirklichkeitsverständnisses gegangen, welches das Unsichtbare in eine stabile Verbindung zum Sichtbaren bringen konnte.[41] Die prekäre Balance zwischen klassifikatorischer Diskriminierung und normativer Nichtdiskriminierung kippte nun zugunsten der Ersteren. Es waren – wie Colette Guillaumin festhält – die neuen Taxinomien für die Einteilung von Menschen in Rassen, die den rassistischen Ideologien vorangingen.[42] Die Symbiose von wertender Klassifikation und klassifizierender Wertung war im anthropologischen Denken der Aufklärung angelegt. Autoren, welche »Rassen« als Verkörperungen unterschiedlicher Intelligenz- und Moraltypen in ein bipolares Weltbild integrierten und sie mit moralisch-ästhetischen Wertungen wie »schön« und »hässlich« sowie – als Konsequenz davon – »gut« und »böse« belegten, ließen nicht lange auf sich warten. 1785 hatte Christoph Meiners die erste von einem polarisierenden Rassenstandpunkt aus verfasste Weltgeschichte publiziert. Damit brachte er einen universalhistorischen Plot in Zirkulation, der auf der Entgegensetzung der »hellen schönen« und einer »dunklen hässlichen« Rasse basierte. Manichäische Dualismen und rassenkämpferische Erzählmuster ließen sich darin konturieren. Mit Meiners wurden »Rassenkampf« und »Rassenreinheit« zu Obsessionen des Abendlandes; Rassenvermischung und Rassenentartung stiegen in den Werken vieler

Autoren und schließlich auch in der Politik zu imaginären Gefahren und virulenten Befürchtungen des weißen Menschen, oder – präziser – des weißen Mannes auf. Im monströsen rassenhygienischen Wahn des ausgehenden 19. und 20. Jahrhunderts sollten diese Phantasmen das Gewaltpotenzial, das in ihnen angelegt war, zur Wirkung bringen.

Exkurs: Foucaults Kritik am »anthropologischen Schlaf«

Michel Foucault untersucht in der *Archäologie des Wissens* und in der *Ordnung der Dinge* die fundamentale Transformation, die epistemische Verschiebung, die im 18. Jahrhundert das klassische Zeitalter von der Moderne abtrennt.[43] Die große Innovation dieser Zäsur ist die Anthropologie; als Wissenschaft vom Menschen hat sie »mit Sicherheit eine konstitutive Rolle im modernen Denken gespielt«, von dem wir uns »zu einem guten Teil [...] noch nicht [...] gelöst haben«[44]. Wir befinden uns – dies stellte Foucault 1966 fest – noch immer in einem »anthropologischen Schlaf«, der jenen des Dogmatismus abgelöst hat. Um das Denken aus diesem Schlaf, »der so tief ist, dass es ihn paradoxerweise als Wachen empfindet«, zu wecken, gebe es kein anderes Mittel, als das moderne Denken »bis in seine Grundlagen hinein zu zerstören«[45]. Foucault, der nach der Veränderung der »Realitätsbedingungen für Aussagen« fragt, stellt fest, in den Wissens-Dispositiven der klassischen Episteme, die dem modernen Zeitalter voranging und von ihm abgetrennt wurde, seien die menschliche Natur und ihre Beziehungen noch nicht in einer Weise definiert gewesen, dass der Mensch »als dichte und ursprüngliche Realität, als schwieriges Objekt und souveränes Subjekt jeder möglichen Erkenntnis« darin hätte Platz finden können.[46] Mit dem Anbruch der Moderne ändert sich dies: Nun taucht der »in seiner körperlichen, arbeitenden und sprechenden Existenz bestimmbare Mensch« auf. Leben, Arbeit und Sprache werden zu neuen epistemischen Objekten: Die klassische Naturgeschichte wird durch die Biologie, die Analyse der Reichtümer durch die Ökonomie und die Reflexion auf die Sprache durch die Philologie abgelöst. Der Mensch verdoppelt sich: Er ist nicht nur neues Objekt für ein Wissen, sondern zugleich das Subjekt, das sich selbst erkennt.

»Wissen« treibt die Subjektivierung voran; es resultiert aus einer »Arbeit des Erkennens«, über die der Mensch einen neuen Objektbereich, einen Beobachtungsraum konstruiert und darin zugleich seinen Platz des beobachtenden, erkennenden Subjekts definiert. Die Wissenschaft vom Menschen entsteht also in dem Raum, der durch diese Subjekt-Objekt-Doppelung geöffnet wird, und sie stabilisiert diesen Wissensraum, in dem sich ein neues menschliches Selbstverhältnis entwickelt.[47] Die Positivität dieses Wissens wird von Foucault als Gegenstück zur Endlichkeit des Menschen begriffen, wobei die Grenzen der Endlichkeit provisorisch bleiben, weil das sich erkennende Subjekt zugleich ahnt, dass die Evolution des Menschen noch nicht beendet ist, weil die wissenschaftliche Forschung den Horizont immer wieder verrückt.[48] Der Mensch gerät so in eine Doppelstellung, er wird zur »empirisch-tranzendentalen Doublette«. Während er positivistisch über seine Natur und seine Erkenntnismöglichkeiten forscht, sein Wissen über sich in einen begrenzten geschichtlichen Zusammenhang stellt und in einen »Schlaf« verfällt, der ihn einhüllt, hat oder hätte er doch die Möglichkeit, sich weiter zu entgrenzen. Was Foucault als die »wilde Natur des Menschen« bezeichnet, ist somit keineswegs mit »Biologie« assoziiert. Er bezeichnet damit vielmehr die bodenlose »Unendlichkeit der Nicht-Natur«[49].

In *Wahnsinn und Gesellschaft* (1961) hatte Foucault die in Subjekt und Objekt gedoppelte Figur des Menschen in eine tripolare Struktur eingerückt. Dieser Übergang von einer Dyade zu einer Triade vollzieht sich durch die Spaltung der Vernunft in Wahrheit und Wahnsinn. Anders als im klassischen Zeitalter, in dem die Deutung des Wahnsinns einer binären Struktur – jener der Beziehung des Menschen zur (außerhalb von ihm liegenden) Wahrheit – folgte, schuf die »moderne Welt« einen Wahrheitsbegriff, der mit dem Wesen des Menschen gleichgesetzt und vom Wahnsinn abgetrennt wird. Der Mensch, seine Wahrheit und sein Wahnsinn: In dieser dreigliedrigen anthropologischen Struktur wird der Wahnsinn als Projektionsfläche genutzt, auf der sich das Subjekt *ex negativo* seiner eigenen Wahrheit versichern kann. Der Wahnsinn erweist sich nicht mehr als das schlechthin Andere, er spricht nun eine »anthropologische Sprache«, in der die Wahrheit des Menschen ins Zwielicht gerät, weil die Vorstellbarkeit dieser Wahrheit an die Möglichkeit ihres Verlustes gebunden ist. In diesem Fall des Wahnsinnigwerdens zerfällt die Subjektivität, was gleichbedeutend ist mit dem Rückfall des Menschen in den eigenen Körper. Der Wahnsinnige »enthüllt die elementare Wahrheit des Menschen, sie reduziert ihn auf seine primitiven Wünsche, seine einfachen Mechanismen, die dringlichsten Bestimmungen seines Körpers«[50]. Somit objektiviert der Wahnsinn den Menschen, er verjagt ihn aus seinem Selbst und drückt ihn »auf das Niveau einer reinen und einfachen Natur, auf das Niveau der Dinge«[51]. Mit der »Erfahrung des Wahnsinns« stellt sich somit ein massiver Objektivierungsdruck ein, sie verschiebt die Wahrheit des Menschen auf die Seite des Objekts und macht sie einer wissenschaftlichen Beobachtung zugänglich.[52] Der Wahnsinnige wird zur »medizinischen Sache« und als solche zum wissenschaftlichen »Erkenntnisobjekt«. Somit tritt paradoxerweise gerade im Wahnsinn die Wahrheit des Menschen ans Licht. »Aufklärung« ist also im Wesentlichen die »Dialektik des mit seiner Wahrheit ringenden Menschen«, der sein Licht nur erzeugen kann, wenn er in die Nacht geworfen wird. Die metaphorische Gegenüberstellung von *lumières* und *ténèbres*, die sich dem Menschen als Alternativen darbieten, gewinnt in dieser Mensch-Wahrheit-Wahnsinn-Trias nochmals ihre Plausibilität; der »anthropologische Zirkel« besteht darin, dass die Wahrheit des Menschen im Moment ihres Verschwindens im Wahnsinn am deutlichsten hervortritt.[53]

2.3 Krise der Geschichtswissenschaft im *Fin de siècle*

Die Geschichtsschreibung befasste sich seit der Aufklärung mit demselben Grundproblem wie das anthropologische Denken, nämlich mit dem Auseinandertreten und dem Neuzusammenfügen von Subjekt und Objekt. Im Verlaufe des 19. Jahrhunderts professionalisierte sich die Disziplin und entwickelte nun einen systematischen Begriff von Geschichte. Schon unmittelbar nach 1800 wurde allerdings die Auffassung, Menschen könnten historisch Gewordenes nicht nur verstehen, sondern, sofern sie denn nur wollten, auch selber Geschichte machen, in Frage gestellt. Gegen den aufklärerischen Machbarkeitsglauben formierten sich romantische Gegenströmungen. Diese insistierten auf der schicksalhaften Unabänderlichkeit der Formen und Objektivationen menschlichen Zusammenlebens und betonten die Grenzen der Intelligibilität der Wirklichkeit und die Möglichkeiten, die in einer künstlerischen Auseinandersetzung mit der Welt angelegt waren.

Im *Fin de siècle* verdüsterte sich der Horizont. Gelehrte aus unterschiedlichen Disziplinen warnten nun vor Verfallserscheinungen, Dekadenz und Degeneration. Um 1900 zeigte die bürgerliche Ordnung unverkennbare Auflösungserscheinungen. Eine breite Diskussion um die »Pathologien der Moderne« setzte ein, die neben der Einsicht in die Verlusterfahrungen auch die Brüche im kulturellen Selbstverständnis thematisierte.[54] Dieser Verunsicherung traten unter anderem die aufstrebenden Sozialwissenschaften entgegen, die nachwiesen, dass gleichsam »unter« der unübersichtlichen Wahrnehmung gesellschaftlicher Phänomene Regelmäßigkeiten beobachtet werden konnten, in welchen stabile soziale Ordnungsstrukturen zum Ausdruck kamen. Die sozialistische Arbeiterbewegung baute auf dieser Vision einer wissenschaftlichen Erkenntnis der Gesellschaft ihre Projektionen einer rational geplanten Zukunft auf, während die konservativen Bürgerlichen sich auf die Verteidigung des Status quo konzentrierten oder vergangener Ordnung und Größe nachtrauerten.

Die Geschichtswissenschaft vermochte an der wissenschaftlichen Selbstvergewisserung, welche sich in der Soziologie zeigte, nicht teilzuhaben. Der positivistische, methodenbewusste Historismus, der zur dominierenden Strömung aufgerückt war, bot keine Möglichkeit, gesellschaftliche Veränderungen zu beschreiben; die Geschichtswissenschaft war auf wichtige Ereignisse und herausragende Akteure fixiert. In Deutschland publizierte Friedrich Meinecke 1936 seine Studie *Die Entstehung des Historismus.* Darin identifizierte er diese Strömung, die um 1900 im Zenit ihres Einflusses stand, mit einem Geschichtsverständnis, das von den Zentralkategorien »historisches Individuum« und »Entwicklung« ausging. Die großen Persönlichkeiten galten hier als die wichtigen Gestaltungskräfte, von denen die entscheidenden Impulse für den politischen Entwicklungsprozess herrührten. Der Theologe und Geschichtsphilosoph Ernst Troeltsch steht für eine andere Bedeutungsfacette des Historismus. Er sah in ihm vor allem das Bemühen, menschliche Kultur und Werte in das historische Kontinuum zu integrieren, wodurch sich die Frage des Wertrelativismus stellte: Wenn jede Zeit ihre eigenen

Werte schuf, nach welchem Maßstab konnten dann diese selbst wiederum gewertet werden? Blieb nur die Einsicht, dass eben jede Epoche »unmittelbar zu Gott« ist – so Leopold von Ranke –, so dass höchstens dieser, nicht aber die Historiker sich ein Urteil anmaßen können?[55] Diese relativistische Einsicht verband der Historismus mit dem Streben nach Professionalisierung und Verwissenschaftlichung der Geschichte. Er trieb vor allem die Quellenkritik voran und setzte rigorose Methodenstandards durch. Damit hatte er eine nachhaltige Wirkung auf die Etablierung der Disziplin.

Im Ersten Weltkrieg spitzte sich die Krise des Historismus zu. Die Kritik entzündete sich vor allem an dessen starker Staatsorientierung, an seiner Tendenz, Geschichtsschreibung als politisches Legitimationsgeschäft zu betreiben. In Frankreich stellte sich die Situation ähnlich dar: Auch hier hatte sich eine positivistische, methodisch selbstbewusste, jedoch überwiegend narrativ verfahrende Geschichtsschreibung durchgesetzt, die »den Führungseliten und ihrer politischen Normendiskussion« nahe stand (wobei es in Frankreich dezidiert linke Vertreter dieser Richtung gab).[56] In der Ausrichtung auf den Staat äußerte sich auch hier ein hierarchisches, zentralisiertes Verständnis von Gesellschaft. Der ereignisgeschichtliche Stil und die Vernachlässigung des sozialen Wandels wurden nun für die Geschichtswissenschaft zum doppelten Problem: einerseits aufgrund der Herausforderung der Soziologie, die selbstbewusst neue Erklärungsmodelle für gesellschaftlichen Wandel vorschlug, und andererseits durch die Krise der politischen Institutionen, die während der Kriegsjahre akut wurde.

Die Erschütterung, die das historische Denken in Frankreich und Deutschland durchmachte, bereitete den Boden für interdisziplinäre Formen der Geschichtsschreibung, die nun einen weitergehenden, auf die Gesellschaft hin geöffneten Erklärungsanspruch verfolgten. Diese Entwicklung, die langfristig auch der Historischen Anthropologie zum Durchbruch verhalf, verlief allerdings – wie das dritte Kapitel zeigen wird – in Deutschland und Frankreich ganz unterschiedlich.

2.4 Physische und philosophische Anthropologie

Die Krise der Bürgerlichkeit in der Zeit um 1900 brachte auch eine fundamentale Infragestellung des optimistisch imprägnierten Fortschrittsglaubens mit sich, der in der Entwicklung der Industriegesellschaft die kulturelle Speerspitze der Zivilisation sah. In dem Maße, in dem das bürgerliche Selbstbewusstsein brüchig wurde, öffnete es sich der Einsicht in die Relativität kultureller Errungenschaften und in die geschichtliche Bedingtheit wissenschaftlichen Wissens. Damit erodierte auch die eherne ethnozentrische Selbstgewissheit, welche Europa bisher gepflegt hatte, und es stellte sich wiederum – wenn auch beschränkt auf bestimmte soziale Milieus und Institutionen, darunter ein Teil der Völkerkunde – eine Neugier gegenüber dem Fremden ein, die mit der Anerkennung des Rechts auf Anderssein von so genannten »Naturvölkern« einherging.[57] Damit verbunden war ein steigendes Interesse für die so genannten »Primitiven«, das auch zu einer neuen Wahrnehmung von »Kindern« und »Irren« führte. So schrieb 1909 einer der vehementesten Protagonisten eines reaktionären schweizerischen Nationalismus, der Aristokrat und spätere Faschismus-Bewunderer Gonzague de Reynold: »Aber wir werden auch noch von Barbaren überfallen. [...] Diese Slaven, diese Griechen, diese Südamerikaner, diese Orientalen sind alles große, unzivilisierte Kinder, die mit geschmacklosem Tand und großem Luxus, mit nebulösen Philosophien, mit subversiven Ideen und mit moralischen und physischen

Krankheiten zu uns kommen.« Das war die xenophob gewendete Einsicht in die Macht des Primitiven: die »anderen Völker« waren vielleicht »Kinder« und »barbarisch«, aber sie werden gleichzeitig als stark und unbezwingbar geschildert. Aus dieser neuen Grundbefindlichkeit konnten jedoch auch ganz andere, nicht auf Abwehr, sondern auf neue Möglichkeiten des Fremdverstehens gerichtete Schlussfolgerungen gezogen werden. Die moderne Kulturanthropologie, wie sie insbesondere durch Franz Boas vorgeschlagen wurde, zielte darauf ab, die Erlebniswelt und die Wahrnehmungsweise der »Primitiven« zu verstehen; sie entwickelte ihre Konzepte in derselben Konstellation. Ebenso jene Strömungen der Psychoanalyse, die nach dem »kollektiven Unbewussten« und nach »Archetypen« suchten, sowie der Malerei und der bildenden Kunst, die den Artefakten »primitiver Völker« eine hohe Aufmerksamkeit und Bewunderung entgegenbrachten.

Daneben gab es eine Praxis der physischen Anthropologie, die auf die Krisenlage mit einer verstärkten Verwissenschaftlichung antwortete. Parallel zur Geschichtswissenschaft hatte sie sich im Verlaufe des 19. Jahrhunderts systematisch professionalisiert. Universitätsinstitute, wissenschaftliche Zeitschriften, internationale Kongresse und eine eng vernetzte *Scientific community* stabilisierten und legitimierten diese Erforschung des Menschen. Wissenschaftlich anerkannte Rassentheoretiker interessierten sich nicht für gesellschaftliche Definitionsmacht und soziale Zuschreibungen, sondern erklärten Unterschiede zwischen Menschen mittels biologischer Kriterien, die Auskunft über innere Wesenheit und naturhafte Entitäten gaben. Mit dieser Naturalisierung des Sozialen harmonierten sozialdarwinistische Ideologien, und man glaubte, in den zivilisierten Gesellschaften dem *survival of the fittest* mit geeigneten (eugenischen, imperialistischen) Maßnahmen nachhelfen zu müssen. Naturwissenschaftliche Modelle dienten zugleich als ideologische Kampfinstrumente der Rassenanthropologie. Die Natur-Ideologie machte es möglich, die anthropologische Wissenschaft in ein Bollwerk gegen die nivellierende Kraft des Naturrechts und gegen die kontingenten revolutionären Potenziale der Gesellschaft zu verwandeln. Die Langzeitfolgen dieses Triumphs einer physischen Anthropologie, die das Bild einer schicksalhaften menschlichen Natur propagierte, waren enorm. Die Rassenforschung ging enge Verbindungen mit biologistischen Dekadenztheorien ein. Aufbauend auf sozialdarwinistischen, eugenischen, rassistischen und antisemitischen Ideologien setzten sich seit dem ausgehenden 19. Jahrhundert die politischen Postulate der »Rassenreinheit«, des »gesunden Volkskörpers« und des »Zuchtmenschen« durch. In Deutschland stärkten und förderten die Nationalsozialisten diese Ideologien nach Kräften; ab 1933 wurden sie zur Staatsdoktrin und lieferten der Führung des »Dritten Reiches« die Legitimation zur Erreichung ihrer verbrecherischen Ziele.

Nach 1945 waren biologistische Ansätze diskreditiert. Die »›Lehre vom Menschen‹ von der naturwissenschaftlich-biologischen Seite«, wie es im 1959 von drei herausragenden Vertreter/innen der Disziplin herausgegebenen *Fischer Lexikon Anthropologie* heißt, wurde mit den nationalsozialistischen Verbrechen in Zusammenhang gebracht. Die physische Anthropologie versuchte in dieser Situation, ihre Konzepte von Anschuldigungen zu reinigen. So wurde im zitierten Lexikon einleitend festgestellt, dass das breite Publikum leider über dieses »Wissensgebiet [...] keine adäquaten Vorstellungen« besitze, »da es gerade in Deutschland schwer unter den Folgen der nationalsozialistischen Politik zu leiden hatte«. Die Beschwörung der »tragischen Geschichte« der Anthropologie ging einher mit der Propagierung eines »wissenschaftlich exakt begründeten und abgrenzenden Rassenbegriffs«[58]. Das Menschenvermessertum wurde also durch genetische Typologisierungen abgelöst, die nicht weniger haltlos waren als die rassenhygienischen Annahmen. Man setzte wissenschaftlich den eingeschlagenen Weg fort, als ob nichts geschehen wäre. Damit konnten auch unbequeme Fragen abgewehrt werden. Erst spät begannen Historiker und Wissenschaftsforscher die Verwicklungen der Rassenanthropologen in die Verbrechen des NS-Regimes aufzuzeigen.

Auch die lebensphilosophisch inspirierte »philosophische Anthropologie«, die in Deutschland in der Zwischenkriegszeit ausgearbeitet wurde, stieß nach dem Zweiten Weltkrieg auf Skepsis, Kritik und Ablehnung. Diese Richtung wurde durch die 1927 von Max Scheler veröffentlichte Studie *Die Stellung des Menschen im Kosmos* begründet.[59] Helmuth Plessner knüpfte an diese Überlegungen an, entwickelte jedoch mit der Vorstellung einer »exzentrischen Positionalität«[60] und einer »natürlichen Künstlichkeit«[61] des Menschen eigenständige Thesen. Wiederum einen andern Weg schlug Arnold Gehlen ein, der den herderschen Topos vom Menschen als einem »Mängelwesen« aufgreift. Von den Denkvoraussetzungen und der Biografie her ist es fragwürdig, Plessner und Gehlen unter demselben Etikett »philosophische Anthropologie« zu rubrizieren – doch bei aller Unterschiedlichkeit haben diese beiden nach 1945 ihre Arbeit fortsetzenden herausragenden Exponenten zwei zentrale weiterführende Überlegungen formuliert: erstens die Einsicht, dass es nichts bringt, den Menschen bzw. die Menschheit über Rassentypologien verstehen zu wollen, und zweitens die These, dass die Menschen ihre kulturellen Fähigkeiten nicht nur ihrer Sprache und ihrem Umgang mit Symbolen, sondern auch ihren sinnlichen und körperlichen Möglichkeiten verdanken, was auch heißt, dass die Reflexion auf die menschliche Sonderstellung einer »Verflechtung tierischer Anlagen und menschlichen Möglichkeiten« Rechnung tragen muss.[62]

In den Diskussionen, die seit den 1960er Jahren um die Neuausrichtung der Geschichtsschreibung geführt wurden, spielten diese philosophischen Anthropologen kaum eine Rolle. Es zeigten sich auch deutliche Divergenzen. Plessner, der wegen der antisemitischen Verfolgungspolitik der Nationalsozialisten Deutschland 1933 verlassen musste, kehrte 1952 auf einen Lehrstuhl nach Göttingen zurück. Er kritisierte das »biologische Verhaltensmodell des Menschen«, das Gehlen entwickelt hatte; es sei »von begrenzter Tragkraft«, insbesondere was »die Auffassung der Sprache als Handlung« betreffe.[63] Er sah allerdings sein eigenes Werk nicht angemessen rezipiert.[64] Gehlen hingegen, der 1933 in die Partei eingetreten war, wurde nach 1945 zu Recht der nationalsozialistischen Gefolgschaft bezichtigt. In seiner 1940 erschienenen Studie *Der Mensch* hatte er alle möglichen Verbeugungen vor dem Regime gemacht und vor allem dessen »höchstes Führungssystem«, »Weltanschauung« und »Zucht« legitimiert.[65] Aufgrund seines Ordnungsdenkens verfügte er später über gute Kontakte zu DDR-Philosophen und war – wie Ernst Nolte bemerkte – wohl der einzige Philosoph des 20. Jahrhunderts, der sowohl das Dritte Reich als auch die Sowjetunion unterstützt hatte.[66] Das ist verständlich, wenn man sich Gehlens konservative Präferenz für Ordnung und Führung vor Augen hält. Seine Tiraden gegen »Fernmoral« und die universalistische Auflösung von Strukturen resultieren aus demselben Weltbild, das für ein Nachdenken über den Menschen kaum weiterführende Anhaltspunkte bieten konnte.

So gab es in Deutschland in den 1960er Jahren nur wenige valable Vorleistungen für eine Historische Anthropologie. Das Hauptproblem schien darin zu bestehen, sich geistig nicht durch ein Weltbild, wie es Gehlen verbreitete, kontaminieren zu lassen. Damit schnitt sich die Reflexion über Historische Anthropologie allerdings von ihrer zeitlichen Tiefendimension ab, und die Einsicht Foucaults, die Genese der Anthropologie als der Wissenschaft vom Menschen bilde »vielleicht die grundlegende Position, die das philosophische Denken von Kant bis zu uns bestimmt und geleitet hat«, wurde nicht verstanden. Für Foucault bleibt »diese Disposition [...] wesentlich, weil sie zu unserer Geschichte gehört«[67].

Anmerkungen

1 Febvre, Kapitalismus und Reformation, in: ders., Gewissen des Historikers, S. 129.
2 Was die folgenden Ausführungen weder sein können noch wollen, ist eine »Anthropologie des Wissens« der Aufklärung. Eine solche müsste die Subjektivierungs- und Beobachtungsformen, die wissenschaftlichen Praktiken und die kommunikativen Netzwerke der »Gelehrtenrepublik« der Aufklärung untersuchen.
3 Krauss, Anthropologie des 18. Jahrhunderts, S. 23 ff. Vgl. auch Luhmann, Frühneuzeitliche Anthropologie, S. 162 ff. Hier wird Anthropologie als transitorisches Phänomen im Übergang von einer ständisch strukturierten zu einer komplex differenzierten modernen Gesellschaft dargestellt.
4 Moravia, Beobachtende Vernunft.
5 Voltaire, Traité de Métaphysique. Kapitel 1, 1734. Das Zitat bei Moravia, Beobachtende Vernunft, S. 19.
6 Londa Schiebinger, Das private Leben der Pflanzen. Geschlechterpolitik bei Carl von Linné und Erasmus Darwin, in: Hagner (Hg.), Wissenschaftsgeschichte, S. 107-136.
7 Vgl. auch Odo Marquard, Zur Geschichte des philosophischen Begriffs ›Anthropologie‹ seit dem Ende des 18. Jahrhunderts, in: ders., Schwierigkeiten mit der Geschichtsphilosophie, S. 122-144.
8 Koselleck, Wozu noch Historie?, S. 6.
9 Rüdiger vom Bruch, Geschichtswissenschaft, in: Jordan, Lexikon Geschichtswissenschaft, S. 125.
10 Schnädelbach, Vernunft und Geschichte.

11 Die *Scienza nuova* erschien erstmals 1725. Weitere überarbeitete Fassungen folgten 1730 und 1744, im Todesjahr Vicos. Vgl. Burke, Vico.
12 Ebenda, S. 64 ff.
13 Ebenda, S. 66.
14 Maßgeblich zu La Mettrie: Jauch, Jenseits der Maschine.
15 Julien Offray de La Mettrie, Philosophie und Politik, hg. von B.A. Laska, Nürnberg 1987, S. 100.
16 Thomas Becker, Rassismus der Intelligenz, 2003, Manuskript (im Erscheinen), S. 134.
17 La Mettrie, Système d'Épicure (Auszug), in: ders., L' homme machine, S. 100.
18 Ebenda, S. 53.
19 Ebenda.
20 Ebenda.
21 Ebenda, S. 57.
22 Ebenda, S. 61.
23 Ebenda.
24 Kondylis, Aufklärung.
25 Kant, Anthropologie in pragmatischer Hinsicht, S. 399.
26 Jürgen Habermas, Strukturwandel der Öffentlichkeit, Frankfurt a.M. 1990; Reinhart Koselleck, Kritik und Krise. Eine Studie zur Pathogenese der bürgerlichen Welt, Frankfurt a.M. 1973.
27 Kant, Anthropologie in pragmatischer Hinsicht, S. 399.
28 Ebenda, S. 17.
29 Immanuel Kant, Der Streit der Fakultäten, in: Werke, Bd. XI, S. 344.
30 Ebenda, S. 341.
31 Ebenda, S. 344.
32 Vgl. Bernd Gräfrath, Zwischen Sachen und Personen. Über die Entdeckung des Tieres in der Moralphilosophie der Gegenwart, in: Münch/Walz (Hg.), Tiere und Menschen, S. 383-405. Hier wird die Position Kants als »zwiespältig« dargestellt und auch die Positition des benthamschen Utilitarismus diskutiert. Vgl. weiter Wolf, Tier in der Moral.
33 Kant, Der Streit der Fakultäten, S. 341.
34 Vgl. auch Alexandre César Chavannes, Anthropologie, ou science générale de l'homme, Paris 1788.
35 Immanuel Kant, Von den verschiedenen Rassen der Menschen (1775), Werke, Bd. XI, S. 7-30.

36 Ders., Bestimmung des Begriffs einer Menschenrasse (1785), Werke, Bd. XI, S. 63-82.
37 Ders., Über den Gebrauch teleologischer Prinzipien in der Philosophie, Werke Bd. IX, S. 141.
38 Ders., Bestimmung des Begriffs einer Menschenrasse, S. 75.
39 Ebenda, S. 73.
40 Moravia, Beobachtende Vernunft, S. 41.
41 Duchet, Anthropologie et histoire.
42 Guillaumin, Sexe, race et pratique du pouvoir.
43 Foucault, Archäologie des Wissens.
44 Foucault, Ordnung der Dinge, S. 410.
45 Ebenda, S. 411.
46 Ebenda, S. 375.
47 Foucault, Der Mensch ist ein Erfahrungstier, S. 52 und S. 71.
48 Ders., Ordnung der Dinge, S. 379 ff.
49 Ders., Der anthropologische Zirkel, S. 59. (vollständige Übersetzung des letzten Kapitels der französischen Ausgabe von *Folie et déraison*).
50 Ebenda, S. 22.
51 Ebenda, S. 31 f.
52 Ebenda, S. 28 und S. 35.
53 Ebenda, S. 42.
54 Roelcke, Krankheit und Kulturkritik. Vgl. auch Daniel, Kompendium Kulturgeschichte.
55 Zusammenfassend: Jordan, Historismus, in: ders., Lexikon Geschichtswissenschaft, S. 172 f.
56 Burguière, Historische Anthropologie, S. 62-102, hier S. 66.
57 Vgl. z.B. Roelcke, Krankheit und Kulturkritik.
58 Heberer/Kurth/Schwidetzky-Roesing (Hg.), Anthropologie, S. 7 und S. 164. Zur Diskussion um den Rassenbegriff vgl. Mayr, Biology of Race, S. 89-94; Olson, Herkunft und Geschichte.
59 Dass die philosophische Anthropologie nur allzu oft im Rufe steht, ganz einfach schlechte Philosophie zu sein, stellt etwa der Kognitionswissenschaftler Thomas Metzinger fest; vgl. ders., Anthropologie und Kognitionswissenschaft, S. 326.
60 Plessner, Mit anderen Augen, S. 6.
61 Ders., Stufen des Organischen, S. 309 ff.

62 Ders., Mit anderen Augen, S. 7.

63 Ders, Stufen des Organischen, (undatiertes) Vorwort zur zweiten Auflage, S. XIV ff.

64 So schrieb er im zweiten Vorwort der *Stufen des Organischen*: »Bei Sartre, vor allem in seinen frühen Arbeiten, und Merleau-Ponty finden sich manchmal überraschende Übereinstimmungen mit meinen Formulierungen, so daß nicht nur ich mich gefragt habe, ob sie nicht vielleicht doch die ›Stufen‹ kannten.« Unter Anspielung auf die hegelsche List der Geschichte stellte er dann aber fest: »Konvergenzen beruhen nicht immer auf Einfluß. Es wird in der Welt mehr gedacht, als man denkt.« Ebenda, S. XXIII.

65 Christian Thies, Gehlen zur Einführung, Hamburg 2000, erwähnt, dass sich Gehlen »im Unterschied zum öffentlichen Schweigen Heideggers und zur zeitweiligen Larmoyanz von Carl Schmitt« Ende der 1960er Jahre immerhin zu einer selbstkritischen Äußerung über seine »Mitschuld« an den »Untaten« (sic) des NS-Regimes aufraffen konnte, vgl. S. 17.

66 Zit. nach Thies, Gehlen, S. 18.

67 Foucault, Ordnung der Dinge, S. 412.

3. Geschichtswissenschaft und Anthropologie im 20. Jahrhundert

»Maitland has said that anthropology must choose between being history and being nothing [...]. I accept the dictum, though only if it can also be reversed – history must choose between being social anthropology or being nothing.«[1]
(E.E. Evans-Pritchard)

Das folgende Kapitel zeichnet die Konvergenz von Geschichte und Anthropologie im 20. Jahrhundert nach. Die entscheidenden Innovationen dafür kamen aus dem Umfeld der französischen Zeitschrift *Annales*, die sich Ende der 1920er Jahre um die Historiker Marc Bloch und Lucien Febvre bildete und die sich als führende Kraft in der französischen Geschichtswissenschaft durchzusetzen vermochte.[2] In Ablehnung der tatsachengläubigen, auf Ereignisse und staatliche Institutionen fixierten Geschichtsschreibung ihrer Zeit öffneten sich die *Annales* für Methoden und Konzepte der verschiedensten Fächer, von der Ethnologie/Anthropologie über die Geographie, Soziologie und Psychologie bis hin zur Sozialmathematik. In den 1950er Jahren wurde der damals noch kaum beachtete Vorschlag gemacht, die Strukturgeschichte in Richtung einer »historischen Anthropologie« zu erweitern; als Vorbild diente vor allem Marc Blochs Untersuchung über die *Wundertätigen Könige* aus dem Jahre 1924.[3]

3.1 Innovationen aus Frankreich: Die Historiker der *Annales*

Der Rekurs auf »den Menschen« war für die Historiker der *Annales* zentral. Lucien Febvre erklärte 1933 in seiner Antrittsvorlesung am Collège de France, nachdem er Varianten einer Geschichte von Institutionen, Sachen, Begriffen oder Ideen durchgespielt und verworfen hatte: »Nein. Es gibt keine Geschichte als die des Menschen.«[4] Damit grenzte er sich von der vorherrschenden Ereignisgeschichte ab. Febvre insistierte allerdings darauf, der »isolierte Mensch« sei eine »Abstraktion«, der »Mensch in der Gruppe« hingegen »eine Realität«, was er mit der These verband: »die Gesellschaft ist für den Menschen eine Notwendigkeit, eine organische Wirklichkeit«. Marc Bloch hielt fest, es gehe im Grunde um das »Bewusstsein des Menschen« und somit auch um die Beziehungen, die menschliches Denken zwischen den Dingen herstellt.[5] Bei beiden Autoren findet sich immer wieder die Idee, der Mensch sei ein Verdichtungsmoment des Gesellschaftlichen und könne als ein Knotenpunkt im Netzwerk kommunikativer Interaktion analysiert werden. Diese Sicht impliziert die These, dass die komplexen Austauschbeziehungen und die Institutionen, die sich aus der menschlichen Interaktion heraus formen, von den Menschen als soziale Realitäten mit eigener Wirkungskraft erfahren werden. Marc Bloch beschreibt dies so: »Der Mensch erzeugt zeitlebens Mechanismen, deren mehr oder weniger freiwilliger Gefangener er dann wird.«[6] Dieses simultane Erzeugen und Erzeugtwerden ist ein dynamischer Prozess: Menschen leben in der Zeit, sie sind verkörperte Zeitlichkeit. Bloch spricht vom »geistigen Klima« einer »Zivilisation«[7], er diagnostiziert historische »Kraftlinien«[8], die sich mit den »Schicksalskurven« von Menschen schneiden, und er schreibt, die wirkliche Zeit sei »von Natur aus ein Kontinuum. Sie ist aber auch ständige Veränderung«[9].

Viele Fragen, die sich im Zusammenhang mit »dem Menschen« stellen, wurden durch die Historiker der *Annales* anhand einer Reflexion auf die Kategorie der »Zeit« herausgearbeitet, die in eine »Vielzahl sozialer Zeitabläufe« aufgefächert wurde.[10] Fernand Braudel hat dieses Zeitkonzept mit seiner Dreiteilung Ereignisgeschichte (*histoire événementielle*), Konjunkturgeschichte (*histoire conjoncturelle*) und lange Dauer (*longue durée*) systematisiert. Dieses Modell komplex geschichteter Temporalmodalitäten nimmt eine hierarchisierende Wertung vor: Der kurze Zeitablauf »ist der eigenwilligste, der täuschendste der Zeitabläufe«. Ihm kommt für die historische Analyse nur ein geringer Stellenwert zu, weil das Ereignis als »Explosion« das Bewusstsein der Zeitgenossen mit »täuschendem Rauch« erfüllt und den Blick auf die wesentlichen Tiefenstrukturen und Kraftlinien der Geschichte verstellt.[11] Braudel privilegiert klar die »langen Zeitabläufe«: Sie sind »die nützlichste Einheit für eine gemeinsame Beobachtung und Reflexion aller Sozialwissenschaften«[12]. Eine interdisziplinär ausgerichtete historische Forschung kann so auf drei grundlegende und sich gegenseitig stützende Leitlinien festgelegt werden: »Mathematisierung, Reduktion auf den Raum, lange Zeitabläufe«.

Diese *longue durée* lässt sich als Epoche mit spezifischen Wahrnehmungs- und Empfindungsgewohnheiten analysieren. Epochen sind die »Atmosphäre«, in der Menschen jeweils atmen (so das Bild von Marc Bloch); sie stellen die mentalen Ermöglichungsbedingungen für bestimmte Formen der Individualität und Subjektivität dar. Epochen sind Dispositionen, Dispositive, Weisen des »In-der-Welt-seins«, die auch durch die epochenspezifische Begrenztheit der Sprache und des Denkens charakterisiert sind. »Mentalität« ist der Begriff, der dieses Ensemble von Glaubensvorstellungen, Überzeugungen, Einstellungen, Bewusstseinsinhalten, emotionalen Regungen und alltäglichen Verhaltensmustern zusammenfasst und der die geistige, die subjektive Seite einer Struktur langer Dauer bezeichnet. Lucien Febvre sprach von einem *outillage mental*. Damit bezeichnete er die »mentalen Werkzeuge« bzw. die »geistigen Rüstzeuge«, welche die affektiven und kognitiven Ausdrucksformen, den Alltag einer Epoche gestalten.

Als Kollektivphänomen erweist sich Mentalität als relativ zäh und beständig; man hat deshalb auch von einer *histoire quasi-immobile* gesprochen, die von vergleichsweise kurzen Phasen eines radikalen strukturellen Umbruchs unterbrochen wird. Die umstrukturierte Mentalität, die aus der Zäsur hervorging, ermöglicht es kaum mehr, die Probleme, welche die Menschen vorangegangener Epochen beschäftigten, zu verstehen und nachzuvollziehen. Das Mentalitätskonzept impliziert damit einen kulturellen Relativismus im diskontinuierlichen diachronen Verlauf und begründete damit die Forderung nach einer strengen Kontextualisierung historischer Analysen. Das Konzept der Mentalität will – analog zu einer kulturanthropologischen Perspektive – vorschnelle Schlüsse von der eigenen auf fremde Kulturen vermeiden. Damit ergaben sich Brücken zwischen einem historischen und einem anthropologischen Ansatz in Richtung einer Historischen Anthropologie. Es ist auch evident – und Fernand Braudel betonte dies immer wieder –, dass Foucaults Konzeption diskursiver Regelmäßigkeiten und epistemischer Brüche starke Parallelen zu Febvres Konzept der »langen Dauer« aufweist.[13]

Mit diesem Konzept der Mentalität ist Febvres Kritik am »Anachronismus« verbunden. In seiner Studie über Rabelais bezeichnete Febvre eine anachronistische Erklärung historischer Sachverhalte als »die schlimmste, die unverzeihlichste aller Sünden«[14]. Darunter verstand er die »Gefahr [...], direkten Weges (ohne die Schwierigkeiten auch nur zu ahnen) von unseren Empfindungen und Vorstellungen zu jenen Empfindungen und Vorstellungen gelangen zu wollen, für die – oft über Jahrhunderte hinweg – ähnliche oder sogar dieselben Wörter stehen, die durch ihre scheinbare und trügerische Identität die größten Irrtümer hervorrufen«[15]. Als anachronistisch erschien ihm vor allem die These, Rabelais sei zu seiner Zeit, im 16. Jahrhundert, ein camouflierter Atheist gewesen, ein Mensch, der sich der Religion nur noch als Maske bedient habe, um seine Existenz nicht zu gefährden und sich die Autoritäten vom Leib zu halten. Eine solche Interpretation erschien Febvre als ebenso absurd wie die Vorstellung, Diogenes mit einem Regenschirm oder Mars mit einem Maschinengewehr zu bewaffnen.[16] Bei diesem Vergleich geht es nicht primär um Fragen historischer Chronologie, sondern um solche der Zugehörigkeit zu einer Epoche. Febvre will nicht herausfinden, was sich in Rabelais' Kopf abgespielt hat. Er stellt bloß fest, dass in einem »Zeitalter, in dem die Menschen glauben wollen«[17], Rabelais unmöglich nicht geglaubt haben kann. Die Frage nach der individuellen Wahrheit wird substituiert durch die nach den kollektiven Ermöglichungsbedingungen subjektiver Weltsicht. In einem Temporalkonzept, das nicht von sukzessivem Wandel ausgeht, sondern Epochen als Simultanpräsenz sich gegenseitig bedingender Faktoren auffasst, gibt es keine Option für ein Außerhalbstehen. Ergo muss auch Rabelais geglaubt haben. Jede andere Behauptung wäre ein Verstoß gegen die These von der Ähnlichkeit der Menschen mit der Zeit, in der sie leben.

Jacques Rancière hat diese »Poetik der Ähnlichkeit« kritisiert: Dieser Kult der Analogisierung reduziere die Menschen auf die Epoche, in der sie lebten, und verbaue die Aussicht auf die Dynamik historischer Veränderung.[18] In der Studie *La Nuit des prolétaires* hat er gezeigt, dass der Begriff »Proletarier« vor 1848 für einen Akteur galt, der einen Bruch mit der Zugehörigkeit zu »seiner Zeit« anstrebte. Rancière geht davon aus, dass historische Ereignisse dann zustande kommen, wenn Menschen sich der Zumutung widersetzen, mit der Zeit, in der sie leben, »ähnlich« zu werden. Nur dadurch sind sie nämlich fähig, ein »unzeitgemäßes« geistiges Rüstzeug zu entwickeln, das Alternativen vorstellbar macht. Die febvresche Kritik am Anachronismus erscheint aus dieser Sicht weniger dem Bemühen um ein angemessenes historisches Verstehen als der Furcht vor der Möglichkeit radikaler Veränderungen geschuldet. Eine andere Kritik an Febvre hat Nicole Loraux mit einer *Eloge auf den Anachronismus* formuliert.[19] Für sie besteht das Problem nicht darin, ob Menschen, die früher lebten, zu »anachronistischem« Denken in der Lage gewesen sind. Vielmehr gilt es für heutige Historiker/innen, auch Fragen an die Vergangenheit zu stellen, die sich die (damaligen) Zeitgenossen noch nicht ausdenken konnten. Mit dieser Forderung nach einer »kontrollierten Praxis des Anachronismus« will die Historikerin der Vergangenheit auch andere Erkenntnisse als die des Nachweises der »Ähnlichkeit der Menschen mit ihrer Zeit« abgewinnen.

Dieser Disput um den Anachronismus macht deutlich, wie zentral die Frage nach den Handlungsmöglichkeiten von Menschen, die in der Vergangenheit gelebt haben, ist. Wird das Konzept einer homogenen Verbindung von (objektiver) Struktur und (subjektiver) Mentalität betont, so erscheint ein deterministisches Handlungsmodell plausibel. Die Historiker der *Annales* optierten allerdings nicht einheitlich für einen solchen Erklärungsansatz. So weist Febvre immer wieder auf die Widersprüchlichkeit von Normen und Institutionen einer Epoche (bzw. einer Kultur) hin, wenn er fragend konstatiert: »Menschen, die aus lauter Gegensätzen bestehen? Aber bestand nicht auch ihr materielles Leben aus lauter Gegensätzen?«[20] Auch seine These, wonach die sozialen Kohäsionskräfte, die eine kompakte Mentalität zur Folge haben, auf die Wirkung von Emotionen zurückgehen, ist ambivalent. *Einerseits* geht Febvre davon aus, diese emotionalen Regungen seien »ansteckend«. Er sieht ein »System intersubjektiver Stimuli« am Werk und spricht von der »Herausbildung eines eigentlichen Systems von Emotionen«: Zu »einer Art Institution« geworden, folgen sie »gleichsam rituellen Regeln«. *Andererseits* konstituieren diese emotionalen Institutionen auch »neue Handlungsschemata, die [...] nicht mit bloßen Reaktionsautomatismen verwechselt werden dürfen«, so dass Handlungsspielräume denkbar werden, welche die Gewohnheiten einer Epoche durchbrechen.[21]

Die Einsicht, dass der Strukturbegriff das Ereignishafte der Geschichte nie ganz zu bannen vermag, war bei den *Annales*-Historikern allgemein verbreitet. 1958 hatte Braudel, der nie vom Konzept der *longue durée* abrückte, angesichts neuer, computergestützter Auswertungsmethoden erklärt, »das Soziale« sei »ein viel zu schlaues Wild«, um den lochkartenbewehrten Historikern in die Fänge zu gehen; es gebe »keine Gesellschaft, so rückständig sie auch sein mag, die bei der Beobachtung nicht die ›Krallen der Ereignisse‹ zeigt«, was auch heißt, dass es keine Gesellschaft gibt, »deren Geschichte ganz aufgehoben ist«[22]. Noch weiter geht Paul Veyne: Das Wirkliche ist »immer von einer unbestimmten Zone nicht verwirklichter Möglichkeiten umgeben«[23]. Handelnde Menschen verfügen über Spielräume, sie sehen sich zwar mit Bedingungen konfrontiert, die manche Möglichkeiten einschränken, aber gleichzeitig sind auch immer Handlungsspielräume vorhanden.[24] Das Mentale bzw. die verschiedenen Mentalitäten stecken einen Horizont ab, der zwar durch die Geschichtsschreibung in seiner Begrenzung dargestellt werden kann, der den Akteuren jedoch einen Überschuss an Handlungsoptionen bietet.[25]

Struktur, Mentalität, lange Dauer, Anachronismus: Die Begriffe und die Konzepte, welche die Historiker der *Annales* entwickelten, weisen verschiedene Berührungspunkte mit einer anthropologischen Tradition auf, die sich für kulturelle Unterschiede interessierte und die Vielfalt der »Völker« untersuchte. Bereits in den 1930er Jahren kam es zu Kontakten zwischen der Anthropologie und den *Annales*. Diese Annäherung wurde nach dem Zweiten Weltkrieg vertieft, als sich Strukturgeschichte und strukturale Anthropologie gegenseitig stützten.[26] Damals entwickelten Anthropologen das strukturalistische Denken in Auseinandersetzung mit Linguistik und Semiotik konsequent weiter. Claude Lévi-Strauss, der herausragendste Vertreter dieser Richtung, suchte nach einer Alternative sowohl zur historisch individualisierenden Form anthropologischer Beschreibung als auch zur Suche nach »anthropologischen Konstanten«. Weder in der Geschichte noch in der Natur des Menschen vermochte der Strukturalismus den Ausgangspunkt für eine generalisierende Theorie zu sehen.[27] Gegenläufig zu dieser Depotenzierung von Geschichte und Natur rückten relational konstruierte Schemata die elementaren sozialen Strukturen und Zeichensysteme ins Zentrum der Forschung, deren Variationen in den unterschiedlichsten Gesellschaftstypen identifiziert werden konnten. Mit dem autobiografischen Reisebericht *Traurige Tropen* (1955) und der Studie *Das wilde Denken* (1962) wird Lévi-Strauss zum Theoretiker des Strukturalismus.[28] Geschichte ist aus dieser Sicht überhaupt »nicht an den Menschen oder an irgendein besonderes Objekt gebunden«, sondern »besteht ganz und gar in ihrer Methode«[29]. In dieser Eigenschaft muss sie – sofern ihr überhaupt ein Erklärungswert zukommen soll – die vergangenen Gegenwarten in ihrem strukturellen Zusammenhang rekonstruieren, was auf ein dezentriertes, fragmentiertes, friktionales Bild der Vergangenheit hinausläuft: »Die Geschichte ist ein diskontinuierliches Ganzes, das aus Geschichtsgebieten besteht, von denen jedes durch eine Eigenfrequenz und eine differentielle

Kodierung des Vorher und des Nachher definiert ist«, weswegen es »nicht nur illusorisch, sondern auch widerspruchsvoll [ist], das historische Werden als einen kontinuierlichen Ablauf aufzufassen«[30].

Hier zeigt sich die starke Analogie zum Konzept der *longue durée* der *Annales*-Historiker, aber auch zu Foucaults Theorie epistemischer Brüche. Wenn Geschichte kein durchlaufender Prozess ist, sondern aus voneinander abgetrennten Epochen besteht, die auf völlig unterschiedlichen Ensembles von Strukturen und Mentalitäten basieren, dann fallen die Fragestellungen der historischen Analyse und der strukturalistischen Feldforschung zusammen; die Interpretation der »fremden Territorien« der Vergangenheit kann ebenso wenig wie jene »anderer Kulturen« der Gegenwart in das geschichtsphilosophische Masternarrativ eines zivilisatorischen Fortschritts oder einer »Modernisierung« eingepasst werden. Bei aller Ambivalenz in der Reflexion auf die Handlungsmöglichkeiten von Menschen bewegten sich die *Annales*-Historiker in den 1960er Jahren stark im Schwerefeld dieses strukturalistischen Denkens, aus dem sie auch ein beträchtliches gesellschaftliches Prestige schöpften.

Dass die bereits damals diskutierten Entwürfe einer Historischen Anthropologie marginal blieben, hängt auch mit deren Positionierung zusammen. Noch 1978 skizzierte André Burguière das Programm der Historischen Anthropologie entlang von »alltagsgeschichtlichen« Gegenstandsbereichen. Die entscheidenden Denkanstöße kamen aus einer Richtung, die sich nicht mit einem solchen Verständnis zu identifizieren vermochte. Insbesondere Roger Chartier hat sie mit seiner »Kulturgeschichte des Sozialen« entwickelt. Er stellt drei Verschiebungen fest, welche von der Struktur- und Mentalitätsgeschichte der *Annales* weggeführt haben: *erstens* der Verzicht auf die »Beschreibung der gesellschaftlichen Totalität«, wie sie die *histoire totale* im Blick hatte; *zweitens* die Ablösung von territorial definierten Forschungsgegenständen, wie sie von humangeographischen und nationalgeschichtlichen Ansätzen analysiert wurden; und *drittens* der Bruch mit dem »tyrannischen Vorrang der sozialen Gliederung«. Damit wird die Auffassung verabschiedet, dass politische Positionen und Handlungsmöglichkeiten durch die soziale Struktur der Gesellschaft determiniert würden.[31] Chartier versucht mit den drei Begriffen »Repräsentationen«, »Praktiken«, »Aneignungsweisen« eine historische Theorie zu formulieren[32], welche die für die *Annales*-Historiker zentrale Dichotomie zwischen objektiven Strukturen und subjektiven Vorstellungen auflösen soll.[33] Diese Zielsetzung ist auch für eine theoretisch reflektierte Historische Anthropologie wichtig, die nicht einfach eine Umpolung der Analyse von einer strukturgeschichtlichen Außenbetrachtung aus der »Vogelperspektive« auf eine Geschichte von innen und unten anstrebt. Wenn es darum geht, die Wechselwirkungen zwischen Handeln und gesellschaftlicher Bedingtheit zu denken, hilft Chartiers Vorschlag weiter, »die allgemeinen Schemata der Klassifizierungs- und Wahrnehmungssysteme als wirkliche ›soziale Institutionen‹ zu verstehen, die in Gestalt kollektiver Repräsentationen die Aufteilung der gesellschaftlichen Organisation aufnehmen«. Die »kollektiven Vorstellungen« erweisen sich so als »Matrizen der Konstruktionspraktiken der sozialen Welt«, womit sich der Blick des Historikers auf den »Kampf um die Repräsentationen« richtet, von dessen Ausgang die Hierarchisierung der Sozialstruktur abhängt.[34]

Die theoretisch produktiven Vorschläge Chartiers intervenierten in den 1980er Jahren in ein bewegtes Umfeld. Fragestellungen, die von der Strukturgeschichte der *Annales* wegführten, wurden von einer neuen Generation französischer Historiker in unterschiedlichen Variationen aufgegriffen. Zu Beginn der 1990er

Jahre wurde auch die Auseinandersetzung mit einer inzwischen stark veränderten Anthropologie intensiviert und durch institutionelle Initiativen gefördert. So finanzierte das französische Forschungsministerium 1991 ein Kolloquium »Anthropologie contemporaine et anthropologie historique« mit der Zielsetzung, Geschichte und Anthropologie auf neuen theoretischen Grundlagen zusammenzubringen.[35] Aus diesen Dialogen gingen Anregungen und Konzepte hervor, die im vierten Kapitel aufgegriffen und diskutiert werden.

3.2 Historisch-anthropologische Annäherungen in den USA und in Europa

Wichtig für die Diskussionen, aus denen die Historische Anthropologie hervorging, war in allen westeuropäischen Ländern die Rezeption der angelsächsischen Sozial- und Kulturanthropologie. Schon in den 1950er Jahren hatte sich in den USA und in Großbritannien unter Vertretern dieser Richtungen eine grundsätzliche, konfliktreiche, theoretisch jedoch ergiebige Debatte über historische Zugänge entfaltet. Der lange Zeit äußerst einflussreichen Arbeitsteilung zwischen Anthropologie (welche sich mit »Völkern ohne Geschichte« bzw. »ohne Schrift« befasste)[36] und der Geschichte (welche sich den »historischen Nationen« zuwandte) wurden damit die Grundlagen entzogen. Dies ging einher mit einer Kritik am anthropologischen Strukturfunktionalismus, wie er durch A.R. Radcliffe-Brown und Bronislaw Malinowski zu Beginn des 20. Jahrhunderts begründet worden war und im angelsächsischen Raum vorherrschte. Dieser Ansatz begriff Kultur als einen synchronen Funktionszusammenhang und als instrumentellen Apparat zur Befriedigung von Bedürfnissen. Eine historische Analyse konnte kaum

Erhellendes zu ihrem Verständnis beitragen. Statt für die Formen der Tradierung interessierte man sich dafür – so Malinowski –, »wie diese Dinge arbeiten«[37].

Mit dem »Kollaps des strukturfunktionalistischen Programms«[38], für das Malinowski stand, zeichnete sich eine Umorientierung ab. Dabei konnte an eine bereits länger anhaltende Diskussion angeknüpft werden: Zu Beginn der 1950er Jahre hatte E.E. Evans-Pritchard erklärt, Sozialanthropologie habe »mehr gemeinsam mit Geschichte als mit Naturwissenschaft«, und es könne wohl keine Gesellschaftswissenschaft geben, die der Letzteren gleiche.[39] 1961 machte er – auf Gegenkurs zur Entwicklung in Frankreich – in einer viel beachteten Rede die Historisierung der Anthropologie und die Anthropologisierung der Geschichte zur Überlebensfrage beider Disziplinen.[40] Diese generellen Bestrebungen wurden durch die US-amerikanische Anthropologie unterstützt und konzentrierten sich stärker auf die Frage, was eine Historisierung zu leisten habe. Marvin Harris forderte Ende der 1960er Jahre eine Forschungsstrategie, die auf einem kulturellen Materialismus basiert und damit von der Annahme ausgeht, dass im historischen Prozess ähnliche Technologien ein ähnliches soziales Umfeld schaffen und damit ähnliche Muster der Arbeitsorganisation und Güterverteilung generieren, verbunden mit ähnlichen Werthaltungen und Normensystemen. Dieses Konzept wurde durch Kulturanthropologen als deterministisch zurückgewiesen. In der Tradition von Franz Boas wurde nun auf kulturrelativistischer Grundlage gegen universalistische Evolutionsmodelle argumentiert und die Pluralität und Komplexität von Kultur sowie die historische Singularität jeder einzelnen Gruppe hervorgehoben. Marshall D. Sahlins und Clifford Geertz waren einem solchen Erkenntnisinteresse verpflichtet. Für Geertz ist die Anthropologie »keine experimentelle Wissenschaft auf der Suche nach Gesetzen, sondern eine interpretative auf der

Suche nach Bedeutung«[41]. Das war die exakte Antithese zu dem Projekt, das Harris verfolgte.

Diese angelsächsischen Impulse wurden im Verlaufe der 1970er und dann vor allem in den 1980er Jahren in verschiedenen kontinentaleuopäischen Ländern aufgenommen, allerdings sehr ungleichmäßig und mit unterschiedlichen Zielsetzungen. In Frankreich und Deutschland war die quantitativ orientierte Sozialgeschichte an konzeptionelle Grenzen gelangt – paradoxerweise zu einem Zeitpunkt, als die Computerisierung der Forschung die Erhebung, Speicherung und statistische Auswertung empirischer Daten signifikant zu erleichtern versprach.[42] In Italien suchte eine marxistisch inspirierte Sozialgeschichte nach neuen Wegen. Gegen die totalisierende und fortschrittszentrierte Tendenz des Marxismus wurde das Projekt der Mikrogeschichte lanciert. Carlo Ginzburg schreibt, dass er diese Bezeichnung 1977 oder 1978 zum ersten Mal gehört habe.[43] Unabhängig von der Bezeichnung hatte sich eine ganze Reihe von Historiker/innen – zu erwähnen sind neben Ginzburg vor allem Giovanni Levi, Gianna Pommata, Edoardo Grendi, Maurizio Gribaudi, Carlo Poni und Simona Cerutti – das Ziel gesetzt, zu einer – gemessen an marxschen Makromodellen – realistischeren Beschreibung menschlichen Verhaltens in spezifischen historischen Kontexten zu gelangen. Das Konzept der Mikrogeschichte greift zentrale Anliegen einer Historischen Anthropologie auf: so die These, dass Handlungsspielräume von Akteuren sich durch die Inkohärenz von Normensystemen und Institutionen ergeben.[44] Vor allem Levi positioniert die italienische *microstoria* in der Tradition der britischen Sozialanthropologie und rückt sie in die Nähe von amerikanischen Historiker/innen wie Natalie Zemon Davis und David Sabean, die das »kritische Erbe einer anthropologisch aufgeklärten Sozialgeschichte« weiterführen.[45] Demgegenüber grenzt er sich ab von der relativistischen Haltung der amerikanischen Kulturanthropologen.[46] Bezug nehmend auf Clifford Geertz akzeptiert Levi zwar die These, dass es keine Handlungsrationalität außerhalb sozialer Interaktionen und kultureller Kontexte geben könne, sieht jedoch im relativistischen Ansatz eine problematische Perspektive. Demgegenüber votiert er für generalisierende Analysen, die verschiedene Kontexte aufeinander zu beziehen versuchen. (vgl. Kapitel 4)

3.3 Tendenzen und Debatten in Deutschland

In Deutschland (aber auch in Österreich und der Schweiz) lassen sich andere Rezeptionswege ausmachen. Als in den 1960er Jahren eher zaghaft eine Auseinandersetzung mit den *Annales* einsetzte, hielt sich diese noch an eine strukturalistische Lesart: Es waren Exponenten der Sozialgeschichte, die sich auf die Untersuchungen und Ansätze französischer Historiker, vor allem auf Fernand Braudel, beriefen, während Exponenten historisch-anthropologischer Zugänge Distanz markierten. Dies zeigte sich z.B. bei Dieter Groh, der 1971 in einem Aufsatz über die *Annales* schrieb, die französischen Historiker seien einer »Fetischisierung von Sachgesetzlichkeiten« verhaftet, so dass »die historisch handelnden Individuen und Gruppen [...] in einem Gehäuse, in einer Struktur langer Dauer« gefangen blieben.[47] Das Anregungspotenzial, das aus Frankreich kam, blieb für die in Deutschland erprobten neuen Ansätze – die Alltagsgeschichte, die historische Kulturforschung, die Geschlechter- und Umweltgeschichte – vorerst entsprechend gering.

Wichtiger waren volkskundliche Ansätze, die auf verschiedenen Traditionen der Kulturforschung aufbauten. Thomas Nipperdey wies bereits Ende der 1960er Jahre in seinem frühen Plädoyer für die Berücksichtigung der »anthropologischen Dimension der

Geschichtswissenschaft« auf die Studien von Rudolf Braun hin. Braun habe »von einem zunächst ganz empirischen Ausgangspunkt mit den Mitteln der Volkskunde die Geschichte des Volkslebens in einer Landschaft während des Industrialisierungsprozesses« beschrieben und analysiert. Nipperdey betont, dass in dieser Studie unter neuen Fragestellungen »neue Quellengruppen erschlossen und traditionelle Quellen neu ausgewertet« worden seien; das Resultat sei »eine Geschichte der Wandlungen des Menschen in konkreten Gruppen und Zeiträumen«. Dadurch erfüllte Braun nach Nipperdeys Wertung »das anthropologische Programm einer neuen Sozialgeschichte in hohem Maße«[48]. Rudolf Braun brach allerdings nie mit sozialhistorischen Paradigmen; in allen seinen Studien lässt sich insbesondere ein ausgeprägtes Sensorium für Fragen der sozialen Ungleichheit feststellen. Seine Zugangsweise zur Geschichte stand für die verpasste Möglichkeit, die »Historische Sozialwissenschaft« in Richtung auf eine Historische Anthropologie zu transformieren.

Die weitere Entwicklung verlief über Abgrenzungen und Konflikte. Seit Ende der 1970er Jahre rückten alltagsgeschichtliche Ansätze und eine stark im Mittelalter und in der Frühen Neuzeit verankerte historische Kulturforschung explizit von der Sozialgeschichte ab. Makroanalytischen und modernisierungstheoretischen Großperspektiven wurde nun – inspiriert durch die italienische *microstoria* – die Konzentration auf ein beschränktes Beobachtungsfeld entgegengesetzt. Dabei orientierte man sich aber stärker an der amerikanischen Kulturanthropologie – insbesondere Sahlins und Geertz wurden intensiv diskutiert. Es kam – auf unterschiedlicher Ebene – zum Schlagabtausch zwischen den »Großmeistern der Gesellschaftsgeschichte« und den »Kleinschreibern der Alltagsgeschichte« (solche Topoi prägten den Ton der polemischen Auseinandersetzung).

Diese Konfrontation, die von beiden Seiten durchaus gesucht wurde, war – vergleichbar mit den Debatten um die Mikrogeschichte in Italien – auch in Deutschland stark durch den gesellschaftlich-politischen Kontext geprägt. Die Alltagshistoriker standen den neuen sozialen Bewegungen nahe, die sich nun um friedens-, umwelt- und sozialpolitische Forderungen herum formiert hatten. In dieser »Bewegungskultur« hatte der »Fortschritt« seine zukunftsträchtige Aura eingebüßt; er wurde mit einer kulturnivellierenden »Dampfwalze« identifiziert, der etwas entgegengesetzt werden musste. Ein wirksamer Widerstand gegen forcierte Modernisierung wurde in einer verstärkten »zivilgesellschaftlichen« Partizipation an politischen Entscheidungsprozessen »vor Ort« gesehen. Häufig waren es Alltags- oder – wie sie im angelsächsischen Sprachbereich genannt wurden – »Barfußhistoriker/innen«, die nach dem (wiederum in skandinavischen Ländern entwickelten) Motto »Grabe, wo du stehst« (»dig where you stand«) das Bewusstsein für lokale Traditionen zu stärken versuchten. Der Lokalbezug öffnete auch neue Wege zur Erforschung des NS-Regimes; verdrängte Täterschaft und Mitläufertum wurden ebenso zum Thema wie unspektakuläre, alltägliche Widerstandsformen. Die ethnologische Methode der »teilnehmenden Beobachtung« und die *oral history* erwiesen sich als attraktiv für historische Forschungsprojekte, die sich mit der Erfahrungs- und Erinnerungswelt von Menschen, von Individuen und sozialen Gruppen befassen wollten. Daraus resultierte eine Hinwendung zu »kleinen Geschichten« – in Abgrenzung zur »großen Meistererzählung« der Sozialgeschichte. Der »Alltag«, das durch Gewohnheiten und Routinen geprägte Leben der Menschen, das auch in der Sozialgeschichte kaum Beachtung fand, wurde nun in doppelter Weise neu gesehen: *zum einen* als ein Ort der Behauptung bunter Kraftfeldervielfalt und eigensinniger Orientierungen, *zum anderen* als Bereich »unsichtbarer« und gesellschaftlich nicht reflektierter Dominanzverhältnisse und Ausbeutungsformen. Dieser Aspekt brachte die Alltagsgeschichte in eine starke Nähe zur Geschlechtergeschichte, die ähnliche Perspektiven auf Lebens- und Arbeitszusammenhänge von Frauen und Männern entwickelte.

Zu den in theoretischer Hinsicht innovativsten Texten, welche die Bezüge zwischen Alltagsgeschichte und historischer Kulturforschung auf der einen und Ethnologie bzw. Anthropologie auf der anderen Seite herausarbeiten, gehört Hans Medicks Aufsatz *Missionare im Ruderboot?*[49] aus dem Jahre 1984. Wie kann, so die Eingangsfrage, »die Doppelkonstitution historischer Prozesse, die Gleichzeitigkeit von gegebenen und produzierten Verhältnissen, die komplexe und wechselseitige Beziehung zwischen umfassenden Strukturen und der Praxis der ›Subjekte‹, zwischen Lebens-, Produktions- und Herrschaftsverhältnissen und den Erfahrungen und Verhaltensweisen der Betroffenen erfasst und dargestellt werden?«[50] Medick betont, dass die »Historische Sozialwissenschaft« für dieses Problem »keine befriedigende Lösung« hat finden können und auch »der objektiven Bedeutungsdimension von Strukturen und deren Rolle in historischen Prozessen«[51] nicht gerecht werden konnte. Deshalb fordert er die »Erarbeitung einer alternativen Perspektive«[52]. Diese soll bei der *agency*, d.h. bei der Handlungsfähigkeit von historischen Subjekten ansetzen. Im Zentrum des Forschungsansatzes steht die Rekonstruktion der symbolischen Formen, der kulturellen Deutungsmuster und der sozialen Praktiken, in welchen und durch welche Menschen handeln, wobei betont wird, »dass die Inanspruchnahme von Bedeutungen und die kulturelle Selbstinterpretation im Handeln überhaupt nur innerhalb klassenkonstituierter, widerspruchsbehafteter, jedenfalls mehrschichtiger sozialer Prozesse nötig und möglich ist«[53]. Medick geht allerdings davon aus, »dass sich das historische Konzept von Individuum und Person als der Hauptbezugsgröße bei der Produktion und Zuweisung von Sinn als der falsche Ausgangspunkt historischer wie sozial- und kulturanthropologischer Erkenntnis erwiesen hat«[54]. Wie diese Zurückweisung aber wiederum eine Analyse »aus der Perspektive des Handelnden selbst«[55] ermöglichen soll, wird theoretisch nicht entwickelt.[56]

Einen Vorschlag, wie dieses Problem gelöst werden könnte, macht Alf Lüdtke mit dem Begriff des »Eigensinns«, der auf eine Vermittlung von sozialen Restriktionen und subjektiver Bedeutungswelt zielt. Die These lautet: Menschen beschränken sich nicht darauf, das symbolische »Rohmaterial«, das sie in einer Kultur vorfinden, zu nutzen, sondern mit der Aneignung von »Bildern, Wörtern und Grammatiken« werden diese auch »eigensinnig« variiert, und zwar in einer sozial nicht determinierten Weise, so dass sich auch in scheinbar ausweglosen Situationen immer wieder Handlungsbereitschaft und Veränderungswille aufbauen können.[57]

Die Kritik an diesem »Eigensinn«-Konzept setzt beim Begriff der »Alltagskultur« an. Auch wenn der Alltag nicht mehr, wie das in der Protestkultur der 1970er Jahre eine Zeit lang durchaus der Fall war, als eine Art Reservat in einer von »Systemen« beherrschten Welt voller Zumutungen erscheint, wird er in historischen Untersuchungen doch als eine Lebenswelt konzipiert, die den politischen Herrschaftsstrukturen, den wissenschaftlichen Institutionen, der medialen Öffentlichkeit und den marktförmigen Nivellierungs- sowie Globalisierungsprozessen entgegengesetzt ist. Diese Vorgänge und Institutionen intervenieren mit unterschiedlicher Intensität gleichsam »von oben« in vertraute Alltagswelten von Menschen. Sie werden dabei als etwas »Fremdes« betrachtet, als etwas »von außen« Hereinbrechendes, das alltägliche Logiken und Praktiken in ihrer eigensinnigen Qualität in Frage stellt. Der Alltag der Menschen hat schon viele politische Systeme und wissenschaftliche Deutungsmächte aufsteigen und wieder verschwinden sehen, er hat sie, obwohl er von ihnen durchwirkt, deformiert und verändert wurde, doch allesamt überdauert und seine soziale Eigenlogik bewahrt: So lautet die These, die auch innerhalb der Historischen Anthropologie kritisiert wurde. (vgl. Kapitel 5)

Die profiliertesten Vertreter/innen der Alltagsgeschichte und der historischen Kulturforschung – zu nennen sind u.a.: Richard van Dülmen, Karin Hausen, Ludolf Kuchenbuch, Alf Lüdtke, Hans Medick, Michael Mitterauer, Jan Peters, Martin Schaffner, Regina Schulte, Heide Wunder – verspürten allerdings in den 1980er Jahren noch keine Neigung, ihre Ansätze »Historische Anthropologie« zu nennen. Zu sehr wies dieser Begriff negative Konnotationen auf, zu sehr wurde er mit der philosophischen Anthropologie Gehlens und mit den Knochen der physischen Anthropologie assoziiert. Erst in den 1990er Jahren, nach dem Ende des »kurzen 20. Jahrhunderts«, sprangen diese Historikerinnen und Historiker über den langen semantischen Schatten.[58] Die 1993 gegründete Zeitschrift *Historische Anthropologie*[59], an der sich die meisten der Genannten beteiligten, formulierte im Editorial ein Plädoyer für einen »umfassenden Kulturbegriff«, für die historische Arbeit an »›kleinen‹, aber ›dicht‹ beschreibbaren Wirklichkeitsausschnitten«, für den Blick auf die »›Innenseite‹ von Gesellschaften«[60].

3.4 Hors-texte? Feldforschung im Archiv und Spurensuche im Forschungsfeld

Der »kleine Ausschnitt« stärkt das Sensorium für den Reichtum von Spuren der Vergangenheit. Historische Anthropologie zeichnet sich durch ein reflektiertes Quellenverständnis aus und baut auf einer spezifischen Theorie des historischen Dokuments auf. Ausgangspunkt ist die Kritik an einem positivistischen Tatsachenbegriff, die naive *ad-fontes*-Parolen und jedes umstandslose Sprechen von »fließenden Quellen« verbietet. Jacques Le Goff zufolge muss sich der Historiker darüber im Klaren sein, »dass historische Tatsachen kein ›positives‹ Faktum sind, sondern das Ergebnis seiner eigenen, aktiven Konstruktion, die aus einer Quelle überhaupt erst ein Dokument macht und dann dieses Dokument, diese historische Tatsache, als Problem konstruiert«[61].

Was nun Historische Anthropologie von einer auf die symbolische Dimension beschränkten Kulturgeschichte und einer Diskursanalyse unterscheidbar macht, ist das Aufsprengen des Zusammenhangs von Geschichte und Schrift und das dadurch erweiterte Konzept historischer Dokumente. In der Antrittsvorlesung am Collège de France zitierte Lucien Febvre zunächst »eine berühmte Formel, deren – mit Sicherheit großer – Wert bis heute nicht erschöpft ist«: »Die Geschichte geht von Texten aus.« Es handelt sich aus Febvres Sicht jedoch auch um eine »gefährliche Formel«, da sie »die Geschichte eng an die Schrift« bindet.[62] Demgegenüber suchte er die »Berührung mit substantiellen Realitäten«: mit »einer Metallaxt, einem Gefäß aus rohem oder gebranntem Ton, einer Waage oder ihren Gewichten, alles Dinge, die man anfassen und in der Hand halten kann, deren Widerständigkeit man prüfen und aus deren Formen man hundert konkrete Hinweise auf das Leben der Menschen und der Gesellschaft ziehen kann«[63]. Das war eine Kritik an der traditionellen Geschichtsschreibung, die »von einer ausschließlich auf Texten, Textstudien, Textauslegungen beruhenden Kultur geprägt« war und das historische Handwerk nur noch als eine »sitzende Tätigkeit« kannte. Febvre ging davon aus, dass eine Geschichte, die »fast ausschließlich aus Ereignissen fabriziert war«, die Illusion schüren musste, Geschichte schreiben heiße

»die Tatsachen feststellen und sie dann ins Werk setzen«[64]. Demgegenüber war für ihn jede Geschichte eine »Wahl«, in ihren Konstitutionsbedingungen abhängig von »Spuren der Vergangenheit«, die weitgehend dem »Zufall« unterworfen waren (und sind). Es ist somit der Historiker, der seine Stoffe »schafft oder, wenn man will, neuerschafft«, und zwar »der Historiker, der nicht auf gut Glück wie ein Lumpensammler die Vergangenheit durchstreift, sondern mit einer präzisen Absicht, einem Problem, das es zu lösen, einer Hypothese, die es zu überprüfen gilt«[65]. In steigender Tonlage rief Febvre seinen Zuhörern am Collège de France zu: »Die Texte, gewiss – aber es sind menschliche Texte. [...] Die Texte, gewiss, aber alle Texte. [...] Die Texte, freilich – aber nicht nur die Texte.«[66]

François Simiand – von den Gründern der Zeitschrift *Annales* intensiv rezipiert – hatte die Frage gestellt, wie man denn eine Wirtschaftsgeschichte, »die in erster Linie eine Geschichte der menschlichen Arbeit sein wollte«, schreiben solle »bloß mit Papieren und Pergamenten und ohne Kenntnis der Techniken?«[67]. Diese »Techniken« bestehen nicht nur aus Werkzeugen, Maschinen und Medien, sondern auch aus menschlichen Fertigkeiten, durch welche diese entwickelt und genutzt werden. Vieles an diesen verkörperten Techniken ist nicht bewusst – heute würde man in Anlehnung an Michael Polanyi von »implizitem Wissen« oder der »tacit dimension« menschlichen Könnens sprechen. Dieses ist *per definitionem* nicht überliefert; als Praxis hat es jedoch – weitgehend absichtslose – Spuren hinterlassen, die gelesen werden können.[68] Techniken und Praktiken sind somit eng verschränkt, sie lassen sich aber nicht ohne weiteres durch den Rückgriff auf schriftliche und visuelle Repräsentationen erfassen. Ein Beispiel: Aufgrund von Schriftdokumenten und bildlichen Darstellungen gelangte die Geschichtsschreibung zum Ergebnis, dass Schweine im Mittelalter und in der Frühen

Neuzeit in den meisten Regionen Frankreichs als Ernährungsgrundlage gedient hätten. Die Mittelalterarchäologin Frédérique Audoin-Rouzeau hat aufgrund von Ausgrabungsbefunden nachgewiesen, dass in diesen Jahrhunderten auf dem Lande vor allem das Fleisch von Kühen und Schafen verspeist wurde. Das Schwein wurde demgegenüber auf Schlössern und Burgen gehalten, wo auch die meisten Dokumente über kulinarisch-gastronomische Ereignisse entstanden.[69] Das Schwein auf dem Lande ist demgegenüber eine Projektion dieser Eliten. Historisch-anthropologische Forschung fördert hier einen Widerspruch zwischen zwei Quellentypen zum Vorschein. Es wäre allerdings ein Missverständnis, das Spannungsfeld zwischen diesen beiden Befunden als Gegenüberstellung von »sozialer Wirklichkeit« und »bloßer Repräsentation« fassen zu wollen. Interessant ist es vielmehr, beide Aussagen – von denen die eine die andere eben gerade nicht widerlegt – in einen Zusammenhang zu bringen, um so zu weiterführenden Fragen zu gelangen.

Die Historische Anthropologie ist gerade deshalb theoretisch-thematisch innovativ, weil sie von einem erweiterten Verständnis menschlicher Spuren ausgeht.[70] »Die Vielfalt der historischen Zeugnisse ist nahezu unbegrenzt«, bemerkte Marc Bloch, um zu präzisieren: »Alles, was der Mensch gesagt oder geschrieben, hergestellt oder auch nur berührt hat, kann und muss über ihn Auskunft geben.«[71] Menschen hinterließen schon immer Spuren, sie bewegten sich fort, entwarfen Bilder, formten Werkzeuge und Schmuckstücke, verfassten Aufzeichnungen (auf Stein, Holz, Pergament, Papier), gestalteten agrikulturelle und urbane Landschaften, errichteten Bauwerke (Tempel, Wasserleitungen etc.) und »Kulturspeicher« (Archive, Bibliotheken). Diese vielfältigen Spuren konnten nun zur »Erweiterung unseres Bildes von der Vergangenheit«[72] beitragen. Die Spur ist »das sinnlich wahrnehmbare Zeichen, das ein selbst nicht mehr fassbares

Phänomen hinterlassen hat«[73] – so definiert stehen Überreste und Dokumente in einem steten Verweisungszusammenhang; sie sind nicht nur als selbstbezügliches Aussagesystem lesbar, sondern sie sagen etwas über etwas anderes aus. Spuren werden also in Zeichen transformiert: *aliquid stat pro aliquo.*[74] Es geht also beim Spurenlesen nicht um den Rückfall in einen naiven historischen Realismus, der die »symbolischen Deutungswelten« glaubt umgehen zu können, um dann zu einer »wirklichen Wirklichkeit« vorzustoßen, sondern es wird mittels Spurensicherung die Erweiterung und Multiplikation der für die historische Interpretation verfügbaren Zeichen angestrebt. Damit kann sich allerdings auch das Problem einer unübersichtlichen Fülle von Dokumenten stellen, was Marc Bloch zur sarkastischen Bemerkung veranlasst hat, bei der »Überlieferung der Zeugnisse« wäre uns »mit einer anständigen Katastrophe [oft] mehr gedient«[75]. Als umso wichtiger erweisen sich deshalb Fragestellungen, die es ermöglichen, einerseits bisher kaum bemerkte Spuren sichtbar zu machen und andererseits den Quellenkorpus, der für eine historische Untersuchung nötig ist, gezielt zu beschränken.

Spuren erhalten in diesem Verständnis von Geschichtsschreibung die Funktion einer Vetomacht, welche gegen willkürliche Deutungen der Vergangenheit Einspruch erhebt und nur jene zulässt, die von den Fakten kontrolliert werden. So unterschiedlich die Geschichten über die Vergangenheit sind: Letztere ist, so wiederum Marc Bloch, »definitionsgemäß etwas Vorgegebenes, das nicht mehr verändert werden kann«[76]. Georges Duby fasst diese Spannung zwischen den (unbewussten) Interpretationswünschen des Historikers und dem Bemühen um »Genauigkeit und Exaktheit« im Umgang mit dieser Vergangenheit in ein einprägsames Bild: »Ich sagte schon, dass ich von der Subjektivität des historischen Diskurses überzeugt bin, dass dieser Diskurs das Produkt eines Traumes ist, aber eines Traumes, der nicht vollkommen frei ist, da die großen Bildschleier, aus denen er zusammengesetzt ist, ja unbedingt an Nägeln befestigt werden müssen: an jenen Spuren, von denen wir vorhin sprachen.« Historische Erfahrungen sind aus dieser Sicht »Traumflocken, die sich in der Berührung mit dem Dokument zu einem Diskurs formen«[77].

Auf diese Weise kann der Zeichenbegriff neu auf die komplexe Gemengelage von Spuren bezogen werden. Nach dem Ersten Weltkrieg war es vor allem die Archäologie – insbesondere die aufstrebende Archäologie des Mittelalters und der Frühen Neuzeit –, welche neue Überreste in das Blickfeld von Historikern rückte, wobei hier noch ein robuster Tatsachenbegriff vorherrschte. Man hatte den Eindruck, die Vergangenheit als solche vor sich zu haben. Dies änderte sich mit den Historikern der *Annales*, die sich des Zusammenspiels von Spurenlegen und Spurenlesen bewusst waren. Als Marc Bloch in der Zwischenkriegszeit fotografische Flugaufnahmen von Feldfluren studierte, erkannte er in den vom Boden aus kaum mehr erkennbaren topographischen Nuancen Anhaltspunkte für Nutzungsformen in früheren Jahrhunderten. Das Auge des Historikers erkennt hier unmerkliche Spuren, die durch den sich wandelnden Gebrauch des Territoriums »überschrieben« worden sind. Er liest sie wie ein Palimpsest, d.h., er blickt gleichsam durch die aktuellen Nutzungsschichten hindurch und erkennt Anhaltspunkte für die Rekonstruktion früherer Gebrauchsweisen, von denen er durch das Studium von Texten bereits etwas weiß. Die Spuren außerhalb der Texte lassen sich erneut in bedeutsame Zeichen transformieren, die nun zu »historischen Tatsachen« werden, welche in die Erzählung einer jahrhundertealten Geschichte eingefügt werden können. Durch diese Lesart werden sie allerdings selber in eine Art Text verwandelt. Man könnte – mit Gérard Genette – von einem Hypertext sprechen, der aus der

Transformation vorangegangener Texte hervorgegangen ist. Die Text-Metapher macht z.B. klar, dass Landschaft schon immer etwas Wahrgenommenes und symbolisch Modelliertes ist, das nur als komplexes Zeichensystem einer historischen Interpretation zugänglich ist. Dabei ist die Lesart streng kontrolliert durch eine Ontologie der Spuren, die es dem Historiker ermöglicht, eine Vorstellung der sukzessiven Produktion der Agrikulturlandschaften der Gegenwart zu entwickeln.[78] Auch war sich Bloch bewusst, dass erst eine historische Fragestellung Spuren als solche sichtbar macht und damit die Evidenz produziert, auf der historische Untersuchungen aufbauen können.

Die »Erkenntnis mittels Spuren«[79] analysiert diese auch in ihrer Eigenschaft als Zeitmesser. Spuren verfügen in ihrer je spezifischen Materialität über ihre je eigene Dauerhaftigkeit. Zugleich sind sie Überlieferungsbedingungen unterworfen, die einen massiven Einfluss auf ihre Beständigkeit ausüben und die durch Menschen bzw. die Gesellschaft zum größten Teil – d.h. abgesehen von den bewusst tradierten Dokumenten – nicht kontrolliert werden. Spuren menschlicher Geschichte überleben nicht zuletzt da, wo sie als solche unbemerkt blieben und nicht zur Kenntnis genommen wurden. Darauf hat insbesondere Sigfried Giedion hingewiesen. Er schlägt eine »anonyme Geschichte« vor, die davon ausgeht, dass es für den Historiker »keine banalen Dinge« gibt: »Diese kleinen Dinge des täglichen Lebens akkumulieren sich zu Gewalten, die jeden erfassen, der sich im Umkreis unserer Zivilisation bewegt.«[80] Giedions Augenmerk auf diese »kleinen Dinge« führt zu einer verborgenen Geschichte der materiellen Kultur in ihrer durch Menschen vermittelten komplexen Interaktion mit sozialen Systemen – und hier zeigen sich genau die Synergien zwischen historischen Forschungsfragen und Spurensicherung, auf die die Historische Anthropologie setzt.

Aufgrund dieser Einsichten entspricht es einem schlecht reflektierten Abwehrreflex, die Historische Anthropologie gegenüber den »Knochenforschern« abdichten zu wollen. Es zeigt sich hier eine von wissenschaftsgeschichtlichen Traditionen her verständliche Berührungsangst, die jedoch sachlich nur da gerechtfertigt ist, wo anthropologische Forschung noch immer auf der Grundlage biologistischer Prämissen betrieben wird. Nicht mehr der Fall ist dies bei Ansätzen, wie sie z.B. der Lehrstuhl für historisch-anthropologische Arbeiten der Universität Göttingen und die Arbeitsstelle historische Anthropologie der Universität Bern verfolgen. Am Göttinger Lehrstuhl wird eine ganze Reihe von Forschungsprojekten durchgeführt, welche die »Rekonstruktion von Heiratsmustern durch genetische Typisierungen von Skeletten einer frühmittelalterlichen, sozial stratifizierten Bevölkerung« anstreben oder der Analyse der »biokulturellen Variabilität der Ressourcennutzung und Nahrungsnetzanalyse in historischen Bevölkerungen« dienen. »Kulturelles Erbe« soll unter anderem auch durch »die Analyse von DNA aus Pergamenten, Leder und organisch-archäologischen Artefakten« erschlossen werden.[81] Auf der Grundlage der Interpretation solcher Spuren lassen sich durchaus Zusatzinformationen für frühneuzeitliche Familienrekonstitutionen gewinnen; so lässt sich z.B. die Frage untersuchen, inwieweit die genetischen und die sozialen bzw. legitimen Beziehungen deckungsgleich sind. Auch für Probleme der Chronologie und für die Rekonstruktion materieller Lebensbedingungen sowie die Analyse von Herstellungsverfahren verschiedener Artefakte lassen sich dadurch neue Zugänge finden. Dass sich diese Methoden »Historische Anthropologie« nennen, ist aus dieser Perspektive kein semantischer Fehlgriff, auch wenn zu sagen ist, dass es sich hier letztlich um hilfswissenschaftliche Subdisziplinen handelt, die ihre Nützlichkeit durch den Einbezug der Ergebnisse in übergreifendere historisch-anthropologische Fragestellungen und Forschungsprojekte auszuweisen imstande sind.

Die auf eine Ausweitung des Quellenbegriffs abzielenden Erkenntnisinteressen der Historischen Anthropologie dürfen allerdings einen wichtigen Unterschied zwischen Geschichte und Anthropologie nicht übersehen lassen. Marc Augé hat darauf hingewiesen, dass die in der Gegenwart arbeitenden, auf einer synchronen Ebene sich bewegenden Ethnologen bzw. Anthropologen andere Verfahren anwenden, als sie den Historikern zur Verfügung stehen.[82] Indem Letztere die diachrone Dimension menschlicher Erfahrung und gesellschaftlichen Wandels untersuchen, können sie ihre methodischen Verfahren der »Spurensicherung« nicht vollständig von der Anthropologie übernehmen. Die Arbeit im Archiv folgt nicht derselben Logik wie die »teilnehmende Beobachtung«.[83] Auch eine anthropologisch transformierte und transdisziplinär geöffnete Geschichtswissenschaft kann sich nicht von ihrer »Bodenhaftung« in zeitlich geschichteten Spuren lösen. Und im Gegensatz zum Anthropologen sieht sich der Historiker schon immer mit Meinungen darüber konfrontiert, wie die Geschichte ausgegangen ist.[84] Marc Augé stellte daher fest, die Bezeichnung »Historische Anthropologie« sei eher irreführend, weil zu fest auf das Substantiv konzentriert, während »anthropologische Historie« angemessener klinge.[85] Dass sich dieser Vorschlag nicht durchzusetzen vermochte, zeigt, wie sehr das Interesse am »Menschen« die Logik dieser Begriffsbildung beherrscht.

Anmerkungen

1 E.E. Evans-Pritchard, Anthropology and History, Manchester 1961, S. 20.

2 Vgl. Schöttler, Marc Blochs Testament, S. 215-280.

3 Bloch, Les Rois thaumaturges.

4 Febvre, Gewissen des Historikers, S. 17.
5 Bloch, Apologie der Geschichtswissenschaft, S. 167.
6 Ebenda, S. 46.
7 Ebenda, S. 33.
8 Ebenda, S. 163.
9 Ebenda, S. 33.
10 Fernand Braudel, Geschichte und Sozialwissenschaften, in: Bloch et al., Schrift und Materie, S. 49.
11 Ebenda, S. 51 f.
12 Ebenda, S. 80.
13 Dies stellen auch Claudia Honegger, Geschichte im Entstehen. Vorwort zu: Bloch et al., Schrift und Materie, S. 15, und Raulff, Der streitbare Prälat, in: Febvre, Gewissen des Historikers, S. 235-253, hierzu S. 248, fest.
14 Febvre, Problem des Unglaubens, S. 17. Im Original steht: »le péché des péchés – le péché entre tous irrémissible«, vgl. Lucien Febvre, Le problème de l'incroyance au XVI siècle. La religion de Rabelais, Paris 1942, S. 6.
15 Febvre, Geschichte und Psychologie, in: ders., Gewissen des Historikers, S. 85.
16 So Rancière, Le concept d'anachronisme, S. 58.
17 Febvre, Problem des Unglaubens, S. 397 ff.
18 Rancière, Le concept d'anachronisme, S. 66 f. Rancière stellt dem Anachronismus die Anachronie entgegen: Tatsächlich werden durch Historiker immer wieder Verbindungen konstruiert, die (chronologisch) verkehrt sind und deswegen Anachronien darstellen, vgl. S. 67.
19 Loraux, Éloge de l'anachronisme.
20 Febvre, Geschichte und Psychologie, S. 86.
21 Febvre, Sensibilität und Geschichte, in: ders., Gewissen des Historikers, S. 93 f.
22 Braudel, Geschichte und Sozialwissenschaften, S. 61 und S. 63.
23 Veyne, Originalität des Unbekannten, S. 42. Zum Possibilismus vgl. auch Jon Elster, Logic and Society. Contradictions and Possible Worlds, Chichester 1978.
24 Raulff, Der streitbare Prälat, S. 240 f.
25 Vgl. Raulff, Vorwort. Mentalitäten-Geschichte, in: ders. (Hg.), Mentalitäten-Geschichte, S. 11.

26 Bensa, De la micro-histoire, S. 38.
27 Marquard, Schwierigkeiten, S. 143.
28 Lévi-Strauss, Traurige Tropen; ders., Das wilde Denken.
29 Ders., Das wilde Denken, S. 302.
30 Ebenda, S. 299.
31 Roger Chartier, Die Welt als Repräsentation, in: Middell/Sammler (Hg.), Alles Gewordene, S. 325 ff.
32 Ders., Kulturgeschichte zwischen Repräsentationen und Praktiken, in: ders., Die unvollendete Vergangenheit, S. 18.
33 Ders., Die Welt als Repräsentation, S. 336.
34 Ebenda, S. 336 f.
35 Revel, Présentation, in: ders., Jeux d'échelles, S. 7.
36 Zur Kritik dieses Konstrukts der »Völker ohne Geschichte« vgl. Wolf, Völker ohne Geschichte.
37 Thieme, Anthropologie Malinowskis, in: Geschlecht und Verdrängung in primitiven Gesellschaften, S. 265. Vgl. auch Thomas, Out of Time.
38 Harris, The Rise, S. 542.
39 E.E. Evans-Pritchard, Social Anthropology, New York 1951, S. 60 und S. 117 (zit. nach Harris, The Rise, S. 542 f.).
40 Ders., Anthropology and History, S. 20 (vgl. auch das Eingangszitat zu diesem Kapitel).
41 Vgl. Thomas, Out of Time, S. 24.
42 Revel, Micro-analyse et construction du social, in: ders., Jeux d'échelles, S. 18.
43 Ginzburg zeigt dann, dass sie – mit vorwiegend negativer Konnotation oder völlig marginal – schon seit den ausgehenden 1950er Jahren in verschiedenen literarischen und wissenschaftlichen Werken aufgetaucht war. Vgl. Ginzburg, Microstoria, S. 511 ff.
44 Giovanni Levi, On Microhistory, in: Burke (Hg.), New Perspectives, S. 94 f.
45 Hans Medick, Mikrogeschichte, in: Jordan, Lexikon Geschichtswissenschaft, S. 218.
46 Giovanni Levi, On Microhistory, in: Burke (Hg.), New Perspectives, S. 93-113.
47 Groh, Die französische Strukturgeschichte und ihre Methoden, in: ders., Anthropologische Dimensionen, S. 140 ff. Diese Aussage war

vor allem gegen die *Annales* nach 1945 gemünzt, die sich für sozialgeschichtliche Ansätze als attrakiv erwies.

48 Nipperdey, Die anthropologische Dimension, S. 57. Braun hatte zu Beginn der 1960er Jahre in Chicago mit Geertz zusammengearbeitet.

49 Medick, Missionare. Medick verdichtet seine »Kritik an der Universalisierung eines ethno-, d.h. eurozentrischen Geschichtsbilds und Geschichtsbewusstseins« in der titelgebenden Metapher der »Missionare im Ruderboot«, die er aus dem Aufsatz von Cohn, History and anthropology, S. 199, entlehnt hat. Damit überträgt er eine Formulierung auf die Geschichtsschreibung, die sich auf die ahistorische, machtblinde Attitüde von Ethnologen bezieht, die – nachdem religiöse Agenten im Verein mit wirtschaftlichen, militärischen und administrativen Mächten die traditionale Sozialstruktur von »Eingeborenen« zerbrochen hatten – im Eroberungsgebiet auftauchten, um festzustellen, »was einmal war« (S. 310). Eine solche kritische Position setzt sich selbst wiederum dem Vorwurf aus, ahistorisch zu sein. Darauf weist etwa Nicholas Thomas hin, indem er schreibt, es sei absurd, die Kontinuität zwischen anthropologischen Beschreibungen und dem Werk genau dieser Missionare unterdrücken zu wollen, hätten doch diese (erwähnt werden Maurice Leenhardt und Carl Strehlow) berühmte Beispiele einer *cultural ethnography* geliefert. Vgl. Thomas, Out of Time, S. 14 f.

50 Medick, Missionare, S. 295.

51 Ebenda, S. 296.

52 Ebenda, S. 303.

53 Ebenda, S. 304 und S. 319.

54 Ebenda, S. 318.

55 Ebenda, S. 307.

56 Die theoretischen Defizite zeigten sich symptomatisch im Umgang mit zentralen Referenzautoren der Theoriebildung, insbesondere mit Max Weber, der einer merkwürdigen »Dreifachbesetzung« ausgesetzt war (und ist). In den 1960er und 1970er Jahren wurde Weber von der aufstrebenden Sozialgeschichte zu einer Art theoretischem Schutzpatron für eine struktur- und prozessorientierte »histoire totale« moderner Gesellschaften aufgebaut. Gleichzeitig besannen sich auch amerikanische Anthropologien auf ihn. Clifford Geertz erklärt z.B. in der Einleitung zu seinem methodologischen Grundlagenwerk *Dichte*

Beschreibung, sein Kulturbegriff sei ein semiotischer: »Ich meine mit Max Weber, dass der Mensch ein Wesen ist, das in selbstgesponnene Bedeutungsgewebe verstrickt ist, wobei ich Kultur als dieses Gewebe ansehe.« Vgl. Geertz, Dichte Beschreibung, S. 9. Dies scheint jenen Alltagshistorikern entgangen zu sein, für die ein Abrücken von weberschen Kategorien die *conditio sine qua non* für eine grundlegende Neuorientierung der Geschichtswissenschaft darstellte und die sich nicht zuletzt auf Geertz beriefen, weil der kulturanthropologische Ansatz »ein anderes Verständnis von Theorie« ermögliche, »als dies für eine an Max Weber orientierte Position gilt«. Vgl. Medick, Missionare, S. 309. Umgekehrt beruft sich auch der Anti-Relativist Gananath Obeyesekere mit seinem Konzept der »practical rationality« auf Max Weber. Vgl. Obeyesekere, Apotheosis, S. 19. Inzwischen wird Max Weber auch für einen rational-choice-Ansatz reklamiert. Vgl. Zenonas Norkus, Max Weber und Rational Choice, Marburg 2004.

57 Lüdtke, Geschichte und Eigensinn, in: Berliner Geschichtswerkstatt (Hg.), Alltagskultur, S. 145 f.

58 Dass die 1993 neu gegründete Zeitschrift sich dann diesen Namen gab, wurde von den Vertretern der älteren Richtungen eher zurückhaltend zur Kenntnis genommen. Vgl. z.B. Martin, Wandel des Beständigen, S. 37.

59 Der Untertitel »Kultur-Gesellschaft-Alltag« war den *Annales* nachempfunden und markierte auch den Abstand zu dieser Richtung, die sich damals noch *Économie, Société, Civilisation* nannte. Seit 1994 nennt sie sich *Annales. Histoire. Sciences sociales.*

60 Historische Anthropologie, Nr. 1, 1993, Editorial, S. 1-3.

61 Le Goff, Vorwort, in: Bloch, Apologie der Geschichtswissenschaft, S. XVII.

62 Febvre, Ein Historiker prüft sein Gewissen, in: ders., Gewissen des Historikers, S. 10.

63 Ebenda, S. 11.

64 Ebenda, S. 12.

65 Ebenda, S. 13.

66 Ebenda, S. 18. Es gibt, vor allem in Frankreich, ein Verständnis von Historischer Anthropologie, das diese geradezu in Abgrenzung zur Geschichtsschreibung definiert und die Berechtigung der Ersteren primär daraus ableitet, dass in vielen Fällen keine oder kaum schriftli-

che Quellen verfügbar sind. Das Argument lautet, dass Menschen, die in Regionen im Windschatten der »großen Ereignisse« lebten und die kaum in Texten vorkommen, doch eine große Anzahl von Überresten, Indizien und »Spurenelementen« hinterlassen haben, die erforscht werden können. Der anthropologische Zugang stellt dann die Alternative dar, um überhaupt eine Geschichte bestimmter gesellschaftlicher Gruppen oder Regionen schreiben zu können. Isabelle Grangaud erklärt in La Ville imprenable. Une histoire sociale de Constantin au 18ème siècle, Paris 2004: »Cette histoire sera anthropologique ou elle ne sera pas.« Vgl. hierzu S. 332.

67 Ebenda, S. 10 f.

68 Polanyi, Implizites Wissen; Ryle, dessen Unterscheidung von *knowing how* und *knowing that* hier ebenfalls relevant ist, bringt das Beispiel des Pfadbaus; man baut einen Pfad zu einem bestimmten Zweck, aber die Arbeit des Pfadbauens selbst gehorcht einer anderen Logik »der Bodenmarkierung, des Grabens, Schotterholens, Walzens und Drainierens«. Vgl. Ryle, Begriff des Geistes, S. 395 f. Zum Paradigma der Lesbarkeit vgl. Blumenberg, Lesbarkeit.

69 Audoin-Rouzeau/Desse (Red.), Exploitation.

70 Viazzo, Introduzione.

71 Bloch, Apologie der Geschichtswissenschaft, S. 75.

72 Ebenda, S. 67.

73 Ebenda, S. 64.

74 Die Historische Anthropologie basiert damit auf einem pragmatischen Zeichenkonzept, das von Gebrauchsweisen ausgeht. Sie grenzt sich ab von einer Auffassung, wie sie sich in der strukturalistischen Tradition findet, in der Signifikat und Signifikant voneinander abgetrennt werden, um dann die Analyse auf das Spiel jener Differenzen zu reduzieren, welche die Signifikanten mit spezifischen Wertigkeiten ausstattet, die sich aus einem Feld von Relationen ergeben, ohne dass noch ein Rekurs auf Vorstellungsinhalte nötig wäre.

75 Bloch, Apologie der Geschichtswissenschaft, S. 85.

76 Ebenda, S. 66 f.

77 Duby/Lardreau, Geschichte und Geschichtswissenschaft, S. 46 und S. 65.

78 Vgl. dazu die theoretischen Überlegungen bei Genette, Palimpsestes, S. 16 ff. und S. 556 ff.

79 Bloch, Apologie der Geschichtswissenschaft, S. 63.

80 Giedion, Herrschaft der Mechanisierung, S. 20. Das Buch erschien erstmals 1948.

81 http://www.anthro.uni-goettingen.de/anschrift.html

82 Augé, Non-Lieux, S. 16 ff.

83 Vgl. dazu Farge, Le goût, und Devereux, Angst und Methode.

84 Augé, Non-Lieux, S. 23.

85 Ebd., S. 17. Auch Wolf Lepenies hat daher im erwähnten Aufsatz aus dem Jahre 1975 weniger eine »Historisierung der Anthropologie« als eine »Anthropologisierung der Geschichte« gefordert.

4. Probleme und Perspektiven der Historischen Anthropologie

»Daß sich nicht sagen lässt, was der Mensch sei,
ist keine besonders erhabene Anthropologie, sondern
ein Veto gegen jegliche.«[1] (Theodor W. Adorno)

»Der Mensch« ist eine rhetorische Figur, die in verschiedensten argumentativen Zusammenhängen auftaucht. Die Historische Anthropologie hat dazu das ihre beigetragen. Dass in dieser Abnutzungsresistenz von Begriffen ein Problem liegen kann, darauf hat Lucien Febvre mit einer einprägsamen Metapher hingewiesen. Er parallelisierte geistige und materielle Produktionsprozesse und erklärte, »nicht alle Maschinen« seien »aus Stahl«. Denn »die intellektuelle Kategorie, die wir in unseren Zerebralwerkstätten schmieden, drängt sich uns mit derselben Wucht, derselben Tyrannei auf – und führt ein weit zäheres Leben als die in unseren Fabriken hergestellte Mechanik«[2]. Ist das »zähe Leben« der Kategorie »Mensch« auf ihre anhaltende theoretische Produktivkraft zurückzuführen? Oder handelt es sich eher um eine bequeme Denkgewohnheit und einen theoretischen Lückenbüßer, mit dem alles und nichts erklärt wird? In diesem Kapitel wird zunächst auf die Argumente gegen »den Menschen« eingegangen. Anschließend wird gezeigt, wie dieser Begriff im Rahmen einer theoretisch reflektierten Historischen Anthropologie auf eine analytisch aussichtsreiche Weise konstruiert werden kann.

4.1 Der »konkrete Mensch« als Fiktion?

Historische Anthropologie plädiert für eine erfahrungszentrierte Geschichte des konkreten Menschen, dessen Körperlichkeit, mentale Dispositionen und soziale Praktiken in den Mittelpunkt des Erkenntnisinteresses gerückt werden. Gegen synthesesüchtige Historiker mit ihrem Hang zu generalisierenden Erklärungsmodellen auf hohem Abstraktionsniveau wird eine detailgenaue, die »Innenseite« menschlicher Subjektivität und sozialer Interaktion hervorhebende Geschichtsschreibung favorisiert. »Gemeinsam scheint den verschiedenen Ausprägungen [der Historischen Anthropologie] ihr Interesse an Menschen, ihren Erfahrungen und Wahrnehmungen im Wandel der Zeit«, schreibt Susanna Burghartz und formuliert damit das grundlegende Selbstverständnis dieses Ansatzes.[3] Die Aufmerksamkeit richtet sich auf eine *histoire totale de l'homme* bzw. eine *histoire de l'homme totale.*[4] Die Rede ist auch von einer »integrativen Anthropologie«, die auf die »Gewinnung eines Gesamtbildes, einer Gesamtschau vom Menschen« abzielt.[5] Die Ausrichtung der Geschichtswissenschaft auf »den Menschen« lässt sich schon in die Anfänge der französischen *Annales* Ende der 1920er Jahre zurückverfolgen und findet sich, auch nachdem Michel Foucault 1966 darauf gewettet hatte, »daß der Mensch verschwindet wie am Meeresufer ein Gesicht im Sand«[6], wieder in neueren Einführungen und Überblickswerken zur Historischen Anthropologie. Gert Dressel definiert den gemeinsamen Nenner der Historischen Anthropologie so: »Im Mittelpunkt steht jeweils DER MENSCH in der Geschichte.«[7] Für Richard van Dülmen ist es »der Mensch«, der »konkrete Mensch«, der »einzelne Mensch, das Einmalige und Besondere«, um den sich die Historische Anthropologie dreht.[8]

Ein solcher Rekurs auf den Menschen ist allerdings nicht unumstritten. Kulturwissenschaftliche Autoren, aber auch Vertreter strukturgeschichtlicher, systemtheoretischer, psychoanalytischer und medienwissenschaftlicher Ansätze haben die »Mensch«-Prämisse – mit ganz unterschiedlichen Gründen, im negativen Grundtenor jedoch übereinstimmend – zurückgewiesen. Im Motto dieses Kapitels wird das »Veto« zitiert, das Theodor W. Adorno in seiner *Negativen Dialektik* mit einer Spitze gegen die philosophische Anthropologie der Scheler, Plessner und Gehlen einlegte. Für Adorno stand fest, dass sich »nicht angeben« lässt, »was der Mensch sei«, weshalb auch eine »historische Anthropologie« kaum tauge.[9] Der französische Psychoanalytiker Jacques Lacan schlug eine Konzeption des menschlichen Unbewussten vor, die in Analogie zur Sprache gedacht war und vom »automatischen« Selbstlauf von »Signifikantenketten« ausging. Der »konkrete Mensch« wird hier als analytische Basiskategorie unbrauchbar.[10] Dasselbe lässt sich für den theoretischen Antihumanismus des marxistischen Philosophen Louis Althusser sagen. Und auch Jacques Derrida konstatiert von anderen Voraussetzungen her, der Anthropologismus sei ebenso überholt wie ein metaphysischer Humanismus.[11]

Funktionalistisch-kommunikationstheoretische Ansätze können mit dem Menschen ebenfalls nichts anfangen. Niklas Luhmann schreibt trocken, die Soziologie sei eine Wissenschaft, die Handeln und Kommunikation untersuche; deshalb solle sie vom Menschen schweigen. Die Annahme, »dass eine Gesellschaft aus konkreten Menschen und aus Beziehungen zwischen Menschen« bestehe, gehöre zu den »Erkenntnisblockierungen«, die durch jede ernst zu nehmende Sozialwissenschaft aufgebrochen werden müssten.[12] Und für den Kulturtheoretiker Friedrich Kittler ist »die von Descartes bis zu Husserl erträumte Sinnkonstitution von Gnaden eines Subjekts historisch auf den Hund gekommen«[13]. Wir lesen bei ihm Sätze wie den folgenden: »So hat der Zweite Weltkrieg rückgekoppelte oder selbstgesteuerte Waffensysteme in die Welt gesetzt, die den Menschen oder das Subjekt aller neuzeitlichen Philosophien seitdem einfach überflüssig machen.«[14] Diese Liste ließe sich verlängern. Sie vermittelt den Eindruck: Wo immer noch auf den Menschen rekurriert wird, kann etwas mit der theoretischen Konzeption nicht stimmen.

So leicht wird man »den Menschen« allerdings nicht los. Dies zeigt sich gerade da, wo explizite Kritiker einer Anthropologie nicht ohne implizite anthropologische Annahmen auskommen. Adornos *Reflexionen aus dem beschädigten Leben* – so der Untertitel der *Minima Moralia* – können durchaus anthropologisch dechiffriert werden. Denn ohne den Rekurs auf einen Menschen, der durch Kulturindustrie und Kapitalismus »beschädigt« werden kann, lässt sich die Kritik der kritischen Theorie gar nicht fundieren. Auch beim »späten Foucault« lassen sich subjekttheoretische Positionen feststellen, die mit einem historisch-anthropologischen Ansatz nicht unvereinbar sind. Foucault erklärte, es sei seine Absicht, »eine Geschichte der verschiedenen Verfahren, durch die in unserer Kultur Menschen zu Subjekten gemacht werden«, zu schreiben – dies auch im Hinblick auf »neue Formen der Subjektivität«[15].

»Der Mensch« erweist sich damit als semantisches Chamäleon, das sich an verschiedene theoretische Umgebungen anpassen kann. Die Berufung auf ihn hatte im Übrigen nicht nur in Deutschland, wo sie sich gegen die Dominanz menschenleerer Prozesse und Strukturen in der Geschichtsschreibung richtete, eine kritische Funktion. Auch in Frankreich entsprang die Forderung der *Annales*-Historiker nach einer »Rückkehr des Menschen« einem polemischen Impetus. Marc Bloch und Lucien Febvre wollten sich – wie gezeigt wurde – mit ihrer Rhetorik des »Menschen« von der traditionellen Geschichtsschreibung abgrenzen. Sie setzten ihren Ansatz einer Auffassung entgegen, die einen elitären Einschlag hatte und auf »historische Individuen« fixiert war. Sobald in einem positiven Sinne vom Menschen gesprochen wurde, erwies sich dieser für die *Annales* als vermittelter Gegenstand der Geschichtswissenschaft, eingefügt in eine *longue durée*, ohne die er gar nicht denkbar war. Bloch stellt etwa fest, es gehe ihm um das »Bewusstsein des Menschen«, und »die Atmosphäre, in der sein Denken von Natur aus atmet, ist die Kategorie der Zeit«[16]. Der Rekurs auf den Menschen führt also nicht aus der wechselseitigen Bedingung von Individuum von Gesellschaft, von Subjekt und Kultur hinaus. Er schreibt dieses grundlegende Problem bloß in einer etwas anderen Form fort.

4.2 Mikrohistorie und Handlungstheorien

Wenn wir »den Menschen« der Historischen Anthropologie ins Blickfeld nehmen, dann erweist sich unschwer, dass dieser mit dem »individualistischen Vorurteil des Historismus«[17] nichts zu tun hat. Es geht hier gerade nicht um die »historischen Individuen«, in denen sich das Schicksal eines Zeitalters oder einer »Nation« verkörpert. Die Historische Anthropologie kritisiert solche Personalmythologien ebenso klar, wie die Sozialgeschichte dies tut, wenn auch mit anderen Gründen. André Burguière sieht die zentrale Aufgabe der Historischen Anthropologie in einer »Untersuchung des Gewöhnlichen«, die sich als »Historiographie der Gewohnheiten« oder als »Historiographie des Alltagslebens« versteht.[18] Es geht um die Analyse jener »Sachverhalte [...], in denen sich eine Gesellschaft, eine Kultur verkörpert«[19]. Darunter fallen, so seine Aufzählung, die Geschichte der Ernährung, des Körpers, der Krankheiten, des Verhaltens, der Gesellschaftsorganisation, des Sexualverhaltens und der Familie.[20] Auch die verschiedenen Formen des Herstellens und Verbrauchens, des Arbeitens und Konsumierens lassen sich unter der Kategorie der durch Gewohnheiten geprägten Verhaltensweisen und Handlungsmuster fassen. In den Fokus der Untersuchung geraten so die stabilen Wiederholungsstrukturen des Alltagslebens, die zyklischen Muster von Gewohnheiten, das unspektakulär Repetitive, die robusten Routinen, über die Menschen ihre Lebensbedingungen reproduzieren und dadurch auch verändern. Alf Lüdtke spricht von den »Verhaltensweisen der Vielen«[21].

Dabei wird versucht, das Narrativ der Normalität, das durch dieses »Gewöhnliche« nahe gelegt wird, mit einem verfremdenden Blick zu durchbrechen. Paradigmatisch für dieses Bestreben steht die seit Ende der 1970er Jahre erscheinende volkskundliche Zeitschrift *Der Alltag. Sensationsblatt des Gewöhnlichen.* In dieser paradoxen Formulierung kommt zum Ausdruck, was der italienische Mikrohistoriker Eduardo Grendi *»le normal exceptionel«* nannte. Damit wollte er zeigen, wie außerordentlich für die Akteure jene Situationen sein können, die sich aus übergreifender Sicht als sehr normal präsentieren.[22] Auch Victor Turners Analyse »liminaler« und »liminoider Phasen«, in denen aus einem ungewohnten Umgang mit vertrauten Elementen sozialer Interaktion Neues entsteht, liefert hier Anregungen.[23] In beiden Fällen zeigt sich, dass Handlungslogiken nicht friktionslos funktionieren, sondern sich überlagern und gegenseitig durchkreuzen, wodurch Phänomene sozialer Interferenz erzeugt werden und Akteuren Optionen offen stehen, welche wiederum die »konkreten, historischen Verwendungszusammenhänge der sozial handelnden, reagierenden, verhandelnden und interagierenden ›lebendigen Menschen‹« verändern.[24]

Bei der Diskussion dieser Fragen tauchen allerdings immer wieder Missverständnisse und argumentative Schwachstellen auf.

Die *erste* bezieht sich auf die Definition des Begriffs des Handelns. In historisch-anthropologischen Forschungsarbeiten wird versucht, eine Geschichte der »kleinen Leute« zu schreiben, die als »eigensinnige Einzelne« oder als »historische Akteure« durchaus über eine – wenn auch durch den Handlungskontext beschränkte – Rationalität verfügen. Gleichzeitig grenzt man sich allerdings gegen den methodologischen Individualismus des *rational-choice*-Ansatzes ebenso ab wie gegen gesellschaftsgeschichtliche Ansätze, die mit Begriffen wie »Struktur« oder »Habitus« arbeiten. Einige Vertreter der Historischen Anthropologie halten sich an ein kompaktes Konzept der *longue durée* und streben danach, »die Geheimnisse anderer Epochen zu enthüllen durch das Aufdecken der Mentalität, die das ganze gesellschaftliche Leben prägt«[25]; demgegenüber warnen andere vor einer solchen kulturellen Homogenitätsvorstellung und betonen Handlungsspielräume von Individuen. Wie die Hinwendung zum handelnden Subjekt und die Ablehnung eines vom Individuum her argumentierenden Ansatzes zusammen passen sollen: das wird nur ungenügend reflektiert.

Ein Problem stellt *zweitens* der Begriff des Alltags dar. Dieser wurde in alltagsgeschichtlichen Untersuchungen meist als eine separate Domäne konzipiert und als »Welt der kleinen Leute« gegenüber wichtigen Systemen abgegrenzt. In diesem Modell gibt es auf der einen Seite die herrschenden Eliten, Institutionen und Ideologien, auf der anderen den Alltag; hier leben Menschen, die zwar beherrscht und untergeordnet sind, die jedoch über »eigensinnige« Optionen und »Listen der Ohnmacht« verfügen. Konstitutiv für ein solches phänomenologisches Konzept ist die Dichotomie Lebenswelt bzw. Alltag *versus* Systeme bzw. Institutionen. Inzwischen hat sich jedoch ein anderes Konzept von Alltag als weit produktiver erwiesen, ohne dass die Historische Anthropologie theoretisch darauf eingegangen wäre. Anstatt nämlich »systemische« Vergesellschaftungsformen wie Politik, Staat, Wirtschaft, Wissenschaft, Militär, Kunst, Kirche etc. auf den sozial integrierten »Lebensalltag der Menschen« zu beziehen, wird nun dem Alltag innerhalb dieser Institutionen und Komplexe nachgespürt. Wissenschaft etwa lässt sich – dies zeigen Laborstudien – nicht vom »Alltag« unterscheiden; sie ist vielmehr selber Alltag, d.h. ein sozialer Raum, in dem Menschen ein- und ausgehen, in dem sich Interaktionen einspielen, die mit der wissenschaftlichen Tätigkeit nichts zu tun zu haben scheinen, die aber doch die Voraussetzung, die *conditio sine qua non* dafür darstellen. Dasselbe gilt – um ein weiteres Beispiel zu erwähnen – für die internationalen Finanzmärkte. Auch in diesem weltumspannenden Interaktionsraum entsteht ein komplex strukturierter Alltag, in dem sich lokale Gepflogenheiten, soziale Normen und individuelle Gewohnheiten mit den Funktionsanforderungen, den Codes und der Entscheidungslogik eines universellen Systems auf unterschiedlichste Weise verschränken. Auch in der Politik, in staatlichen Administrationen, im Justizwesen, in Kirchen, in Massenmedien, kurz: in allen Institutionen, die in ihrem Zusammenspiel die Gesellschaft konstituieren, gibt es »Alltag«. Das Banale ist ebenso wie das Hehre und Herausragende überall im Leben, in allen Handlungsfeldern, präsent. »Alltag« ist somit kein Bereich, der gegenüber Systemen oder Institutionen abgrenzbar wäre. Er wird überhaupt nicht mehr sozialtopographisch bestimmt, sondern als Konstrukt einer Untersuchungsperspektive begriffen, die einen spezifischen Blick auf Sozialphänomene ermöglicht – dies mit einem beträchtlichen Mehrwert an Einsichten in das Funktionieren aller Netzwerke und Institutionen der Gesellschaft und auch in Dimensionen sozialer Ungleichheit, die durch einen soziostrukturellen Ansatz ausgeblendet werden.

Dabei lässt sich eine anhaltende Kontroverse feststellen zwischen einem Ansatz, der das Verhalten und Handeln des Individuums ins Zentrum der Analyse stellt, und Exponenten einer Kulturtheorie, die von überindividuellen sozialen Wirklichkeiten ausgehen. Wer bei einer historischen Untersuchung vom »Menschen« ausgeht, kann diesen durchaus als Epiphänomen einer kulturellen Matrix sehen, welche von menschlicher *agency* völlig abstrahiert. Umgekehrt ist es aber auch möglich, in diesem »Menschen« das Individuum mit seinen Handlungsoptionen zu erblicken. Hier setzt das Paradigma des »methodologischen Individualismus« an, das in den Wirtschaftswissenschaften fest verankert ist. Geprägt wurde der Begriff »methodologischer Individualismus« zu Beginn des 20. Jahrhunderts von dem Ökonomen Joseph Schumpeter. Soweit er die empirisch beobachtbare Gesellschaft vor Augen hatte, ging Schumpeter vom Primat der Interdependenz aus, d.h., er betrachtete es als eine »Tatsache, dass der Mensch allein nicht leben könne und nur aus seinem sozialen Milieu heraus zu verstehen, ferner tausenderlei sozialen Einflüssen unterworfen sei, welche an dem einzelnen schlechterdings nicht studiert werden können«[26]. Die Vorstellung eines isolierten Individuums, das sich als »Monade« zum Studium anbietet, wäre dem Ökonomen also absurd vorgekommen. Doch war er überzeugt, dass Wissenschaft Fragen, Perspektiven, Begriffe und Methoden entwickeln muss, um zu plausiblen Erklärungen zu gelangen. Weil die Gesellschaft nicht in ihrer gesamten Komplexität erfasst werden kann, muss der Forscher eine Wahl treffen. Ob man nun »die Gesellschaft« oder »das Individuum« als Ausgangspunkt für die Forschung wähle, sei »gleichgültig«, weil es nicht darauf ankomme, »wie sich diese Dinge wirklich verhalten, sondern wie wir sie schematisieren und stylisieren müssen, um unsere Zwecke möglichst zu fördern«[27]. Methodologischer Individualismus ist somit eine analytische Einstellung, die impliziert, »dass man bei der Beschreibung gewisser wirtschaftlicher Vorgänge von dem Handeln der Individuen ausgehe«, was »lediglich eine methodologische Frage ohne jede prinzipielle Bedeutung« sei.[28] Das Postulat des »methodologischen Individualismus« wurde im Verlaufe des 20. Jahrhunderts häufig ontologisch missverstanden, d.h., es wurde zurückgewiesen mit dem Argument, es sei falsch, davon auszugehen, eine Gesellschaft sei nichts anderes als eine bestimmte Menge von Menschen oder eine Ansammlung von Individuen.[29] Dieses Argument ist selbstverständlich richtig, aber eben kein triftiger Einwand gegen das Paradigma des methodologischen Individualismus.

Für einen solchen Zugang, der von den Individuen ausgehen will, plädiert in Fortsetzung der Forschungstradition der britischen *social anthropology* eine ganze Reihe von Mikrohistorikern, unter ihnen Paul-André Rosental, Simona Cerutti, Maurizio Gribaudi und – von ökonomischer Seite – Pierre-André Chiappori. Obwohl Mikrogeschichte mit der Historischen Anthropologie nicht zusammenfällt, stellt sie für die Diskussion wichtiger theoretischer Fragen den interessantesten Forschungsansatz dar. Angelehnt an die anthropologischen Studien von Frederik Barth aus den 1960er Jahren lassen die genannten Autoren sich von der Annahme leiten, dass die Produktion der sozialen Formen und überindividuellen Beziehungsmuster sich am besten von handelnden Individuen her analysieren lässt, so dass ein mikrohistorischer Blick am geeignetsten sei, um die relevanten Verursachungsfaktoren zu erkennen.[30] Die so genannte Manchesterschule, für die Barth beispielhaft steht, hatte versucht, die Vision des Verhaltens von Individuen mit einem Begriff der Rationalität im breiten Sinne einer Intentionalität sozialer Akteure zu verbinden: Menschen, die handeln, haben ihre Gründe, sie verfügen über Erwartungen, die sich an andere richten, und daraus resultieren Annahmen, die innerhalb des Kontextes, in dem sie entwickelt wurden, als rational gelten (oder für rational gehalten werden).[31] Damit wird nicht gesagt, Individuen seien (im ontologischen Sinne) rational oder autonom; es geht nur darum, dass sich strategische Interaktion zwischen Menschen nur entfalten kann, wenn solche Gründe vorhanden sind oder unterstellt werden.

Maurizio Gribaudi vertritt die Auffassung, dass aufgrund der Pluralität mikrohistorischer Ansätze zwischen dieser Forschungspraxis und einem Zugang über das Individuum differenziert werden müsse. Er unterscheidet drei Typen von mikrohistorischen Untersuchungen:[32] *Erstens* die intensive Feinbeobachtung lokaler Ereignisse und Veränderungen über einen längeren Zeitraum, wie sie in Deutschland von Hans Medick, Jürgen Schlumbohm, Rainer Beck und David Sabean, in England von Barry Reay vorgenommen wurde.[33] Diese setzt eine umsichtige Suche nach und eine systematische Klassifizierung von Quellen innerhalb eines kleinräumigen Untersuchungskontextes, z.B. eines Dorfes, voraus. Damit wird es möglich, den Lebenslauf von Individuen zu verfolgen und familiäre Netzwerke sowie soziale Gruppen in ihrer diachronen Veränderung darzustellen. *Zweitens* eine Konzeption, wie sie Carlo Ginzburg vertritt, der die Aufmerksamkeit auf kulturelle Formen, auf die Bilder und Diskurse lenkt, die sich durch die mikroskopische Beobachtung von Akteuren, Objekten und Symbolen auffinden lassen. Dieser Ansatz versucht vor allem, die Kulturbedeutung sozialer Fakten aufzuzeigen. Der *dritte* Ansatz konzentriert sich auf die Analyse sozialer Praktiken und Strategien in einer »Politik des Alltagslebens«, wie dies Giovanni Levi anstrebt.[34]

Die drei genannten Zugänge konzipieren das Individuum ganz unterschiedlich, so dass es nicht möglich ist, eine einheitliche Definition zu entwickeln. Der dritte Typ mikrohistorischer

Analyse bestreitet die Möglichkeit, die Reproduktion von Verhaltensweisen bzw. Gewohnheiten (*comportements*) und sozialen Normen zu erkennen, solange nicht vom Verhalten Einzelner auf der Ebene je individueller Interaktion ausgegangen wird. Beobachtbare Individuen bilden hier also den Ausgangspunkt der Untersuchung; sie stellen aber nicht – dies in Übereinstimmung mit dem methodologischen Individualismus – das Objekt der Analyse dar, sondern ihnen kommt eine instrumentelle Rolle zu bei der Beschreibung der sozialen Praktiken und Interdependenzmuster, die sich aus der kommunikativen Interaktion und den praktischen Handlungen ergeben. Die Struktur des Sozialverhaltens kann demnach einzig im Horizont von Individuen erhellt werden, was auch heißt, dass Institutionen kein autonomes Leben haben, sondern ihre Realität allein aus der Interaktion sozialer Akteure schöpfen können.[35]

Die Beobachtung der Individuen und ihrer Praktiken ermöglicht es zudem, die Variationsbreite der in einem sozialen Raum vorhandenen Verhaltensweisen zu registrieren. Somit steht die Varietät und die Diversität der Praktiken im Zentrum der Analyse. Um dahin zu gelangen, muss allerdings der täuschende Effekt von traditionellen Makrokategorien aufgehoben werden. Gribaudi geht – in Übereinstimmung mit Giovanni Levi – davon aus, dass sich die Identität und Rationalität von Individuen diskontinuierlich und konfigurativ entwickeln; sie sind nicht fest, sondern kontextabhängig und wandelbar. Gribaudi bezieht sich hier auf ein »Konzept der Konfiguration«, das jenem von Norbert Elias nicht unähnlich ist. Auch bei diesem Typus der Figurationsanalyse geht es um die Komplexität und Struktur von Interdependenzketten, die sich in den Netzwerken sozialer Interaktion herausbilden, auch hier wird die Soziogenese gesellschaftlicher Institutionen – des Staates und der Marktwirtschaft – ablesbar in der Regulierung des Affekthaushalts, in der Modellierung des Verhaltens der einzelnen Individuen.[36] Bei allen Differenzen, die zwischen diesen Autoren existieren[37], sind sich Elias und Levi, aber auch Arlette Farge und Bernard Lepetit, darin einig, dass sie als Ziel der historischen Analyse durchaus »große Prozesse« im Auge haben, die jedoch nicht direkt als strukturelle Phänomene begriffen werden können, sondern nur im Ausgang von den konkreten Individuen und von den Konfigurationen, die diese jeweils bilden. Die Aktivität des Individuums ist aus dieser Sicht gleichzeitig individuell und sozial; individuell, weil sie geprägt ist durch die beschränkte Wahrnehmung, das limitierte Wissen und die Unsicherheit jedes einzelnen sozialen Akteurs, und sozial, weil sie sich in der Interaktion, in Aushandlungsprozessen mit einer sozialen Umgebung abspielt.[38] Dieser Typ der Analyse lässt sich – wie Chiappori an einem Beispiel verdeutlicht – deutlich von einer ökonomisch inspirierten Zugangsweise unterscheiden: Trotz des gemeinsamen Nenners, nämlich von Individuen auszugehen, entwickelt der Ökonom in einer Feldforschung ein anderes Erkenntnisinteresse als der Anthropologe oder der Historiker, indem er nicht die Komplexität und die Widersprüchlichkeit sozialer Normen in den Blick nimmt, sondern sich auf die Beobachtung genau jenes Typs von Verhaltensweisen beschränkt, den er für seine reduktionistische Analyse benötigt.[39] Eine nichtreduktionistische Vorgehensweise, wie sie Gribaudi und Levi als Mikrohistoriker praktizieren, richtet sich allerdings nicht gegen eine Formalisierung der Analyse; statt jedoch einzelne Faktoren zu isolieren und mit Zeitreihenanalyse, statistischen Korrelationen und Regressionsanalysen zu arbeiten, schlagen sie eher ein mathematisches Instrumentarium aus der Mengenlehre und allenfalls spieltheoretische Modelle und (narrative) Algorithmen vor.[40] Levi erklärt, dass die Mikrogeschichte sich dagegen sperre, das Individuelle einer Generalisierung zu opfern. Gleichzeitig will sie aber nicht darauf verzichten, allgemeinere Phänomene zu enthüllen. Im Unterschied zur quantifizierenden Sozialgeschichte geht die Mikrogeschichte also stärker in Richtung nichtquantitativer Bereiche der Mathematik, die eine realistischere und weniger mechanische Repräsentation der Vergangenheit ermöglichen.[41] Für Levi drückt sich in diesem Hang zu einer moderierten Formalisierung auch ein antirelativistisches Vertrauen in die Möglichkeit, die »fremde Vergangenheit« zu verstehen, aus.

4.3 Mikro- versus Makroperspektive und »les jeux d'échelles«

Für den methodologischen Individualismus stellt sich insofern kein Mikro-Makro-Problem, als aus dieser Sicht auch Analysen, die sich auf kleine Räume und eingeschränkte Untersuchungsfelder beziehen, Makroprozesse sichtbar machen können. Hingegen taucht hier das Problem der nichtintendierten Folgen, der »Nebenwirkungen« sozialen Handelns auf. Märkte etwa entfalten eine Dynamik, die Absichten nur noch über einen spezifischen Code registrieren: Man kauft oder man kauft eben nicht, aus welchen Gründen auch immer. Aus der Kluft zwischen gehegten Absichten und eintretenden Entwicklungen ergeben sich für die Akteure jene Unsicherheitsmomente, auf welche die Mikrogeschichte wiederum ein besonderes Augenmerk legt. Auch die Unübersichtlichkeit der Gesellschaft wird hier wieder mikroperspektivisch erfasst, so dass eine Gegenüberstellung von Mikro und Makro nicht sinnvoll erscheint.

Gribaudi betont deshalb, dass sich die Opposition von Mikro und Makro nur aus einer Makro-Analyse stellt und dass diese Dichotomie häufig dazu dient, den Bruch zwischen zwei unterschiedlichen Modellen der Kausalität und verschiedenen Rhetoriken der Beweisführung zu überdecken.[42] Worum geht es hier?

Interessante Überlegungen zu diesem Problem finden sich bei Pierre-André Chiappori, der argumentiert, dass die Gegenüberstellung von Mikro und Makro in drei verschiedenen Varianten gedacht werden kann. Bei der *ersten* geht es um die Variation des Maßstabes, um das *level switching* zwischen verschiedenen Größenordnungen der Beobachtung. Es zeigt sich, dass jede Perspektive ihre Möglichkeiten bietet, aber auch ihre Probleme hat. Bestimmte Phänomene lassen sich nur auf der einen, nicht aber auf einer anderen Ebene beobachten und theoretisieren.

Zweitens neigt die Makroanalyse zu deterministischen Erklärungen, während die Mikroanalyse die Unbestimmtheit und die Unsicherheit betont, mit der sich Akteure konfrontiert sehen. Während sich aus der Makroperspektive ein zwingender »Lauf der Geschichte« ableiten lässt, erscheint die Interaktion im lokalen Kontext als volatil und unvorhersehbar. Akteure verfügten in jeder vergangenen Gegenwart immer über Optionen, sie wählten aus den verschiedenen möglichen Zukünften eine aus, die dann im Rückblick als die notwendige erscheint. Gerade bei Giovanni Levi eröffnet die mikrohistorische Perspektive den Einblick in die doppelte Diskontinuität sozialer Phänomene: räumlich, weil Handeln in seinen Voraussetzungen und Wirkungen kontextabhängig ist, und zeitlich, weil jede Wahl auf eine Alternative verweist, die andere Ereignisverkettungen auslöst. Während aus der Makrosicht der Gang der Dinge durch die robuste Stabilität der gesellschaftlichen Verhältnisse verbürgt wird, so dass Diskontinuitäten unwahrscheinlich sind, sieht es auf der Mikroebene so aus, als setze sich die Gegenwart jeden Moment aufs Spiel, so dass die Kontinuität das Unwahrscheinliche ist.

Die *dritte* Unterscheidung setzt auf der methodologischen Ebene an und schreibt der Makroanalyse eine hypothetisch-deduktive Verfahrensweise zu, während die Mikroanalyse induktiv, den beobachteten Verhaltensweisen folgend, vorgeht. Während der makroperspektivische Ansatz mit abstrakt-theoretischen Annahmen startet und Modelle einführt, die der Beobachtung von Tatsachen vorangehen, kann auf der Mikro-Ebene versucht werden, mittels »dichter Beschreibung« die – immer vorhandenen, aber eben nicht unverrückbaren – Voranannahmen zu verändern, zu verschieben, zu ajustieren und zu modifizieren, bis ein narratives Muster gefunden ist, das den beobachteten Verhältnissen und der Offenheit der Situation »gerecht« wird.

An diesem Punkt lässt sich nun zeigen, wie sich die Kausalitätsmodelle der Mikro- und der Makroebene unterscheiden. Wer eine analytische Vogelperspektive einnimmt, kann gar nicht anders, als Kausalität in Form determinierender Faktoren zu definieren: Von einer strukturellen Klassenlage wird kausal auf eine Präferenz für bestimmte Interessen und ein daraus resultierendes Klassenbewusstsein geschlossen; aus einer antagonistischen Gesellschaftsstruktur resultieren schließlich polarisierte kollektive Klassenpositionen und Konfliktdynamiken. Wenn sich z.B. eine statistisch signifikante Korrelation zwischen Streikhäufigkeit und Konjunkturentwicklung ergibt, so wird nach dem kausalen Mechanismus gesucht, der die beiden Indikatoren in einen schlüssigen Erklärungszusammenhang bringen kann. Auf der Mikroebene hingegen wird ein ganz anderer Kausalitätsbegriff verwendet. Dieser ist auf einen Handlungsbegriff bezogen, wie ihn vor allem der amerikanische Pragmatismus entwickelt hat. Donald Davidson hat die Frage aufgeworfen, »durch welche Beziehungen zwischen einer handelnden Person und einem Ereignis dieses Ereignis zu einer Handlung gemacht wird«. Dabei verteidigt er eine kausale Auffassung mit dem Argument, »dass der in kausaler Hinsicht stärkste Grund kein Grund zu sein braucht, der nach dem Urteil des Handelnden die stärksten (besten) Handlungsgründe liefert«. Menschen neigen dazu, die

Gründe für ihr Handeln zu rationalisieren – doch ist eben auch eine solche »Rationalisierung eine Spielart der kausalen Erklärung«[43]. Davidsons Theorie baut auf einem kausalistischen Verständnis der Handlung auf. Kausalität fungiert darin als »der Mörtel des Universums«, und »es ist der Kausalitätsbegriff, der unser Weltbild zusammenhält«[44]. Dabei wird Kausalität auf intentionales Handeln bezogen, d.h., es wird davon ausgegangen, dass Menschen Gründe brauchen, um sich die Welt als einen Handlungsraum zurechtzulegen. Für eine solche Theorie ist die Annahme eines autonomen, souveränen, sich selbst transparenten Subjekts nicht notwendig, wie dies von der Kritik an Handlungstheorien oft unterstellt wird.[45]

Diese Definition von Kausalität wird häufig übersehen, wenn die Forderung nach einer »Vermittlung« von Mikro- und Makroperspektive erhoben wird. Die grundsätzliche Nichtvermittelbarkeit der beiden Zugänge hat bereits Siegfried Kracauer in seiner Studie *Geschichte – Vor den letzten Dingen* mit plausiblen Argumenten nachgewiesen.[46] Der Historiker muss zwar, Kracauer zufolge, »in der Lage sein, sich frei zwischen den Makro- und Mikro-Dimensionen zu bewegen«. Bei »diesem Verkehr«, der einem »Perspektiv-« und einem »Niveaugesetz« unterworfen ist, passiert allerdings einiges mit den beobachteten »Dingen«: So sind »die Mikro-Ereignisse bei der Beförderung in höhere Regionen vom Verlust einiger ihrer Eigenarten und Bedeutungen bedroht [...]. Sie kommen dort oben in beschädigtem Zustand an.«[47] Aufgrund des »Perspektiv-Gesetzes«, der Nichthintergehbarkeit eines Beobachterstandorts, der Notwendigkeit einer bestimmten Perspektive, die andere ausschließt, »fällt ein Teil der Evidenz automatisch aus«. Und wegen des »Niveau-Gesetzes«, das die Veränderung der Intelligibilität (Erkennbarkeit) durch den Ebenenwechsel postuliert, »erreicht ein Teil der virtuell vorhandenen Evidenz sein Ziel in unvollständigem Zustand«. Weil das »historische Universum« nicht unabhängig von Beobachtern gedacht werden kann, ist es »von nicht-homogener Struktur. Es umfaßt Gebiete unterschiedlicher Dichte und ist von nicht faßlichen Wirbeln durchzogen.« Kracauer zieht daraus die Schlussfolgerung, dass die »sich ergebenden Verkehrsprobleme [...] unüberwindlich« sind.[48]

Eine produktive Wendung dieser Unüberwindlichkeit schlägt Jacques Revel vor: Wenn die Mikro- und Makroebene schon nicht vermittelbar sind, so lässt sich doch mit Perspektivenwechseln, mit der Verschiebung der Beobachtungsstandpunkte, mit der Vergrößerung und Verkleinerung des Analysemaßstabes experimentieren. Das Experiment, das Revel anstrebt, besteht darin, im hypothesengeleiteten historischen Forschen die Bedingungen der Beobachtung und damit auch den Analysetypus, der dadurch möglich wird, zu variieren – und zu schauen, was dann passiert. Dieses »Spielen mit Größenordnungen« (»jeux d'échelles«) plädiert also für einen experimentellen Umgang mit Theorien in der Geschichtsschreibung auf einer breiten Skala möglicher Beschreibungs- und Analyseebenen. Für Revel besteht die wichtigste Anregung der Mikrogeschichte darin, den Historiker für die Verwickeltheit der sozialen Logiken zu sensibilisieren und ihn vor der Versuchung zu schützen, seine Forschungsarbeit primär als Bestätigung von Erwartungen, Erklärungsroutinen und eingespielten Kategorien zu betreiben.[49] Wenn der Logik und der Bedeutung singulärer Erfahrungen nachgespürt wird, so geht es laut Revel nicht darum, aufs Neue auf den »Schwindel des Individuellen« hereinzufallen, sondern diese »kleinen Erfahrungen« als einen integralen Teil der »großen Geschichte« zu sehen, von der sie aber eine andere, komplexere Version liefern.

Es geht also bei der Mikro-Makro-Opposition überhaupt nicht darum, das »Große« und das »Kleine« einander gegenüberzustellen, sondern anzuerkennen, dass sich die soziale Realität und die menschliche Erfahrung je nach Niveau der Analyse unterschiedlich darstellen. Die »Wirklichkeitskonstruktion« des Historikers hängt also vom »Spiel mit den Größenordnungen« ab, sie resultiert aus dem Standpunkt, den der historische Beobachter im Spektrum möglicher Positionen einzunehmen sich jeweils entschlossen hat. Massive Phänomene wie die Globalisierung, die Industrialisierung, die Nationenbildung, die Urbanisierung, die Bürokratisierung etc. werden anders gelesen werden und in andere Kategorien übersetzt, wenn sie aus der Perspektive individueller Strategien, von biografischen Verläufen, vom selbst wiederum heterogenen Standpunkt von Familien, sozialer Gruppen oder Minoritäten aus betrachtet werden. Solche Geschichten sind nicht weniger wichtig als die Master-Narrative der Modernisierung – sie sind vielmehr anders konstruiert und legen andere Interpretationen nahe.

Die Inkommensurabilität zwischen Analysekategorien und Deutungssystemen von außen und dem Bild, das sinnbedürftige Menschen sich von sich selbst machen, stellt auf diese Weise kein grundlegendes Forschungsproblem mehr dar. Im Perspektivenwechsel und im Experimentieren mit Beobachtungsmaßstäben zeigen sich genuine Erkenntnisverfahren, die weder rein mikro- noch rein makrohistorisch sind. Darauf haben verschiedene Historiker aufmerksam gemacht. Carlo Ginzburg wies – unter Bezugnahme auf Siegfried Kracauer – auf die Erkenntnismöglichkeiten hin, die sich im »dauernden Hin- und Herschwenken zwischen Mikro- und Makro-Historie, zwischen ›*close-ups*‹ und Aufnahmen aus weiter bzw. sehr weiter Entfernung (›extreme *long shots*‹)«[50] ergeben könnten. Bisher zu wenig rezipiert wurden auch Überlegungen aus dem amerikanischen Pragmatismus. So betonte schon John Dewey die Zweischneidigkeit von Erfahrung. Weil sie gleichzeitig einen Subjekt- und

Objektstatus hat, eröffnet sie eine Möglichkeit, »Subjektivismus und Objektivismus des historischen Denkens als zwei Seiten desselben Phänomens zu verstehen«. Sobald das Subjekt, das über *agency* definiert werden kann, als Teil eines Kollektivs ins Blickfeld kommt, machen sich »übermächtige strukturelle Handlungsbedingungen« bemerkbar, »denen Individuen mehr oder weniger hilflos ausgeliefert sind«[51]. Damit stellt sich auch die Frage, inwieweit Strukturen, die zunächst eine analytische Konstruktionsleistung von Historikern sind, die historischen Wandel in einer spezifischen Weise darstellen, als Erfahrungsrestriktionen dechiffriert werden können, d.h. als etwas, was die damaligen handelnden Menschen (bewusst oder unbewusst) in ihren Möglichkeiten beschränkte. Die Produktivität dieser Problemstellung geht freilich verloren, wenn – wie auch in einigen Ansätzen der Historischen Anthropologie – die Kritik an der Kategorie des handelnden Individuums auf der Grundlage einer Theorie des »sozialen Subjekts« erfolgt, das nie mehr sein könne als die »soziale Welt«, in der es lebt und handelt.[52] Hier fällt die Argumentation wieder in das deterministische Mentalitätskonzept der *Annales*-Historiker zurück. (zur Kritik an diesem Konzept vgl. Kapitel 3)

Eine weitere Problemdimension, die der Perspektivenwechsel zwischen Mikro und Makro eröffnet, besteht im Spannungsfeld von Geschichte und Gedächtnis. Menschliche Gesellschaften sind auf Traditionen gebaut, sie bringen kulturellen Wandel in steter Auseinandersetzung mit dem Gedächtnis und der Erinnerung hervor. Soziale Zeit gibt es überhaupt nur, wenn kulturelle Überlieferung möglich ist, wenn Gedächtnisspeicher verfügbar sind. Maurice Halbwachs, der soziologisch, sozialhistorisch und psychoanalytisch inspirierte Theoretiker des kollektiven Gedächtnisses, hat bereits in den 1920er Jahren die beiden »Aggregatzustände« der Vergangenheit in der Gegenwart, nämlich *mé-*

moire (Gedächtnis) und *histoire* (Geschichte), unterschieden.[53] Eine ganze Reihe von Historikern – zu erwähnen sind insbesondere Pierre Nora und Yosef H. Yerushalmi – sind ihm darin gefolgt mit der Feststellung, dass das kollektive Gedächtnis die Gruppe oder die Gesellschaft, auf die es sich bezieht, »von innen« zeigt. Es ist den Selbstdeutungen und der (inter-)subjektiven Binnensicht verhaftet, es hält das Gefühl der Kontinuität aufrecht, es garantiert die Überlieferung. Soziale Gruppen stabilisieren also ein Bild der Vergangenheit, in dem sie sich auch unter Bedingungen beschleunigten kulturellen Wandels immer wieder zu erkennen und sich in ihrer Selbstwertschätzung zu bekräftigen vermögen. Demgegenüber ist Geschichte die Domäne der Historiker. Geschichte gewinnt – dies ist die These von Halbwachs – dann an Bedeutung, wenn die emotional überfrachteten, im Zusammenleben immer wieder aktualisierten Erinnerungen verblasst und die sozialen Gedächtnismilieus erodiert sind.

Geschichtsschreibung ist jedoch nicht nur ein Kompensationsphänomen. Mit ihr entsteht vielmehr eine Bruchstelle in den Temporalmodalitäten: Die Vergangenheit wird nun vergegenwärtigt nach wissenschaftlichen Kriterien. Damit spaltet sie sich von der gelebten Erinnerungskultur der Gegenwart ab und wird für Zukunftsentwürfe instrumentalisierbar. Saul Friedländer hat darauf hingewiesen, dass im »Geschichtsbewusstsein«, das in einer Gesellschaft oder Gruppe vorherrscht, Geschichte und Gedächtnis als unterschiedliche Formen des Umgangs mit der Vergangenheit sich wieder annähern können.[54] Doch auch in dieser Vermischung bleibt das Spannungsfeld bestehen. Yosef H. Yerushalmi hat nun argumentiert, dass die Geschichte keineswegs nur kompensatorisch auftaucht, wenn der Abbruch gruppenspezifischer, kontextabhängiger Tradierung ein Vakuum hinterlassen hat. Yerushalmi geht vielmehr davon aus, dass der

Anspruch der Geschichtswissenschaft, die Vergangenheit auf wissenschaftlicher Grundlage beobachten, darstellen, verstehen und erklären zu können, jenen Bruch im zeitlichen Kontinuum überhaupt erst erzeugt, der dann die Erinnerungsarbeit in den tradierten Gedächtnismilieus dem Vorwurf »bloßer Subjektivität« aussetzt. Die Historische Anthropologie kann diesen Konflikt nicht versöhnen. Bei aller Einfühlung in die Binnensicht von Akteuren ist es ihr grundsätzlich verwehrt, sich auf deren mutmaßliches Selbstverständnis zurückziehen; es bleibt ein »Minimalabstand [...] zwischen dem Forscher und seinem Material«[55]. Anders als eine den Objektivierungsdruck verstärkende sozialhistorische Methode versucht sie jedoch, die Kategorien der Selbstdeutung der untersuchten Gruppen in die Analyse mit einzubeziehen. Dafür muss es ihr gelingen, die Subjektposition, die Kausalitätsmodelle von Individuen und den widersprüchlichen Handlungskontext sozialer Gruppen nachzuvollziehen. Dazu dient ihr unter anderem die experimentelle Verschiebung des Beobachtungsstandpunktes. Im Unterschied zu sozialgeschichtlichen, aber auch zu kulturwissenschaftlichen Ansätzen, welche den Handlungsbegriff verabschiedet haben, vermögen historisch-anthropologische Studien so mit einem der zentralen Probleme der historischen Gedächtnis- und Erinnerungsforschung auf produktive Weise umzugehen.

4.4 Alltag, Gewohnheiten, Wiederholungsstrukturen: Beständigkeit und Wandel

Historische Anthropologie hat sich auch mit dem zu befassen, was das Beständige an menschlichen Gesellschaften ausmacht. Die traditionsreiche Kultur-Natur-Dichotomie legte häufig nahe, dieses Beständige durch das zu definieren, was Menschen als Naturwesen mit auf ihren Weg bekommen haben: Sie werden geboren und sterben, sie müssen sich dauernd reproduzieren, sich ernähren, sich schützen (durch Kleidung, durch Wohnung, durch Waffen). Auf diesem Weg wurde eine Diagnostik »menschlicher Grundsituationen« oder eine Rubrizierung von anthropologischen Konstanten versucht, die sich aus der »Natur« des Menschen ergeben sollten. Diese naturale Beständigkeit werde symbolisch überformt, woraus die enorme Vielfalt kultureller Ausdrucksformen resultiere. Damit ist die wichtigste Quelle von historischem Wandel identifiziert, der durch katalytische Ereignisse wie Katastrophen und Kriege beschleunigt wird. Dieses Denkmodell wurde schon früh kritisiert. Marc Bloch, der sich in seinen Reflexionen immer wieder von Naturkategorien entfernt hat, stellte fest, »dass sich auch der Mensch stark verändert hat. [...] Wie könnte es anders sein?« Er versucht dann, in der Suche nach dem Beständigen Natur und Gesellschaft zu symmetrisieren: »Dennoch muss es in der menschlichen Natur und den menschlichen Gesellschaften einen durchgängigen Tatbestand geben. Ohne ihn wären die Begriffe ›Mensch‹ und ›Gesellschaft‹ bedeutungslos.«[56]

Oskar Köhler schrieb 1974, es gelte – soweit dies möglich sei –, »die Dichotomie vom Menschen als ›Naturwesen‹ und als ›geschichtliches Wesen‹« zu überholen, »indem nicht Beständigkeit der ›Natur‹ und Geschichte seinem ›Wandel‹ zugeschrieben, sondern Beständigkeit selbst als geschichtliche Leistung (und ihr Mangel als Fehlleistung) begriffen wird, welche Leistung jedoch nur im Wandel erbracht werden kann, der nicht adiaphorisch um das Beständige herum geschieht«[57]. Mit dieser These einer kulturellen Produktion des Beständigen eröffnete dieser Autor eine innovative Perspektive für die theoretische Reflexion. Denn damit ist ein neuer Zugang zu jener Geschichte gewonnen, die nicht aus unwiederholbaren Singularitäten, aus

»geschichtsmächtigen« Ereignissen und Personen besteht, sondern aus Routinen, aus repetitiven Verhaltensmustern, aus den unbewussten, meist auch unsichtbaren Wiederholungsstrukturen des Alltags resultiert. Mit den Abstufungen sozialer Visibilität hängt die geschlechtsspezifische Aufteilung von Aufgabenfeldern zusammen; eine Reihe von Studien hat das Wahrnehmungsgefälle und die asymmetrische Relevanztopographie zwischen jenen Tätigkeitsbereichen, die Männern vorbehalten sind, und jenen, für die Frauen zuständig sind, nachgewiesen. Geschlechtergeschichte insistiert zusammen mit der Historischen Anthropologie darauf, dass die Geschichte des Alltags, der Geschlechterordnung und der weiblichen sowie männlichen Lebenszusammenhänge mit angemessenen Fragestellungen untersucht werden kann. Anstatt die »Unsichtbarkeit« dieser Handlungsfelder in das Argument, darüber gebe es leider keine Quellen, zu verlängern, geht es umgekehrt darum, mit produktiven Fragestellungen Spuren erkennbar zu machen, welche diese verborgene Geschichte erzählbar machen.[58]

In den Routinen und Wiederholungsstrukturen des Alltags zeigt sich die soziale Dimension menschlicher Praktiken, die in dauerhafte symbolische Zuschreibungen eingefügt sind. Edoardo Grendi hat betont, dass Wörter wie »Gewohnheiten« und »Sitten« (*coutumes*) sich sowohl auf die kanonisierten juridischen Praktiken beziehen als auch die kulturellen Werte des Zeremoniells evozieren, die wiederum an politische Ausdrucksformen gebunden sind. Kultur löst sich hier aber nicht in Fragen der Bedeutungsproduktion und der symbolischen Zuschreibungen auf; über diese Analyseebenen hinaus geht es auch um die Rekonstruktion eines Inventars sozialer Praktiken.[59] Eine solche Definition findet sich auch bei Gadi Algazi, der von Kultur als *»how to do what«* und von Geschichte als »Gebrauchsweisen von Kultur« spricht, welche Letztere wiederum »Repertoires für das Handeln« bereitstellt.[60] Hier wird ein praxeologisches Geschichtsverständnis vorgeschlagen, das etwa an Michel de Certeaus »Kunst des Handelns« oder Victor Turners Konzept des »Handlungsfeldes« anschließen kann.[61] Wichtig ist die Einsicht, dass Bedeutungen sich nicht nur wandeln, sondern in strategischen Interaktionen auch heterogen und widersprüchlich sind; es braucht keinen »gemeinsamen Sinnhorizont«, um Menschen in Handlungszusammenhänge zu integrieren oder miteinander »ins Geschäft« zu bringen. Vielmehr verändern sich mit dem Gebrauch (von Wörtern, von Dingen) auch die Bedeutungen, jedoch nicht willkürlich, sondern innerhalb eines Rasters, das sich subjektivem Wollen nie vollständig erschließt. Sinn entzieht sich somit systematisch Beherrschungsversuchen, die etwa darin bestehen, (unbewusste) Gewohnheiten in (bewusste) Traditionen zu transformieren. Eric Hobsbawm und Terence Ranger haben von der »Erfindung von Traditionen« gesprochen und damit einen Vorgang bezeichnet, welcher in einer identitätspolitischen Aufladung sozialer Praktiken besteht, die so zum kohäsiven Moment eines »Wir-Bewusstseins« und teilweise auch zum Bestandteil einer Elitekultur werden.[62]

Eine solche Konzeption von Kultur vermag auch das Zusammenspiel von Kontinuität und Wandel analytisch produktiv zu fassen. Die These lautet, dass gesellschaftliche Veränderungen gerade in jenen Wiederholungsstrukturen angelegt sind, die auch die Beständigkeit garantieren. Als Ausgangspunkt für diese Feststellung kann nochmals Oskar Köhler dienen, für den »Beständigkeit [...] nicht identisch (ist) mit Dauer«, sondern auch Impulse zur Veränderung freisetzt.[63] Es gibt zwei Möglichkeiten, Veränderung und Wiederholung (Routine, Repetitivität, Rekurrenz) zusammen zu denken. *Die eine* bezieht sich auf die Kategorie des Ereignisses, welches das Drehmoment kulturellen Wandels verstärken kann. Reinhart Koselleck insistiert in seiner

»Anthropologie geschichtlicher Zeiterfahrung« darauf, dass »alle menschlichen Lebens- und Handlungsbereiche unterschiedliche Wiederholungsstrukturen« enthalten und dass diese »Rekurrenz als Voraussetzung der Einmaligkeit« betrachtet werden muss.[64] Koselleck weist an vielen Beispielen nach, wie und warum Wiederholungsstrukturen die Ermöglichungsbedingung für das Singuläre darstellen. *Die andere* Weise, Wiederholung als Wandel zu begreifen, setzt beim Begriff der Aneignung an. Weil auch die Routinen des Alltäglichen immer wieder angeeignet werden müssen, und weil Aneignung nie eine identische Wiederholung, nie eine exakte Kopie ist, sondern »ein Spiel« aufweist, können Wiederholungskaskaden eine Veränderungsdrift freisetzen, die den Akteuren gar nicht bewusst zu sein braucht. Man kann der Ansicht sein, dass alles »noch genau so gemacht wird wie früher«, während der wissenschaftliche Beobachter von außen einen markanten Wandel sozialer Praktiken über den Zeitverlauf hinweg feststellt. Weil Wiederholung keinen Anfang kennt, weil Menschen schon immer in repetitiven Routinen steckten, über deren Ursprung sie sich alle möglichen Geschichten und Trugbilder ausdenken können, ist auch die Veränderung ein beständiges Phänomen, das sich in seiner Dynamik gerade aus der Wiederholung am besten verstehen lässt. Diese Argumentationsfigur ist auch für das Denken von Gilles Deleuze und Jacques Derrida wegweisend, bei denen insbesondere die Zeichenhaftigkeit der sozialen Wirklichkeit und die Bedingungen der Konstitution von Zeichen im Zentrum stehen. »Im Augenblick, wo ein Zeichen entsteht, beginnt es damit, sich zu wiederholen«, schreibt Derrida, der (mit Lévi-Strauss) im »Überschuß des Signifikanten im Verhältnis zu den Signifikaten, auf die jener sich beziehen kann«, die Konsequenz der Endlichkeit und zugleich die Einbruchstelle für das Neue, d.h. für den kulturellen Wandel sieht.[65]

4.5 Leibliche Erfahrung und Techniken des Körpers

Historische Anthropologie ist nicht identisch mit Körpergeschichte, muss sich aber notwendigerweise mit dieser befassen.[66] Dabei geht es nicht um die Hypostasierung der »grossen Vernunft des Leibes« gegenüber der »kleinen Vernunft des Geistes« (wie dies Friedrich Nietzsche formulierte). Die Fragen beschränken sich auch in keiner Weise auf die »körperbezogenen« oder »hautnahen Themen«, mit denen Historische Anthropologie häufig identifiziert wird. Zwar lässt sich feststellen, dass Untersuchungen zu körperlichen Tätigkeiten und Ausdrucksformen interessante Resultate zutage gefördert haben; Themen waren hier etwa das Essen und Trinken, Hunger und Überfluss, Schlafen und Gehen, Gestik und Mimik, Kleidung und Wohnung etc.[67] Die bunte Aufzählung von Phänomenen korrespondiert mit dem Sachverhalt, dass diese Studien zum »konkreten Körper« von ganz unterschiedlichen Prämissen ausgehen und vielfach der These einer »kulturellen Überformung« des Körpers folgen. Historische Anthropologie hat aber – hierin Marc Bloch folgend, der das bereits in seiner *Apologie der Geschichtswissenschaft* postulierte – davon auszugehen, dass sich »der Mensch stark verändert hat, und zwar sowohl mental als auch in den subtilsten Mechanismen seines Körpers«[68].

Den Körper in seiner Geschichtlichkeit zu analysieren setzt auch eine historische Untersuchung des Natur-Kultur-Unterschiedes voraus, der ein diskursives Konstrukt ist und als solches ebenfalls einem ausgeprägten Wandel unterlag. Aus einer wissenschaftsgeschichtlichen Perspektive lassen sich insbesondere die engen Wechselwirkungen zwischen historischem Bewusstsein und naturwissenschaftlichen Körpervorstellungen aufzeigen. Die Wissenschaft der Geschichte hat im 19. Jahrhundert die cartesianische Unterscheidung von *res cogitans* und *res ex-*

tensa, von ausdehnungslosem Geist (oder Seele) und materialisierter Körpermaschine, weitergetrieben. Mit dem Aufstieg des historischen Denkens wurde der Körper stärker als je zuvor in eine Geschlossenheit und Statik hineingedrängt; er erhielt nun klare und dichte Umrisse; er war nicht mehr der offene, groteske Leib des Mittelalters und der Frühen Neuzeit, in dem sich Mikro- und Makrokosmos kreuzten. Die verdinglichte Natur des Menschen war die Kehrseite der Historisierung des Gesellschaftlichen. In dem Maße, in dem die Expansion der geschichtlichen Welt die Interpretationsspielräume der Historiker ausweitete, verengten die Naturwissenschaften den Körper zum Naturobjekt. Auch wenn die Tradition der humoralpathologisch-diätetischen *sex res non naturales* (d.h. jener Lebensbereiche wie Ernährung, Wohnen, Arbeiten, Bekleidung, Rhythmus von Wachen und Schlafen sowie emotionale Regungen, die im Unterschied zu den *res naturales* einer bewussten menschlichen Gestaltung zugänglich waren und die im Gegensatz zu den *res contra naturam* als wichtig für ein gutes Leben betrachtet wurden) weiter wirkte, wurde nun im Körper das wichtigste Moment des Nicht-Verfügbaren in einer ansonsten den Vernunftkräften zugänglichen und rational prägbaren Welt gesehen. Selbstverständlich sollten Menschen mit ihrem Körper »richtig« umgehen, ihn pfleglich behandeln, ihn hygienisch zurechtrichten und ihr Gesundheitskapital nicht leichtfertig aufs Spiel setzen; ein invasiver Aufklärungsfeldzug, der im Namen dieser Normen geführt wurde und von phantasmatischen Ängsten und Hoffnungen durchwirkt war, hat in Bibliotheken und Archiven eine massive Papierspur hinterlassen.[69] Das »organische Leben« war diesem volkspädagogischen Zugriff allerdings immer vorausgesetzt, es stellte gleichsam das letzte Bollwerk des Biologischen im steten Veränderungsstrom der Kultur, im revolutionären Umwälzungsprozess der Gesellschaft dar. Als lebendiges Naturding blieb der Körper aus der sonst alle Gewissheiten auflösenden, subversiven Kulturalisierungsdynamik ausgespart – an seiner physiologischen Realität, seiner handfesten Materialität scheiterte jede relativierende These. Die durch unmenschliche Arbeitsbedingungen deformierten Körper des Proletariats dienten der sozialistischen und philanthropischen Sozialkritik deshalb als lebendes Dokument, als selbstredendes Dossier, an dem die ausbeuterischen und menschenverachtenden Praktiken der kapitalistischen Gesellschaft offen gelegt werden konnten. Andere Autoren wiesen auf die Schicksalhaftigkeit von Vererbungsfaktoren hin und konstruierten Genealogien, welche den Durchsatz von Körpermerkmalen und Charaktereigenschaften durch die Generationenfolge unter Beweis stellen sollten. Später, in der zweiten Hälfte des 20. Jahrhunderts, sollte man dann sagen können, beim menschlichen Körper handele es sich um eine phänotypische Exprimierung eines über mehr als 100 000 Jahre hinweg kaum mehr veränderten Genotyps des *homo sapiens*. Aufgrund dieser Annahme behandelte die Biomedizin mit durchschlagenden Erfolgen die leibliche Existenz dieses Menschen als »*stable experience*« (David Armstrong)[70] und unterzog ihn – im Falle funktionaler Störungen aller Art – standardisierten Eingriffen, sei es nun in der Chirurgie oder in der inneren Medizin, wo auch eine immer größere Anzahl von Pharmazeutika, die am Modell dieses Körpers entwickelt wurden, zur Verfügung standen. Eine solche Körper-Geist-Spaltung fügte sich ohne Widerspruch in die Leitdifferenz Natur-Kultur ein. Sie stützte verschiedene weitere Dichotomien wie Stoff/Form, weiblich/männlich, passiv/aktiv, emotional/rational, privat/öffentlich, die wiederum eine diskursive Homologisierung von Natur-, Gesellschafts- und Geschlechterordnung ermöglichen sollten.

Im 20. Jahrhundert gab es immer wieder Versuche, den cartesianischen *homo duplex* zu überwinden und durch das Zusammendenken von »Körper und Geist« zu einem »ganzheitlichen Menschenbild« zu gelangen. Diese Denkanstrengungen können sich nicht ohne weiteres aus dem Bann von Argumentationsfiguren befreien, welche die philosophische Anthropologie gehlenscher Provenienz entwickelt hat, die stark durch die Rationalitäts- und Zivilisationskritik der 1920er und 1930er Jahre geprägt und von der Idee der »Führung« und der »Zucht« geleitet war. Eine Kritik am Modell von Descartes muss, wenn sie verhindern will, dass diese Geister der Vergangenheit auch im 21. Jahrhundert ihr theoretisches Unwesen treiben, auf Argumente zurückgreifen, die Gilbert Ryle Ende der 1940er Jahre entwickelt hat. Ryle zeigte, dass die beiden Begriffe »Geist« und »Körper« im cartesianischen Weltbild für zwei parallele Lebensläufe des Menschen standen, von denen »der eine sich aus dem zusammensetzt, was im Geiste vorgeht«, während der andere »aus dem besteht, was in seinem Körper vorgeht oder diesem zustößt«. Diese Parallelisierung, die einen der wichtigen Mythen der Moderne darstellt, beruht allerdings nicht auf einer Aufspaltung, sondern auf einer »Kategorienverwechslung«, denn die »scheinbar tiefere und philosophische Annahme [...], dass es zwei verschiedene Arten von Existenz und Sein« gibt, erweist sich als haltlos und ist Ausdruck des Unvermögens, »gewisse Wörter richtig zu verwenden«[71].

Wenn wir den Menschen anders als über diese cartesianische Dualität zu verstehen versuchen, dann zeigt sich, dass der Geist weder sein eigener noch ein metaphorischer Ort ist. Geist lässt sich nur noch performativ fassen, er entsteht in dem Maße, in dem Menschen soziale Interaktionsräume konstruieren. Bezug nehmend auf die zahlreichen Beispiele, an denen er seine Argumente entwickelt, schreibt Ryle zu den Kontexten, in denen sich »Geist« zeigt: »[...] das Schachbrett, die Rednerbühne, das Gelehrtenpult, die Richterbank, der Sitz des Fahrers, das Atelier und der Fußballplatz gehören zu seinen Orten. Denn an diesen Orten arbeiten und spielen Leute dumm oder intelligent.«[72] Diese Analyse unterminiert nicht nur das descartessche »Dogma vom Gespenst in der Maschine«, sondern zugleich die anticartesianische Ganzheitsrhetorik, welche mit dem Postulat der Vereinigung die Annahme perpetuierte, dass Geist und Materie »Ausdrücke desselben logischen Typus«[73] seien.

Marcel Mauss entwickelte bereits in den 1930er Jahren eine These des verkörperten Geistes, die jener Ryles nahe kommt. Mauss definiert Technik allgemein als »eine traditionelle, wirksame Handlung«, die sich »nicht von der magischen, religiösen, symbolischen Handlung unterscheidet«. Technik ist damit Teil des symbolischen Kontinuums, in dem Menschen schon immer leben; sie ist gebunden an Tradition, durch die Kultur im weitesten Sinne überliefert wird. »Der Körper ist das erste und natürlichste Instrument des Menschen. Oder genauer gesagt, ohne von Instrument zu sprechen, das erste und natürlichste technische Objekt und gleichzeitig technische Mittel des Menschen ist sein Körper.«[74] Dieser gegenseitige Konstitutionszusammenhang von Körper und Technik macht es nicht länger möglich, von einem Körper auszugehen, der »Technik« verwendet, um seine motorische oder sensorische Potenz zu steigern, sondern körperliche Performanz ist Gebrauch von Techniken, mit denen sich zugleich der »Geist« der Menschen entfaltet. Somit wird Körperlichkeit in Kultur eingerückt und historisch fassbar.

Dieses Körperkonzept lässt sich wiederum auf die Ausführungen der Anthropologin Mary Douglas über *Die zwei Körper* (1970) beziehen, welche die metaphorischen Austauschbeziehungen und kognitiven Wechselwirkungen zwischen dem Körper als sozialem Gebilde und dem individuellen physischen Körper zum Gegenstand haben.[75] So wurden z.B. mit dem Verwissenschaftlichungsschub des 19. Jahrhunderts Körpertechniken von verschiedenen wissenschaftlichen Disziplinen – von der Physiologie über die Arbeitswissenschaft bis hin zur Biomechanik – analysiert und im Hinblick auf sportliche Höchstleistungen sowie das optimale Funktionieren von industriellen Mensch-Maschine-Systemen ausgerichtet. Körpertechniken gingen in dieser Phase eine enge Verbindung ein mit Rationalisierungsverfahren, die wiederum die ganze Gesellschaft durchwirkten. Es lässt sich ein enger Zusammenhang von Praktiken und Diskursen beobachten, die den Körper als ein Element komplexer Systeme begreifen, die einem Willen zur Perfektionierung unterworfen wurden.

Michel Foucault hat mit seiner »interpretativen Analytik«[76] gezeigt, wie der menschliche Körper durch das Zusammenwirken von Wissen und Macht modelliert wird. Foucaults Begriffe einer »Bio-Macht« und einer »Mikrophysik der Macht« richteten sich gegen eine Repressionsthese, die behauptet, der Körper werde durch soziale Normen und gesellschaftlich sanktionierte Praktiken unterdrückt. Dieser Sicht stellt Foucault die Erkenntnis entgegen, dass gesellschaftliche Macht- und Wissensdispositive wechselweise verbunden sind mit jenen Praktiken, durch die Menschen ihren Körper erfahren. Die Geschichte der Sexualität ist ein zentrales Forschungsfeld, auf dem sich diese Wechselwirkungsprozesse aufzeigen lassen. Wenn von der Prämisse ausgegangen wird, der Körper werde nicht – wie die These einer »Disziplinargesellschaft« annimmt – durch wissensgestützte Macht unterdrückt, sondern – in Übereinstimmung mit dem Konzept einer »Normalisierungsgesellschaft« – durch machtgestütztes Wissen überhaupt erst produziert, kann die technische Instrumentalität des Körpers, wie sie von Mauss thematisiert wird, auf neue Weise begriffen werden. Inzwischen wurden in dieser Diskussion um den Körper auch Überlegungen relevant, die aus der Hirn- und der Kognitionsforschung stammen und die Intelligenz als verkörpertes Phänomen analysieren, während umgekehrt die körperliche Materialität als zentrale Dimension intelligenten Verhaltens betrachtet wird. Darauf wird in Kapitel 5.3 eingegangen.

Wichtig für die Historische Anthropologie ist auch die Geschichte der Gewaltanwendung und der sinnlichen Wahrnehmung. Die Bilder verstümmelter, verunstalteter, entstellter Körper und die Beschreibungen von Schmerz und Emotionen lassen sich nicht von der medialen Verbreitung von Gewaltbildern in der Gegenwart ablösen – die Deutung des Historikers, der sich mit Gewaltdarstellungen früherer Epochen befasst, sündigen gleichsam zwingend gegen das von Lucien Febvre verhängte Anachronismusverbot; das heißt aber nicht, dass damit nach archaischen Ursprüngen moderner Phänomene gesucht würde oder – in umgekehrter Blickrichtung – die »visuelle Kultur der Gewalt« nur durch die aktuelle Linse interpretiert werden kann.[77] Gewalterfahrung und Schmerzempfindungen sind nicht ablösbar vom Bild des eigenen Körpers, in dem sich wiederum gesellschaftliche Deutungsmuster festgesetzt haben.[78] Damit ist auch die Historizität der Sinneswahrnehmung angesprochen. Diese zeigt sich frappant bei der Zerlegung der sinnlichen Wahrnehmung und Empfindung in Einzelsinne. Es zeigt sich, dass die »Fünf Sinne« ein kulturelles Konstrukt darstellen, das sich nicht von organischen »Naturtatsachen« herleiten lässt, sondern begrifflichen Unterscheidungskonventionen folgt, die historisch wandelbar sind. Verschiedene Autoren haben eine Erweiterung der Zahl der Sinne angeregt; der französische Gastrosoph Anthelme Brillat-Savarin etwa schlug 1825 in der *Physiologie du goût* vor, nicht von fünf, sondern von sechs Sinnen auszugehen: neben den üblichen auch noch von dem »amour physique«, dem Geschlechtstrieb, dem Willen zum Sex, der »die Organe aller andern Sinne durchdringt«[79]. Andere Autoren sind aufgrund akribischer Differenzierungen auf mehrere Dutzend

Sinne gekommen, mit denen der Mensch die äußere Welt und seinen inneren Zustand erfahren kann.[80] Vor diesem Hintergrund zeigt sich auch die Spezifik des neuzeitlichen Okularzentrismus und Panoptismus. Inspiriert durch Lucien Febvres *anthropologie sensorielle* hat die Historische Anthropologie den historischen Wandel sensorischer Sensibilitäten in vielen Studien nachgezeichnet.[81] Vor allem die Geschichte der Emotionen verspricht neue, produktive Forschungsperspektiven zu öffnen.[82]

Die Frage, wie Sinnesempfindungen und Emotionen, Wahrnehmung und Bewusstsein, Sprache und Imagination zusammenhängen, wird allerdings nach wie vor kontrovers diskutiert. Vereinfacht gesagt stehen sich zwei Auffassungen gegenüber: auf der einen Seite jene von der »Wahrnehmung als Grund des menschlichen In-der-Welt-seins«, auf der anderen die These einer »unumgänglichen Sprachabhängigkeit aller menschlichen Welterfahrung«[83]. Für Maurice Merleau-Ponty, der die phänomenologische These vertritt, ist es evident, dass sich Wahrnehmung nicht erklären oder auf etwas zurückführen lässt, »weil es überhaupt nichts gibt, was nicht von der Wahrnehmung abhängig ist«. Demgegenüber vertreten so unterschiedliche Autoren wie Jean-Paul Sartre, Donald Davidson und Ludwig Wittgenstein die Auffassung, dass es (in Wittgensteins Formulierung) »die Grenzen meiner Sprache« sind, welche »die Grenzen meiner Welt« bedeuten.[84] Jean-Paul Sartre setzt dem »Primat der Wahrnehmung« (wie ihn Merleau-Ponty postuliert) einen »Primat der Imagination« entgegen und vertritt damit die These, »dass nicht die Wahrnehmung, sondern die Imagination die Bedingung der Möglichkeit jeglicher Form menschlichen Bewusstseins ist«[85]. Damit greift er Überlegungen auf, die – wie der Exkurs über *M. Machine* im zweiten Kapitel gezeigt hat – in der Mitte des 18. Jahrhundert schon La Mettrie mit antinormativer Verve formulierte.

Die Historische Anthropologie hat sich also stärker als bisher mit der Frage zu befassen, ob sie vom Leib, von der sinnlichen Wahrnehmung ausgehen und sich in Richtung einer phänomenologisch orientierten »historischen Somatologie« entwickeln will, oder ob sie – was aussichtsreicher ist – eine Geschichte des Körpers anstreben soll, der über Techniken und Diskurse konstituiert wird und der sich von historisch äußerst plastischen Selbstbildern sowie Fremdzuschreibungen nicht ablösen lässt.

Anmerkungen

1 Adorno, Negative Dialektik, S. 128.
2 Lucien Febvre, Wie Jules Michelet die Renaissance erfand, in: ders., Gewissen des Historikers, S. 211.
3 Burghartz, Historische Anthropologie/Mikrogeschichte, S. 206.
4 Aus der *anthropologie historique* Frankreichs stammt der erste Begriff; Martin, Wandel des Beständigen, S. 36, stellt zum zweiten um. Vgl. auch Wunder, Kulturgeschichte, Mentalitätengeschichte, Historische Anthropologie, S. 80.
5 Köhler, Versuch einer ›Historischen Anthropologie‹, S. 224.
6 Foucault, Ordnung der Dinge, S. 462.
7 Dressel, Historische Anthropologie, S. 25 (Kapitalschrift durch Dressel).
8 Dülmen, Historische Anthropologie, S. 8. Vgl. auch ders. (Hg.), Erfindung des Menschen.; ders., Entdeckung des Ich.
9 Adorno, Negative Dialektik, S. 128.
10 Lacan, Das Ich in der Theorie Freuds; ders., Das Drängen. Vgl. auch Krämer, Sprache, Sprechakt, Kommunikation, S. 196 ff.
11 Derrida, Fines hominis, in: ders., Randgänge der Philosophie, S. 119-141.
12 Zur luhmannschen Kritik am »Menschen« vgl. vor allem Luhmann, Gesellschaft der Gesellschaft, S. 13 ff. und S. 24.
13 Kittler, Kulturgeschichte, S. 241.
14 Ders., Optische Medien, S. 305.
15 Michel Foucault, Warum ich Macht untersuche. Die Frage des Subjekts, in: Dreyfus/Rabinow, Michel Foucault, S. 243 und S. 250. Fou-

caults Feststellung aus dem Jahre 1983, dass »eine Gesellschaft nur von der Arbeit leben kann, die sie an sich selbst und ihren Institutionen verrichtet«, wird in der Einleitung des Interviews *Der Mensch ist ein Erfahrungstier* wie folgt kommentiert: »Diese Arbeit ist immer die Sache von Individuen; Institutionen arbeiten nicht.« Foucault, Erfahrungstier, S. 21.

16 Bloch, Apologie der Geschichtswissenschaft, S. 30 und S. 32.

17 Medick, Missionare, S. 296

18 Burguière, Historische Anthropologie, S. 70.

19 Ebenda, S. 74.

20 Ebenda, S. 73 ff.

21 Lüdtke, Alltagsgeschichte, S. 560.

22 Edoardo Grendi, Repenser la micro-histoire?, in: Revel, Jeux d'échelles, S. 233-243.

23 Turner, Das Liminale.

24 Ebenda, S. 33.

25 Gurevich, Historical Anthropology, S. xiii.

26 Schumpeter, Wesen und Hauptinhalt, S. 92.

27 Ebenda, S. 93 f.

28 Ebenda, S. 90 f.

29 Ein solches Missverständnis findet sich etwa in Gebauer/Wulf, Spiel, Ritual, Geste, wo der methodologische Individualismus mit dem »Grundgedanken« gleichgesetzt wird, »dass die Gesellschaft aus einer Vielzahl von Einzelpersonen bestehe, die in einer ständigen Folge von Entscheidungen ihr Handeln bestimmen«; vgl. S. 54.

30 Auf diese Weise werden die Autoren bei Revel, Présentation, in: ders., Jeux d'échelles, S. 13, eingeführt.

31 Pierre-André Chiappori/Maurizio Gribaudi, La notion d'individu en microéconomie et en micro-histoire, in: Jean-Yves Grenier/Claude Grignon/Pierre-Michel Menger (Hg.), Le modèle et le récit, Paris 2001, S. 290.

32 Ebenda, S. 283 ff.

33 Medick, Weben und Überleben; Schlumbohm, Lebensläufe; Beck, Unterfinning; Sabean, Property; Reay, Microhistories.

34 Ginzburg, Der Käse und die Würmer; Levi, Das immaterielle Erbe.

35 Maurizio Gribaudi, Échelle, pertinence, configuration, in: Revel, Jeux d'échelles, S. 126 f.

36 Norbert Elias, Über den Prozeß der Zivilisation. Soziogenetische und psychogenetische Unterschuchungen, Bd. 1 und Bd. 2, Frankfurt a.M. 1977 (erstmals Basel 1939).

37 So kritisiert z.B. Giovanni Levi die Elias'sche Konfigurationsanalyse: »The very concept of configuration, for example, Elias's apt, intuitive formula, seems to me to be typical in the sense that it is powerfully expressive but remains allusive and does not move towards something which, as I have attempted to show in this article, I believe it possible to express in more formal terms.« Giovanni Levi, On Microhistory, in: Burke (Hg.), New Perspectives, S. 110 f.

38 Maurizio Gribaudi, Échelle, pertinence, configuration, in: Revel, Jeux d'échelles, S. 123.

39 Chiappori erläutert die Studie des Chicagoer Ökonomen Robert Townsend zur Risiko-Ökonomie in einem kleinen Indianerdorf. Chiappori/Gribaudi, La notion d'individu en microéconomie, S. 294.

40 Ebenda, S. 297 f.

41 Giovanni Levi, On Microhistory, in: Burke (Hg.), New Perspectives, S. 109.

42 Maurizio Gribaudi, Échelle, pertinence, configuration, in: Revel, Jeux d'échelles, S. 127 f.

43 Donald Davidson, Handlung und Ereignis, Frankfurt a.M. 1990, S. 9 und S. 19.

44 Ebenda, S. 7.

45 Die Kritik, hier werde von einem »autonomen und rationalen Subjekt« ausgegangen (so etwa bei Gebauer/Wulf, Spiel, Ritual, Geste, S. 54), ist nicht stichhaltig, weil diese Unterstellung überhaupt nicht nötig ist, um dieses Kausalitätsmodell zu formulieren. Wenn dieser emphatische Subjektbegriff verabschiedet ist, stellt sich das Problem, dass Menschen Gründe haben und anderen solche unterstellen, trotzdem.

46 Kracauer, Geschichte – Vor den letzten Dingen, S. 126 ff.

47 Ebenda, S. 148.

48 Ebenda, S. 150 ff.

49 Revel, Présentation, S. 13.

50 Ginzburg, Mikro-Historie, S. 185. Vgl. zu dieser Problematik auch Schlumbohm (Hg.), Mikrogeschichte; Adam/Schulze (Hg.), Teil und Ganzes; Graf, Wiederkehr der Götter, S. 10, S. 29 und S. 109.

51 Diese Hinweise macht Friedrich Jäger unter den Stichworten »Erfahrung« und »Subjekt, historisches« in: Jordan, Lexikon Geschichtswissenschaft, S. 74 ff. und S. 273 ff.

52 Gebauer/Wulf, Spiel, Ritual, Geste, S. 55.

53 Halbwachs, Das kollektive Gedächtnis.

54 Friedländer, Memory. Ähnlich sah auch Joachim Ritter die Aufgabe der historischen Geisteswissenschaften primär in der kompensatorischen Rekonstruktion der Kontinuitäten des ›kollektiven Gedächtnisses‹, die durch die Entfremdungsprozesse der Moderne unweigerlich zersetzt werden mussten; vgl. Joachim Ritter, Die Aufgabe der Geisteswissenschaften in der modernen Gesellschaft (1963), in: ders., Subjektivität, Frankfurt a.M. 1974, S. 105-140 und S. 169-171.

55 Kracauer, Geschichte – Vor den letzten Dingen, S. 105.

56 Bloch, Apologie der Geschichtswissenschaft, S. 49.

57 Köhler, Versuch einer ›Historischen Anthropologie‹, S. 142 f.

58 Vgl. z.B. für verschiedene Epochen Davis, Frauen und die Gesellschaft; Wecker, Zwischen Ökonomie und Ideologie.

59 Grendi, Repenser, S. 237 f.

60 Algazi, Kulturkult.

61 Michel de Certeau, Kunst des Handelns, Berlin 1988; Turner, Das Liminale.

62 Hobsbawm/Ranger (Hg.), Invention of Tradition.

63 Köhler, Versuch einer ›Historischen Anthropologie‹, S. 142 f.

64 Koselleck, Zeitschichten, S. 14 und S. 21 f.

65 Derrida, Schrift und Differenz, S. 446 und S. 437; vgl. auch Deleuze, Differenz und Wiederholung.

66 Für einen Überblick vgl. Lorenz, Leibhaftige Vergangenheit.

67 Auf einschlägige Studien geht ein: Dülmen, Entdeckung des Ich, S. 71 ff. Vgl. auch Jeggle, Im Schatten.

68 Bloch, Apologie der Geschichtswissenschaft, S. 49.

69 Sarasin, Reizbare Maschinen. Sarasin zeigt mit seiner Geschichte der »modernen Art des Sprechens über den eigenen Körper« (S. 18) exemplarisch die Leistungsfähigkeit eines diskursanalytischen Ansatzes auf, der auch durch die Ausblendung von Untersuchungsdimensionen zustande kommt, die aus der Perspektive einer Historischen Anthropologie wichtig sind. Vgl. z.B. S. 441 f.

70 Armstrong, Political Anatomy, S. XI.

71 Ryle, Begriff des Geistes, S. 8 f. und S. 16.

72 Ebenda, S. 62.

73 Ebenda, S. 13 und S. 23.

74 Mauss, Techniken des Körpers, S. 205 f.

75 Mary Douglas, Die zwei Körper, in: dies., Ritual.

76 Dreyfus/Rabinow, Michel Foucault, S. 23 und 295 ff.

77 Groebner, Ungestalten.

78 Tanner, Körpererfahrung.

79 Jean Anthelme Brillat-Savarin, Physiologie du goût, Paris 1982, S. 39 ff.

80 Naumann-Beyer, Anatomie der Sinne; Howes, Sensual Relations; ders., (Hg.), Varieties.

81 Vgl. z.B. Foster (Hg.), Vision and Visuality; Kleinspehn, Der flüchtige Blick; Crary, Techniques; Levin (Hg.), Modernity; Ackerman, A Natural History; Jean Starobinski, Kleine Geschichte des Körpergefühls, Frankfurt a.M. 1991; Taussig, Mimesis and Alterity; Classen, Worlds of Sense; Burckhardt, Metamorphosen; Jütte, Geschichte der Sinne; Le Guérer, Les pouvoirs; Corbin, Pesthauch; ders., Geschichte und Anthropologie der Sinneswahrnehmung. Die Kunst- und Ausstellungshalle der Bundesrepublik hat in den 1990er Jahren der Geschichte der Sinne eine Ausstellungsreihe gewidmet; vgl. die Kataloge: Welt auf tönernen Füßen. Die Töne und das Hören, Bonn/Göttingen 1994; Sehnsucht. Über die Veränderung der visuellen Wahrnehmung, Bonn/Göttingen 1995; Das Riechen. Von Nasen, Düften und Gestank, Bonn/Göttingen 1995; Geschmacksache, Bonn/Göttingen 1996; Tasten, Bonn/Göttingen 1996; Der Sinn der Sinne, Bonn/Göttingen 1998.

82 Zur Geschichte der Emotionen vgl. Benthien/Fleig/Kasten (Hg.), Emotionalität; Ciompi, Die emotionalen Grundlagen; Collins, Role of Emotions; Antonio Damasio, Descartes' Irrtum. Fühlen, Denken und das menschliche Gehirn, München 1996; Dixon, From Passions to Emotions; Gerhards, Soziologie der Emotionen; Medick/Sabean (Hg.), Emotionen und materielle Interessen; Reddy, Navigation of Feeling.

83 Wiesing, Merleau-Pontys Entdeckung, S. 117.

84 Ludwig Wittgenstein, Tractatus logico-philosophicus, Frankfurt a.M. 1963, Satz 5.62, S. 90.

85 Wiesing, Merleau-Pontys Entdeckung, S. 119 f.

5. Der *Anthropos* im Lichte naturwissenschaftlicher Foschung

»There exists more between heaven and earth,
Horatio, than is dreamt of in one single philosophy.«[1]
(William Shakespeare)

»The world is simpler than we think.«[2]
(Mark Buchanan)

Während die Historische Anthropologie sich für kulturelle Vielfalt und historischen Wandel interessiert, wollen Naturwissenschaften erforschen, was stetig ist. Diesem Erkenntnisinteresse sehen sich auch einige wirtschafts- und sozialwissenschaftliche Forschungsansätze verpflichtet. Sie versuchen, mit experimentellen Methoden das universelle »Fähigkeitskapital« des Menschen zu analysieren und elementare Strukturen menschlicher Sozietät zu identifizieren. Im folgenden Kapitel geht es um dieses Spannungsverhältnis zwischen einer historischen und einer naturwissenschaftlichen Zugangsweise. Zunächst wird nochmals – diesmal aus wissenschaftshistorischer Sicht – auf »den Menschen« als Gegenstand analytischer Reflexion eingegangen. Anschließend werden der Reihe nach Ergebnisse aus drei Forschungsbereichen diskutiert, die sich der empirischen Auslotung des Menschen widmen: erstens Soziobiologie und evolutionäre Anthropologie, zweitens Neuro- und Kognitionswissenschaft sowie drittens experimentelle Ökonomie und ökonomische Handlungstheorie. Abschließend wird die Frage aufgeworfen, ob und wie die Historische Anthropologie mit diesen Ansätzen in einen interdisziplinären Austausch treten kann und soll.[3]

5.1 Feststellungen über das »noch nicht festgestellte Tier«

»Die Philosophie ist ein Kampf gegen die Verhexung unseres Verstandes durch die Mittel unserer Sprache«, schrieb Ludwig Wittgenstein. Es gibt Fragen, bei deren Beantwortung »die Sprache leerläuft«[4]. Die Frage nach dem »Wesen« des Menschen gehört zu diesen sprachverhexten Scheinproblemen, welche die »logische Geographie« des Wissens durcheinander bringen.[5] Aus der Einsicht in diese Gefahr ist bei der Frage nach dem Menschen auf definitorische Offenheit zu setzen. Friedrich Nietzsches Formulierung aus *Jenseits von Gut und Böse*, »dass der Mensch das noch nicht festgestellte Tier ist«, wird deshalb gern zitiert.[6] Nietzsche macht hier eine widersprüchliche Aussage. Die eine Feststellung (der Mensch ist ein Tier) kollidiert mit der anderen (das Tier ist »festgestellt«, der Mensch aber nicht – also gibt es doch einen Unterschied). Der Mensch lässt sich zwar in einen zoologisch-taxinomischen Beobachtungs- und Beschreibungsmodus einfügen, der sich auch für Tiere eignet. Mit der Subjekt-Objekt-Doppelung in ein sich beobachtendes Beobachtetes, in ein sich erforschendes Erforschtes, befindet er sich jedoch jenseits des Tierischen. Das Nicht-Festgestelltsein konfrontiert ihn ganz allgemein mit einem Möglichkeitsraum, in dem er die Wahl hat (oder haben könnte), in dem er in den Taumel der Interpretationen gerät, der wiederum eine Ahnung davon vermittelt, dass Menschen die Dinge, die sie vorfinden oder schaffen, selber nicht »im Griff« haben.

Die Geschichte der Menschen ist auch eine Geschichte von Definitionskämpfen, in denen Schemata der Wahrnehmung, Deutungsmuster und Weltbilder bekräftigt und verändert wurden. Im langfristigen historischen Kontext zeigt sich, dass befürchtete Komplexität mit der Durchsetzung einer »Einen Wahrheit« – häufig kombiniert mit Brachialgewalt gegen Häretiker – reduziert werden konnte; Religionen waren und sind für solche Verbindlichkeitserklärungen besonders anfällig. Mit der Aufklärung wurden zwar die Menschenrechte und das Prinzip der Toleranz proklamiert; mittels nationalstaatlicher Ideologien und totalitärer Utopien konnten aber nach wie vor Wahrheitsansprüche oktroyiert werden. Die Leitdifferenz »wahr/falsch« begründete zudem den naturwissenschaftlichen Objektivitätsanspruch, der im 19. Jahrhundert ideologisch überhöht wurde und in dieser Absolutheit mit religiösen Überzeugungen zu rivalisieren vermochte. Es war Nietzsche, der im ausgehenden 19. Jahrhundert auf das Interpretationsproblem zurückkam: »Wir können nicht um unsere Ecke sehen: es ist eine hoffnungslose Neugierde, wissen zu wollen, was es noch für andere Arten Intellekt und Perspektive geben könnte. [...] Aber ich denke, wir sind heute zum mindesten ferne von der lächerlichen Unbescheidenheit, von unsrer Ecke aus zu dekretieren, dass man nur von dieser Ecke aus Perspektiven haben dürfe.« Dadurch sei uns »die Welt [...] noch einmal ›unendlich‹ geworden: insofern wir die Möglichkeit nicht abweisen können, dass sie unendliche Interpretationen in sich schliesst«[7].

Im Anblick dieser »unendlichen Interpretationen« sucht das »noch nicht festgestellte Tier« Halt in Feststellungen. Es zeigt sich, dass die »Wahrheit« nicht in mächtigen Institutionen lokalisiert ist, sondern durch viel subtilere Machtwirkungen zustande kommt. Menschen machen sich immerzu feste Bilder von sich selbst, sie halten sich fest an gedanklichen und imaginären Hervorbringungen, sie beschreiben sich in konturierten Formen, sie erkennen sich in wissenschaftlichen Tatsachen wieder, die sie über sich selber herausgefunden haben, kurz: Sie suchen einen archimedischen Punkt, von dem aus sie das Spiel der Interpretationen beenden und eine verbindliche Rhetorik des Selbst oder eine allgemein gültige Aussage über »den Menschen« formulieren können.[8] Wenn sich diese Einsichten zu Denkgewohnheiten verfestigen, entsteht die »Wahrheit«, in der Menschen sich eingerichtet haben. Nietzsche charakterisiert sie als »ein bewegliches Heer von Metaphern, Metonymien, Anthropomorphismen«, das durch neue Behauptungen immer wieder in Bewegung und dabei durcheinander gerät, aber wiederum neu gruppiert werden kann.[9]

Diese Kämpfe um Interpretation spielten sich häufig an der Mensch-Tier-Schnittstelle ab. Die Auffassung, was ein Tier sei, oszilliert zwischen zwei Positionen: *Die eine* konzipierte die Mensch-Tier-Differenz – unter Verweis auf körperliche Abhängigkeiten und Dispositionen – als Kontinuum gradueller Unterschiede. *Die andere* definiert den Menschen als ein *animal symbolicum* und sieht ihn als radikal verschieden vom Tierreich. Die erste, gradualistische Position hebt hervor, dass es »tierische Vorbedingungen für menschliche Rationalität«[10] gibt und unterstellt ein Kontinuum von Fähigkeiten und Verhaltensweisen, in dem es keine harten Übergänge gibt, die es möglich machen würden, die Spezifika des *homo sapiens* eindeutig zu benennen. Für die zweite Position, die einen Sprung unterstellt, ist diese Differenz allerdings evident. Sie macht ihn an der kulturellen Entwicklung fest, an den spezifisch menschlichen Symbolisierungsformen, insbesondere an der Sprache, und votiert für ein »Verbot vergleichender Geschichten über Menschen und Tiere«[11]. Beide Positionen lösen einige Probleme, scheitern aber an anderen.

Wenn die Frage in eine historische Perspektive gestellt und bis in die Aufklärung zurückverfolgt wird, so lassen sich Deutungskonflikte und signifikante Problemverschiebungen erkennen. Vor Schleiermacher war Hermeneutik keineswegs auf den *anthropos* eingeschränkt, sondern es wurde die Möglichkeit in Betracht gezogen, »dass auch Menschen, sofern sie Tiere sind, mit andern Tieren wenigstens teilweise kommunizieren können«[12]. Prozesse gegen Tiere, die Normen verletzten, waren eine Folge dieser Haltung.[13] Im 18. Jahrhundert veränderte sich die Mensch-Tier-Beziehung. Die Wissenschaftler der Aufklärung machten aus Tieren und vor allem aus Primaten (über die man kaum etwas wusste) kognitive Katalysatoren menschlicher Selbsterkenntnis. Der Naturforscher Buffon äußerte, wenn es keine Tiere gäbe, »so wäre die Natur des Menschen noch unverständlicher«[14]. Carl von Linné schuf 1735 in seinem *Systema naturae*, das vom Gedanken der Einheit der Schöpfung inspiriert war, den Begriff des »Säugetiers«, der die frühere Unterscheidung zwischen »Vierbeinern« und menschlichem »Zweibeiner« zurückdrängte und die Kontinuität zwischen Animalischem und Humanem über das »Säugen« des Nachwuchses herzustellen erlaubte. 1766, in der 12. Auflage des *Natursystems*, tauchte dann der »vernünftige Tagmensch« auf. Er wird als »Herrentier«, als »König aller Tiere« eingeführt und über dem Schimpansen und dem Orang-Utan angesiedelt.[15] Die Differenz zwischen Tier und Mensch, für welchen Linné den Begriff *homo sapiens* prägte[16], war männlich konnotiert. Diese Gegenüberstellung von weiblicher Mensch-Tier-Kontinuität (»Säugetier«) und männlicher Mensch-Tier-Demarkation (*homo sapiens*) legte eine »Theorie der Geschlechterkomplementarität«[17] nahe, die entlang der Natur-Kultur-Unterscheidung organisiert war und nicht nur die Aufspaltung des Menschen in eine kulturell-historische und eine naturbezogen-physische Dimension förderte, sondern auch für die Wahrnehmung geschlechtsspezifischer Rollenprofile im 19. und 20. Jahrhundert vorherrschend blieb.

In der Aufklärung wurde auch die Erforschung der menschlichen Natur auf neue Grundlagen gestellt. Bislang war es herrschende Meinung gewesen, dass die Erde (wie der amerikanische Erzbischof James Ussher noch im 17. Jahrhundert anhand der Bibel exakt errechnet hatte) in der Nacht vom 22. zum 23. Oktober 4404 vor Christi Geburt von Gott in einem Akt der *creatio ex nihilo* geschaffen wurde. Mit der »Entdeckung der Tiefenzeit«, d.h. mit dem Nachweis geologischer Zeiträume und evolutiver Prozesse legte nun die Naturgeschichte einen geradezu Schwindel erregenden Blick in den »Abgrund der Zeit«, in eine Milliarden von Jahren dauernde Erdgeschichte, frei.[18] Dies regte die paläoanthropologische Suche nach der Wiege des Menschen an, die das Wissen über Hominiden, Anthropoiden und Primaten bereicherte. Interessierten im 19. Jahrhundert noch vor allem Masse und Eigenschaften von Skeletten und Schädeln, so gelang es im 20. Jahrhundert, auf genetischer Grundlage die mitochondrialen Abstammungslinien zu identifizieren und Forschungen zur »Herkunft und Geschichte des Menschen«[19] nutzbar zu machen.

5.2 Soziobiologische Reduktionen und evolutionstheoretische Generalisierungen

Paläoanthropologie und Populationsgenetik haben es verstanden, avancierte Forschungsmethoden und öffentliche Wirksamkeit in produktiver Weise zu verbinden; insbesondere die Geschichten über die Konfrontation und Kooperation zwischen Neandertalern und *homo sapiens* sind populär geworden. Stärker auf die Erklärung aktueller Sachverhalte ausgerichtet sind die Verhaltensforschung (Ethologie), die Soziobiologie und die evolutionäre Anthropologie, wobei hier immer wieder Kritik an den *humanities* geübt wird.[20] So schreibt Volker Sommer: »Geisteswissenschaftler postulieren noch immer dogmatisch einen unüberbrückbaren Graben zwischen ›dem Tier‹ und ›dem Menschen‹. Dabei kann es so faszinierend sein, sich dem Evolutionsgedanken radikal zu öffnen, sich als lediglich eine besondere Art von Tier zu begreifen.«[21] Aus der Perspektive dieses evolutionären Anthropologen, der Tiere systematisch anthropomorphisiert und Menschen im Gegenzug zoomorphisiert, schrumpfen kulturwissenschaftliche Fragestellungen rettungslos ein. Es sei »wissenschaftlich unhaltbar, überhaupt zwischen Menschen und Menschenaffen zu unterscheiden«, denn schließlich stehen wir – evolutionsbiologisch – den Schimpansen viel näher als diese ihrerseits den Gorillas! Von den Gensequenzen her ergibt sich eine Übereinstimmung zwischen dem Menschen und den am höchsten entwickelten Primaten von 99,4 Prozent.[22] Forschungen im Feld zeigen zudem, dass die Schimpansen »den Mythos vom Menschen als einzigem Kulturwesen [...] entzaubert« haben, denn sie verfügen als Gemeinschaft »über ein unverwechselbares Repertoire an Gewohnheiten« und praktizieren »kulturellen Transfer«. Zusammen mit namhaften Primatologen unterstützt Sommer deshalb die Forderung Peter Singers, den Menschenaffen als »unseren Mit-Menschen« Menschenrechte zuzugestehen[23], womit gleichzeitig gesagt ist, dass der »gegenwärtige Holocaust an Menschenaffen nicht nur die Biodiversität des Planeten verarmen lässt, sondern auch seine kulturelle Vielfalt«. Schimpansenkunde als »Völkerkunde«, Ergänzung der Anthropologie durch eine »Panthropologie« sind wissenschaftsethische Forderungen aus dieser Richtung.

Andere Verhaltensforscher bzw. Soziobiologen, Evolutionstheoriker und Populationsgenetiker sind sich der semantischen

Problematik, die in diesem Diskurs über die Affen als »Kulturwesen« steckt, stärker bewusst. Generell zeigt sich der Versuch, von einem genetischen Determinismus abzurücken und das weit zurückreichende Zusammenspiel von Natur und Kultur ins Zentrum der Forschung zu stellen. Die Koevolutionstheorie geht davon aus, dass sich im Evolutionsprozess zwei verschiedene Typen von Information – nämlich im Genom und im Gehirn gespeicherte – auf vielfältige Weise und synergetisch verschränkt haben.[24] Grundlegend ist ein Modell, das von der Vorstellung eines zielblinden Zufallsprozesses ausgeht und mit der begrifflichen Trias Variation, Selektion und Retention arbeitet. Auf welcher Ebene dieser Prozess vonstatten geht, d.h., was variiert und selektiert wird, das blieb kontrovers, seit Charles Darwin 1859 seine Theorie von der »Entstehung der Arten durch natürliche Selektion« vorlegte. Inzwischen wird versucht, kontingente Kombinationen zwischen biologischen Prozessen und »sozialer Organisation« mittels nichtlinearer Modelle zu formalisieren und spieltheoretisch zu modellieren.

Darwins Modell lässt sich auf sich selbst anwenden. Auch die Ausbreitung von Gedanken lässt sich damit erklären: Statt von Genen spricht man – wie Richard Dawkin vorgeschlagen hat – von Memen.[25] Gedanken werden in der zwischenmenschlichen Kommunikation variiert, wobei einige Gedankenmutanten die kulturellen Selektionsfilter nicht passieren und gleich wieder verschwinden, während andere eine erstaunliche Fähigkeit aufweisen, sich in unterschiedlichen Argumenten und Diskursen zu replizieren und sich rasch auszubreiten, bis sie zum »Allgemeingut« geworden sind. Damit kann der ganze Erklärungsapparat der Biologie auf Kultur übertragen werden, was eine vereinheitlichte Theorie der Koevolution in Aussicht stellt. Dass dieses Denken Konjunktur hat, dass diese Mutation der darwinschen Theorie erstaunliche »Reproduktionserfolge« zu verzeichnen hat, kann man an der starken Präsenz eines solchen Erklärungsansatzes in verschiedensten Diskussionen erkennen. Dagegen ließe sich einwenden, dass das Variations-Selektions-Argument deswegen so gut funktioniert, weil es auf einer Tautologie basiert: Man kann selbstverständlich jede Veränderung, wo auch immer sie feststellbar ist, auf diese Weise beschreiben, d.h., es gibt immer eine Variation, die sich eben hält oder wieder verschwindet. Es gibt verschiedene Bereiche, in denen sich mit einem solchen Beschreibungsmodus neue Erkenntnisse gewinnen lassen und andere, in denen das eher nicht der Fall ist. Ob sich die Historische Anthropologie mit Evolutionstheorien auseinander setzen soll oder nicht, kann deshalb nicht apodiktisch, sondern nur kontextabhängig entschieden werden.

Die Frage, was die Genetik zur Historischen Anthropologie beitragen kann, lässt sich einfacher beantworten. Der Nobelpreisträger Sydney Brenner, der die Entwicklung der Genforschung maßgeblich mit geprägt hat, wies immer wieder darauf hin, dass sich die im Zuge der Evolution entstandenen »zellulären Kopierapparate« und »Proteinfabriken« schon bei so unscheinbaren Lebewesen wie dem Fadenwurm finden lassen. Es gebe deshalb »keine spezifisch menschlichen Gene«; die Unterschiede im Erbgut zwischen den Organismen seien vielmehr »sehr klein«. Von dieser Erkenntnis gelangt Brenner zu dem Schluss, das Hirn sei »mächtiger als das Erbgut« und das Veränderungspotenzial stecke »in der kulturellen Evolution«, in den Formen des Lernens, vor allem in der Erziehung.[26] Das ruft dann nach historisch-anthropologischen Fragestellungen.

Auch Soziobiologen wie Edward O. Wilson gehen von einer solchen Vorstellung aus. Sie drehen das Argument jedoch um und erklären, aus der minimalen genetischen Differenz müsse ein »sense of genetic unity, kinship, and deep history« resultieren, die den *homo sapiens* mit allen Lebewesen seiner Umwelt verbinden könne. Menschen sollen sich nicht einbilden, sie seien im Vergleich zu den Tieren etwas Heraus- oder Hervorragendes. Vielmehr wachse jedes Leben an seinen Geheimnissen und suche das Abenteuer.[27] Von dieser Position her wird die Erhaltung der Artenvielfalt zur wichtigsten Zielsetzung, während menschlicher Machbarkeitswahn ohne ökologische Rücksichten in den Abgrund führt. So bedenkenswert diese Schlussfolgerung ist, so wenig kann ein solcher Ansatz dazu beitragen, die Entwicklung menschlicher Gesellschaften aus einer historisch-anthropologischen Perspektive zu untersuchen. Zu groß ist die Diskrepanz zwischen dem Befund, dass es verblüffende genetische Ähnlichkeit zwischen Menschen und Tieren und eine ausgeprägte Konstanz des menschlichen Genoms gibt, und der Entfaltung kultureller Vielfalt und technischer Potenziale durch den *homo sapiens*.

Bezugspunkte ergeben sich hingegen bei Forschungsansätzen, die eine Brücke zwischen experimenteller Ökonomie (die spieltheoretisch konzipierte Experimente durchführt) und Evolutionstheorie zu schlagen versuchen.[28] Ein Beispiel bieten Urs Fischbacher und Ernst Fehr. Ihre Ausgangsfrage lautet: »Experimental evidence indicates that human altruism is a powerful force and is unique in the animal world. [...] Why are humans so unusual among animals in this respect?« Es wird davon ausgegangen, dass menschliche Sozietäten im Unterschied zu Primatengesellschaften Arbeitsteilung und Kooperation zwischen genetisch nicht verwandten Individuen in großen Gruppen kennen: »This is obviously true for modern societies with their large organizations and nation states, but it also holds for hunter-gatherers, who typically have dense networks of exchange relations and practise sophisticated forms of food-sharing, cooperative hunting, and collective warfare.«[29] Der Ansatz integriert zunächst den Menschen ins Tierreich und versucht von daher auf experimenteller Basis spezifische Differenzen festzustellen. Dabei gelangen die Autoren zu dem Schluss: »Current gene-based evolutionary theories cannot explain important patterns of human altruism, pointing towards the importance of both theories of cultural evolution as well as gene-culture co-evolution.«[30]

Zusammenfassend lässt sich feststellen, dass die »Ein-Gen-eine-Eigenschaft«-Hypothesen, die immer wieder Aufsehen erregen, ebenso wenig weiterführen wie die Versuche, komplexe kulturelle Leistungen auf genetische Dispositionen zurückzuführen. Koevolutionsmodelle hingegen lassen sich ganz unterschiedlich formulieren[31]; das Problem besteht hier vor allem darin, dass damit eine Natur-Kultur-Unterscheidung reproduziert wird, die zwar experimentell-empirisch produktiv sein kann, konzeptionell und kategorial jedoch stark an Plausibilität verloren hat.[32] Die produktivste Perspektive für einen historisch-anthropologischen Ansatz wird von Paul Rabinow mit der Formulierung »von der Soziobiologie zur Biosozialität« umrissen.[33]

5.3 Kultur im Gehirn: neurowissenschaftliche Einblicke

1852 schrieb Karl Marx im *Achtzehnten Brumaire des Louis Bonaparte*: »Die Menschen machen ihre eigene Geschichte, aber sie machen sie nicht aus freien Stücken, nicht unter selbstgewählten, sondern unter unmittelbar vorgefundenen, gegebenen und überlieferten Umständen. Die Tradition aller toten Geschlechter lastet wie ein Alp auf dem Gehirne der Lebenden.«[34] Dass es die »Gehirne der Lebenden« sind, bei denen die Forschung ansetzen muss: darauf insistieren heutige Neurowissenschaftler. Aber sie meinen das nicht mehr metaphorisch, sondern forschungspraktisch. Hirnforschung basiert auf einem reduktionistischen Programm. Untersucht werden neurochemische Effekte und physikalische Zustände. Während einige Neurowissenschaftler betonen, dieser »Ebenenwechsel« vom menschlichen Bewusstsein auf das neuronale Substrat ergebe sich aus dem Forschungsansatz und habe nichts mit der Präferenz für bestimmte Interpretationen zu tun, stellen andere fest, die vorliegenden Befunde zeigten, dass das, was den Menschen nach einem eingefleischten Verständnis ausmache – Individualität, Bewusstsein, freier Wille und Verantwortung –, nur Illusionen seien. Im experimentellen *setting* der Hirnforschung lässt sich tatsächlich keine Freiheit nachweisen. Vom »freien Willen« bleibt aus dieser Sicht nurmehr ein Gefühl übrig, das Entscheidungen begleitet, die ganz anderswo, nämlich in den Tiefen einer in ihrem Funktionieren noch weitgehend unverstandenen neurobiologischen *central processing unit* gefällt werden. Die Faszination, welche von den Forschungsbefunden der neurophysiologischen Labors ausstrahlt, rührt nicht zuletzt von den Verfahren »funktioneller Bildgebung« (MRT, PET, EEG, MEG)[35] her, die effektvolle »Momentaufnahmen des Geistes« liefern und einem »naturwissenschaftlichen« Menschenbild Vorschub leisten.

Es ist leicht einzusehen, dass – wie Antonio R. Damasio schreibt – »der biologische Zustand des Selbst« nur eintreten kann, »wenn zahlreiche Gehirn- und Körpersysteme höchst aktiv sind«[36]. Selbstverständlich weisen Bewegung, Wahrnehmung, (Selbst-)Bewusstsein, Denken, freier Wille ein neuronales Substrat auf. Es gibt allerdings Wesen, die durchaus Gehirne, Wahrnehmungen, Empfindungen, Unterscheidungsgewohnheiten (und damit kognitive Fähigkeiten) haben – aber doch kein Selbstbewusstsein. Letzteres kann nur als emergentes Phänomen, das aus symbolischer Interaktion hervorgeht, angemessen verstanden werden.[37] Es ist zwar – nach dem »Prinzip der marginalen Kontrolle«[38] – von im Hirn ablaufenden physikalischen und chemischen Gesetzmäßigkeiten abhängig, aber eben gerade nicht auf diese rückführbar. Dieses Problem, das in der Hirnforschung unter dem Stichwort »Qualia« diskutiert wird, kann durch eine Emergenz-These gelöst werden. Diese sieht in dem Versuch, etwas über das Bewusstsein auszusagen, indem man die Schädeldecke aufschneidet und Ströme misst, oder etwas über Willensfreiheit festzustellen, indem man elektrische Impulse auf Bildschirmen visualisiert, einen metaphysischen Fehlschluss. Und wer glaubt, weil Neurowissenschaftler »näher« am neuronalen Substrat arbeiten, produzierten sie »wahreres Wissen«, argumentiert im Rahmen eines materialistischen Monismus. Der Neurophysiologe M.R. Bennett und der Philosoph P.M.S. Hacker analysieren die konzeptionellen Schwierigkeiten dieses reduktionistischen Zugriffs auf den Menschen und sprechen von einer »Mythologie des Gehirns«, die den Dualismus, den sie zu überwinden trachte, durch die Einführung eines Hirns, das »erkennt« und »entscheidet«, reproduziere.[39] Das sind alles keine Argumente gegen die Hirnforschung an sich, sie richten sich bloß gegen die Vorspiegelung falscher Tiefe der hier gewonnenen Einsichten.

Eine alternative Sichtweise, die für die Historische Anthropologie weit plausibler ist, geht davon aus, dass die über die Neurobiologie hinausgehenden Interpretationen psychologischer Befunde von den Formen kultureller Interaktion und den sozialen Praktiken her angegangen werden sollten. Es sind, wie z.B. Michael Tomasello zeigt, die symbolischen Codierungen, die Eigenwertigkeiten symbolischer Formen und die genuinen Logiken des Handelns, die sich in das Gehirn »einschreiben« und sich hier in Synapsenstrukturen und -bahnungen materialisieren.[40] Der Medienphilosoph Derrick de Kerckhove hat dies – nicht ohne ethnozentrische Zuspitzung – für das griechisch-römische Alphabet gezeigt.[41] Als codegesteuertes Doppelverfahren zur Visualisierung der Lautsprache (Schreiben) und zur komplementären Phonetisierung von Zeichen (lautes Lesen) bzw. zur Imaginierung von Texten (leises Lesen) kann das Alphabet mit einem Programm zur Symboltransformation und -reproduktion verglichen werden. In der soziokulturellen Entwicklung handelt es sich um eine »Selbstprogrammierung« des Menschen, der seine Intelligenz durch einen »neurokulturellen Eingriff« amplifiziert.[42] Die Formen des Denkens und Imaginierens werden also durch das Alphabet als ein »technisches Dazwischen« geprägt, das weder Schema (im kantischen Sinne) noch Organ (im Sinne Kapps[43] oder der Genetik), sondern Code ist. Medien, Codes und Programme entwickeln – wenn sie von Menschen dauernd genutzt und für Lernprozesse verwendet werden – eine operative Eigenlogik, sie öffnen neue Formen der Selbstreflexion und der Subjektivierung.[44] Hirnforscher können diese Prozesse experimentell objektivieren und visualisieren – diese Bilder werden allerdings durch eine Technik generiert, die mit Bewusstseinsprozessen gerade nichts zu tun hat, weshalb sie Letztere auch nicht erklären können.

Was die Materialität des Hirns betrifft, lässt sich auch hier der aus der Genetik bekannte Befund einer weitgehenden Übereinstimmung von Mensch und Tieren nachweisen. Der Hirnforscher Jean-Pierre Changeux schrieb: »Durch die neuen Erkenntnisse der Neurobiologie, Molekulargenetik und Paläontologie wird dem Phänomen ›Mensch‹ der Nimbus des Wunderbaren genommen. Von der Maus bis zum Menschen besteht die Großhirnrinde aus den gleichen Zellkategorien, den gleichen elementaren Schaltkreisen.«[45] Das »Missverhältnis zwischen wachsender Gehirnkomplexität und gleichbleibendem Genvorrat« ist allerdings nicht verwunderlich, wenn zur Kenntnis genommen wird, dass im menschlichen Genom ein Bestand von 10^5 (100 000) Genen ausgemacht werden kann, der u.a. auch den Aufbau des Gehirns festlegt, während sich im Hirn 10^{15} (d.h. eine Billiarde) Synapsen bilden können, in denen Neurotransmitter wirken.[46] Wie die »Einschreibung« kultureller Praktiken und Körpertechniken in die Synapsenstruktur des Hirns und den Nervenapparat vonstatten geht, ist allerdings bisher kaum in zusammenhängender Weise bekannt. Hirnphysiologische Untersuchungen haben immerhin gezeigt, dass das konnektionistische (Computer-)Bild des Gehirns, wonach durch (frühe) Erfahrungen »Schaltungen« zustande kommen, die dann durch analoge »Eindrücke« immer weiter »vertieft« oder verstärkt werden, nicht haltbar ist.[47] Statt Spur »vertikal« zu denken und davon auszugehen, dass sich jede Repetition weiter in das neuronale Material »eingräbt« und Wiederholungen eine immer stärkere »Führung« gibt, ist es angemessener, Spur »horizontal« zu konzipieren: Mit jeder weiteren »Umdrehung« leiert sie aus, vergrößert das »Spiel«, macht die Routinen variabler. Übung und Improvisationsfähigkeit gehören in diesem Bild zusammen.[48] Dieses Beispiel macht auch klar, dass die Sprache, mit der solche Prozesse beschrieben werden sollen, selber eine symbolische Spur ist, aus der auch die Hirnforschung nicht ausreißen kann.[49] Neurowissenschaftler erfinden zwar neue Begriffe, doch sie formen ihre Argumente aus dem sprachlichen Stoff, aus Semantiken und Metaphern, die schon da sind.

Seit dem Scheitern herkömmlicher Ansätze künstlicher Intelligenzforschung, die vor allem auf Verfahren der Symboltransformation und -verbindung abstellten, ist »Verkörperung«, »Embodiment«, zum Schlüsselwort der *Cognitive Science* geworden. Dieser Paradigmenwechsel wird etwa in George Lakoffs und Mark Johnsons Studie *Philosophy in the Flesh* diskutiert.[50] Dabei wird die These entwickelt, dass »Geist [...] seinem Wesen nach körperlich« ist . Es geht also um den Gebrauch verkörperter Fähigkeiten in konkreten Situationen. Dabei spielen nicht nur kognitive, sondern auch emotionale Faktoren eine entscheidende

Rolle. Emotionen sind körperlich »gespurt«[51]. Man spricht von Rezeptoren/Transmitter-Passungen, welche der hormonalen Dynamik des Körpers ihre persönliche Prägung verleihen und die Physiologie individualisieren, weil sie auch Resultat der irreversiblen und unverwechselbaren Geschichte des lebendigen Organismus sind.[52] Anne Fausto-Sterling hat in einer aufschlussreichen Studie auf überindividuelle, weil gesellschaftlich sanktionierte und mit einer gewissen Gleichförmigkeit erlernte *gender*-Muster hingewiesen. Geschlechterrollen sind nicht einfach »kulturelle Stereotypen« oder »mentale Konstrukte«, sondern sie schreiben sich materiell über Handlungsmuster und performative Logiken in den Leib ein, sie sind – als Resultat komplexer, jedoch auch uniformierender Sozialisationsprozesse – verkörpert. Sie gehen gleichsam »unter die Haut«, werden zu einem Teil des Selbst. Diese kulturell wandelbaren Synapsenstrukturen, Nervenbahnungen und chemischen Rezeptormuster von Menschen früherer Zeiten hinterlassen – im Gegensatz zu Knochenüberresten – keine Spuren, die von Historiker/innen untersucht werden könnten. Das stellt deswegen kein Problem dar, weil es aus historisch-anthropologischer Perspektive allemal nahe liegender ist, statt ins Innere von Gehirnen blicken zu wollen, die sozialen Praktiken und Fertigkeiten von Menschen zu untersuchen, die durchaus Spuren unterschiedlichster Art hinterlassen haben.

5.4 Begrenzte Rationalität und Alltagsheuristiken

Hirnforschung hat ein kurzes Gedächtnis. Neue, grundlegende und Aufsehen erregende Erkenntnisse über den Zusammenhang von Emotion und Kognition wurden schon längst in anderen Kontexten, insbesondere in der Theoriebildung über *rational choice*, formuliert. So war z.B. die Abhängigkeit von Informationserwerb und Erinnerungsleistungen von Gefühlsdispositionen bereits in den 1950er Jahren eines der zentralen Argumente Herbert A. Simons. Dieser analysierte damals »die Bedeutung der begrenzten Rationalität für das Funktionieren sozialer und politischer Institutionen«[53] und entwarf das Modell einer *costly bounded rationality*. In diesem Modell werden die Kosten der Informationsbeschaffung und die verschiedenen Typen von Transaktionskosten systematisch berücksichtigt. Als wichtigsten Faktor für Tempo und Ausmaß von Informationserwerb identifizierte Simon den engen Zusammenhang zwischen kognitiven und emotionalen Faktoren. Aufmerksamkeit und Fähigkeit zur Informationsaufnahme hängen offenbar von Gefühlsbewegungen ab; Emotionen steuern die Übergänge zwischen »kühlem« oder »heißem« Erkennen und haben Intensivierungen, Beschränkungen oder Blockierungen der Informationsbeschaffung zur Folge.[54] Autoren, die diese Überlegungen weiterentwickelten, sprechen heute von einer »affektiven Ladung« (*affective charge*) des (erinnerten) Wissen. »Heiße Kognition« ist dadurch charakterisiert, dass Informationen zusammen mit starken Gefühlen »gespeichert« wurden; die Interpretation aktueller Ereignisse erfolgt generell in einer Art *online-processing* mit Informations-Emotions-Komplexen aus der Vergangenheit, die mit dem aktuellen Gefühlszustand interagieren und den Erwerb neuer Information steuern. Diese Überlegungen blieben in traditionellen *rational-choice-Modellen* allerdings immer zurückgebunden an eine Nutzenfunktion; die Theorie wollte erklären, wie Menschen ihre Bedürfnisse optimal befriedigen und welche Kostentypen dabei zu berücksichtigen sind.

So interessant solche Überlegungen für eine »Anthropologie des Wissens« sind, so wenig eignen sie sich zur Beschreibung menschlichen Verhaltens. Denn die Annahme, dass Akteure alles in »Kosten« umrechnen und diese in einem Kalkül optimieren, ist nicht realistisch.[55] Eine Abkehr von einem solchen Optimierungsmodell bereitete sich seit längerem vor. So stellt etwa Douglass C. North fest, dass die klassische Fassung des Modells des rationalen, eigennützig handelnden, auf sein Selbstinteresse bedachten Aktors »in die Irre geführt« und für zentrale Fragen »blind gemacht« habe.[56] North, der maßgeblich zur Neubegründung der Institutionenökonomie beigetragen hat, untersucht vor allem die Rolle von *shared mental models* (geteilte, d.h. gemeinsam verfügbare geistige Modelle) für die institutionell regulierte soziale Interaktion zwischen Menschen.[57] Handelnde entscheiden sich auf der Grundlage von Mythen, Dogmen, Ideologien und »halbbackenen« Theorien.[58] Damit stellt sich die Frage nach den Interpretationsregeln, nach denen Menschen die Umwelt, in der sie leben, klassifizieren, sortieren und sich somit ihre »soziale Wirklichkeit« zurechtlegen. Auf derselben Argumentationslinie bewegt sich ein neuer Theorietyp, der sich mit Entscheidungsanomalien befasst.[59]

Die Vertreter der *truly bounded rationality* betonen, dass limitierte Rationalität weder mit dem Vorhandensein irrationaler Regungen noch mit Optimierung gleichzusetzen sei.[60] Es wird vielmehr behauptet, Menschen würden auch auf der Grundlage sehr beschränkten Wissens zu soliden, robusten und angemessenen Verhaltensweisen gelangen können, indem sie Faustregeln, Heuristiken, *short cuts* und »Handgelenk-mal-pi«-Verfahren anwenden. Einfache Such-, Stopp- und Entscheidungsregeln, die in ihrem Funktionieren stark von emotionalen Zuständen abhängig sind, ermöglichen es Handelnden, die komplexe Informationsstruktur der Umgebung zu nutzen und so rasch zu mehr oder weniger gut funktionierenden Lösungen auch für hyperkomplexe Probleme zu gelangen.[61] Die Rationalität dieser Faustregeln entfaltet sich in einem Umfeld, in dem es ein komplexes »Hintergrundrauschen« von Informationen gibt, das für das Handeln unverzichtbar ist. In einem solchen Umfeld, das von seiner Informationsstruktur her unterdeterminiert ist, wird ein Großteil menschlichen Verhaltens routinisiert und »automatisiert«. Handlungsroutinen sind nicht das Resultat bewusster Vorsätzlichkeit und reflektierter Wahl; sie können zwar durch Wahlhandeln modifiziert und unterbrochen werden; während ihrer Ausführung sind sie allerdings überhaupt nicht auf Entscheidungen angewiesen. Eine klare Unterscheidung zwischen Entscheidungsverhalten im Rahmen begrenzter Rationalität und »automatischer« Routine ist damit nicht mehr zu leisten. Auch menschliches Denken basiert auf solchen Routinen und weist »maschinenförmige« Aspekte auf. Das heißt: Wir können zwar in mancher Hinsicht entscheiden, woran wir denken, aber nicht, wie es in oder mit uns denkt. Während die Resultate unseres Denkens bewusst werden, sind die Prozeduren des Denkens weithin unbewusst und einer Introspektion gar nicht zugänglich.[62]

Menschen sind in diesem Modell immer situierte, d.h. strukturell begrenzte, standortabhängige und endliche Wesen, die ein implizites Wissen ihrer (physischen und psychischen) Fähigkeiten haben, *tacit skills* beherrschen, mit Hilfe dieses Repertoires an Möglichkeiten einfache Lösungen für komplexe Probleme entwickeln und auch unvorhergesehene schwierige Situationen meistern (oder zu meistern versuchen).[63] Es werden hier also komplexe, auf Analogien und Intuition basierende Verhaltensweisen in Betracht gezogen. Wenn es nicht mehr um ein analytisches Entscheidungsverhalten geht, das auf *reasoning* basiert, kommen mimetische Verfahren ins Spiel. Intuitives Verhalten ist in vielem Mimesis; im Kern geht es um das Feststellen von Ähnlichkeiten, um *pattern recognition* und *template matching*, das keine spezifisch menschliche Eigenschaft darstellt, sondern sich ebenso bei Tieren findet. Orientierung erfolgt über Äquivalente; Informationsbruchstücke genügen, um Abstimmungsprozesse auszulösen. Im Vergleich zum soliden Ergründen einer Entscheidung mag dies oberflächlich sein, nichtsdestotrotz sind solche außerhalb der bewussten Reflexion ablaufenden Vorgänge grundlegend und effizient.[64]

Innerhalb der Wirtschaftswissenschaften ist eine ganze Reihe weiterer Autoren einem solchen Ansatz verpflichtet – wenn auch mit unterschiedlichen Akzentsetzungen und Forschungsinteressen. So wies Amartya Sen in den frühen 1980er Jahren darauf hin, dass Menschen sich als *rational fools* auf ihre Gefühle und Gewohnheiten verlassen, für die sie keine rationalen Gründe vorbringen können, mit denen sie jedoch im Alltag auf die Länge ganz gut fahren können, weshalb sie doch Gründe haben, sich darauf zu verlassen.[65] Den experimentellen Forschern Amos Tversky, Vernon L. Smith und Daniel Kahneman zufolge dürfen Abkürzungen und Vereinfachungen nicht mehr als Mangel an Rationalität interpretiert werden, denn auf diese Weise können überhaupt erst angemessene Entscheidungen innerhalb nützlicher Frist zustande kommen.[66] Es ist unschwer zu erkennen, dass solche Theorien für eine historische Interpretation, die *agency* aus der Perspektive der Handelnden selbst erklären will, wichtige Anregungen bieten können.

5.5 Probleme und Chancen des interdisziplinären Dialogs

Wenn gefragt wird, welche Forschungsbefunde und -ansätze sich die Historische Anthropologie aneignen soll und welche auf einen Holzweg führen, so gilt es, die verschiedenen »Ökonomien des Geistes«, denen unterschiedliche Wissenschaftsdisziplinen unterliegen, in Betracht zu ziehen.[67] Der Suche nach Gesetzen steht die Beschreibung kultureller Differenz gegenüber. Die mathematische Modellierung stärkt einen generalisierenden Blick, der die Gemeinsamkeiten beobachteter Phänomene betont. Einer deskriptiven Herangehensweise fällt es hingegen leichter, kulturelle Differenz zu beachten. Mit der Gegenüberstellung von nomothetisch *versus* ideographisch wurde versucht, diesen Unterschied zu charakterisieren. Bei einem nomothetischen Wissenschaftsverständnis wendet sich die Aufmerksamkeit ab von der verwirrenden Vielfalt und hin zu Regelmäßigkeiten in der Geschichte und Gegenwart menschlicher Gesellschaften. Eine solche Richtung, die auf Erklärungen abzielt, wollten auch Anthropologen wie Marvin Harris einschlagen, der gegen eine »view of culture that exaggerated all the quixotic, irrational, and inscrutable ingredients in human life« ins Feld zog und den methodologischen Primat der Suche nach »the laws of history in the science of man« postulierte (vgl. Kap. 3.2). Damit votierte er für einen Zugang, der – darin der strukturalen Anthropologie von Claude Lévi-Strauss vergleichbar – an einer Formalisierung interessiert war und sich auf die Naturwissenschaften hin öffnete.[68] Steven Pinker, Evolutionspsychologe und Linguist, der sich seit einigen Jahrzehnten der Erforschung eines angeborenen, universellen, in der menschlichen Biologie verankerten »language instinct« widmet, formuliert dieses Credo so: »Differences between individuals are so boring.«[69]

Das Ziel einer »unified theory of cultural or social systems in history«[70] richtet sich nicht gegen die Feststellung, dass es eine große Vielfalt von Lebensformen und sehr unterschiedliche Gesellschaften gibt, die einen unübersichtlichen Reichtum an kulturellen Formen aufweisen. Vielfalt wird hier als Herausforderung gesehen, um Reduktionshypothesen zu testen. Der Mathematiker Benoît B. Mandelbrot hat mit seiner »fraktalen Geometrie« nachgewiesen, dass aus einem einzigen Algorithmus hyperkomplexe und gleichzeitig filigrane Strukturen der »Selbstähnlichkeit« entstehen können, wenn man ihm nur lange genug Zeit gibt, die in seinen Wiederholungsroutinen angelegten bizarren Muster zu entfalten.[71] Seit die Chaostheorie als Theorie nichtlinearer Systeme ein neues Verständnis hyperkomplexer Phänomene und nicht prognostizierbarer Prozesse ermöglicht hat[72], erhielt der humanwissenschaftliche Traum, man könnte vielleicht auch im Bereich der Kultur und der Gesellschaft einmal eine mit der von Physikern gesuchten »Weltformel« vergleichbare »Menschenformel« oder »Lebensformel« finden, neue Virulenz.

Dieser Suche nach vereinfachenden Gemeinsamkeiten und verborgenen Gesetzen steht das Bemühen gegenüber, eine kompakte Konzeption von Geschichte »zur Explosion« zu bringen und zu einer Pluralität von Erzählmustern zu gelangen.[73] Die Vielfalt von Kultur ergibt sich aus ihrer steten Veränderung durch Kommunikation, Interaktion, Transfer und Transkulturation. Doch dieser Austausch findet nicht in der Fluchtperspektive einer globalen Nivellierung statt. Denn das, was Jacques Derrida mit dem Kunstwort *La différance* bezeichnet – es bedeutet Aufschub, Abwesenheit, Nichtidentität, aber auch Erkennbarkeit – generiert im sozialen Raum »negative Entropie«, durch die sich immer wieder neue Unterschiede aufbauen. Wenn Differenz als konstitutiv für Kultur betrachtet wird, wenn davon ausgegangen wird, dass die menschliche Geschichte kulturelle Unterschiede nicht nur laufend herstellt, sondern immer auch wieder voraussetzt, ergibt sich eine »kontingente Geschichte der Kultur« (Hilary Putnam), die verschiedene »ways of worldmaking« (Nelson Goodman) ermöglicht.[74] Obwohl jede dieser »Weisen der Welterzeugung« einer zwingenden Logik gehorcht und damit nicht mit einer willkürlichen Konstruktion verwechselt werden darf, lassen sich die kulturellen Formen, die Menschen hervorbringen, nicht aus ihrem »Wesen« ableiten und in die Zukunft fortschreiben. Angesichts der Offenheit der Entwicklung erweisen sich auch überzeitliche Theorien immer wieder als kontextabhängig und damit historisch.

Von einer solchen Vorstellung von Kontingenz geht auch die Historische Anthropologie aus. Daraus folgt aber nicht, dass auf generalisierende Aussagen verzichtet werden müsste. James Cliffords Studie *The Predicament of Culture*[75] hat für die Probleme eines rein relativistischen Kulturbegriffs sensibilisiert, und Paul Rabinow hat unlängst festgestellt, man stimme »innerhalb der Anthropologie [...] heute im Wesentlichen [...] überein, dass der Begriff der Kultur mehr Fragen aufwirft, als er beantwortet«[76]. Ein praxeologischer Kulturbegriff kann einige dieser Probleme lösen, weil er nicht ausschließlich auf »Signifikantenketten«, »Diskursdipositive« und »symbolische Formen« fokussiert, sondern die Analyse auf die Kategorien Handeln, Verhalten und Praxis erweitert. Ein solcher Ansatz ist grundsätzlich offen für die Ergebnisse der empirischen Verhaltensforschung, der Spieltheorie, der experimentellen Ökonomie sowie der Ökologie und vermag auch Befunde neurowissenschaftlicher Forschung zu integrieren. Damit öffnet sich jener »gemeinsame Horizont von Fragestellungen«, der in der Denkschrift *Geisteswissenschaften heute* als eine wesentliche Voraussetzung für die »Neubestimmung geisteswissenschaftlicher Fachdisziplinen als Kulturwissenschaften«[77] gefordert wurde. Wenn die Vorstellung, mittels eines einheitswissenschaftlichen Programms die Wahrheit der Welt zutage zu bringen, gescheitert ist – und an diesem Scheitern zu zweifeln besteht kein Grund –, so kann es bei der Diskussion um die »Einheit der Wissenschaft« allerdings nicht mehr um Fusionen oder (un)freundliche Übernahmen gehen, wie sie immer wieder angeboten werden. Weit aussichtsreicher ist es, von einer *disunity of science* auszugehen und forschungsleitende Perspektiven zu entwickeln, die eine hohe Integrationskraft sowie eine ausgeprägte dialogische Kapazität mit dem Willen zur Selbstreflexion kombinieren können.[78] Die Historische Anthropologie ist prädestiniert dafür.

Anmerkungen

1 William Shakespeare, Hamlet, Akt I, Szene. 5.
2 Buchanan, Ubiquity.
3 Zu dieser Frage vgl. auch Lorenz, Wozu Anthropologisierung?
4 Ludwig Wittgenstein, Philosophische Untersuchungen, Frankfurt a.M. 1971 (erstmals 1953), S. 79 und S. 85.
5 So Gilbert Ryle, der diese Aussage auf ein anderes, allerdings verwandtes Problem bezieht. Vgl. Ryle, Begriff des Geistes, S. 3.
6 Diese viel zitierte Aussage steht in Nietzsches *Jenseits von Gut und Böse* in einem Kontext, der die Religion idealiter als »Züchtungs- und Erziehungsmittel in der Hand des Philosophen« betrachtet und sich in einer langen Kritik über die real existierenden Zustände, nämlich den durch die Religionen legitimierten und geförderten »Überschuß von Mißratnen, Kranken, Entartenden, Gebrechlichen, notwendig Leidenden« ergießt. Der Satz wird hier aus diesem Kontext herausgelöst und als geglücktes Wortspiel verwendet. Friedrich Nietzsche, Jenseits von Gut und Böse (1886). Drittes Hauptstück. Das religiöse Wesen, § 62, in: ders., Werke, Bd. 2, S. 623.
7 Ders., Die fröhliche Wissenschaft, in: ders., Werke, Bd. 2, S. 250.
8 Vgl. dazu die Ausführungen bei Kittler, Kulturgeschichte, S. 160 ff.
9 Friedrich Nietzsche, Über Wahrheit und Lüge im aussermoralischen Sinne, in: ders., Werke, Bd. 3, S. 314. Zur Kritik an dieser Position vgl. z.B. Carlo Ginzburg, Die Wahrheit der Geschichte. Rhetorik und Beweis, Berlin 2001, S. 18 ff.
10 MacIntyre, Anerkennung, S. 70.
11 Dies die Formulierung von Haraway, Streit um die Natur, in: Hagner, Wissenschaftsgeschichte, S. 378, die dieses Verbot aus wissenschaftsgeschichtlicher Perspektive problematisiert.
12 Kittler, Kulturgeschichte, S. 47.
13 Febvre, Problem des Unglaubens, S. 473; vgl. auch Münch/Walz (Hg.), Tiere und Menschen.
14 Zit. nach Moravia, Beobachtende Vernunft, S. 31.

15 Carl von Linné, Vollständiges Natursystem (deutsche Übersetzung nach der 12. Ausgabe), Nürnberg 1773, S. 89.

16 Schiebinger, Das private Leben der Pflanzen, S. 107-136.

17 Ebenda, S. 127.

18 Gould, Entdeckung der Tiefenzeit, S. 1 und 93 f.

19 Vgl. vor allem Olson, Herkunft.

20 Eine Einführung geben: Nitschke, Historische Verhaltensforschung; Alcock, Triumph; Cockburn, Evolutionsökologie.

21 Volker Sommer, Bruder Affe, in: Neue Zürcher Zeitung Folio, August 2003, S. 14-18.

22 Vgl. auch Hans Werner Ingensiep, Mensch und Menschenaffe. Die besondere Beziehung, in: Münch/Walz, Tiere und Menschen, S. 429-446.

23 Eine Problematisierung der Position Singers findet sich in Ian Hacking, Our Fellow Animals, in: New York Review of Books vom 29. Juni 2000, S. 20-26.

24 Boyd/Richerson, Culture.

25 Dawkins, Selfish Gene. Bereits 1920 entwickelte Richard Semon eine solche Konzeption, sprach aber von Mnemen. Vgl. Richard Semon, Die Mneme als erhaltendes Prinzip im Wandel des organischen Geschehens, Leipzig 1920.

26 Eine konzise Zusammenfassung der Position von Sydney Brenner findet sich im Interview *Das Hirn ist mächtiger als das Erbgut* in: Neue Zürcher Zeitung am Sonntag vom 30. Mai 2004, S. 75. Die Zitate sind diesem Interview entnommen.

27 Edward O. Wilson, The Future of Life, New York 2002, S. 133 und S. 146.

28 Henrich et al. (Hg.), Foundations.

29 Ernst Fehr/Urs Fischbacher, The nature of human altruism, in: Nature, Vol. 425, Oktober 2003, S. 785.

30 Ebenda.

31 Eine kritische Auseinandersetzung mit dem Konzept der Koevolution bei Helbling, Koevolution.

32 Zur Kritik an der Natur/Kultur-Unterscheidung vgl. u.a. Bateson, Ökologie des Geistes; Herdt, Third Sex; Rheinberger, Jenseits; Baechler, Nature et histoire; Goodman/Heath/Lindee (Hg.), Genetic Nature/Culture.

33 Rabinow, Anthropologie der Vernunft, S. 129 ff.

34 Karl Marx, Der Achtzehnte Brumaire des Louis Bonaparte, in: ders./Friedrich Engels, Werke, Bd. 8, S. 115.

35 Die Akronyme stehen für: Magnetresonanztomographie, Positronen-Emissionstomographie, Elektroenzephalographie sowie Magnetenzephalographie.

36 Damasio, Descartes' Irrtum, S. 303.

37 Zur Theorie der Emergenz vgl. Polanyi, Implizites Wissen, S. 33 ff.

38 Polanyi entwickelt diesen Begriff in seiner Theorie der Emergenz, vgl. ebenda, S. 33 ff., hier S. 42.

39 M.R. Bennett/P.M.S. Hacker, Philosophical Foundations of Neuroscience, Malden MA/Oxford 2003.

40 Michael Tomasello, Die kulturelle Entwicklung des menschlichen Denkens. Zur Evolution der Kognition, Frankfurt 2002.

41 Mahrenholz, Derrick de Kerckhove.

42 In diesem Zusammenhang ist die »Urknalltheorie« des Bewusstseins zu erwähnen, die der Princetoner Physiologe Julian Jaynes vorschlug. Jaynes, Der Ursprung des Bewusstseins.

43 Ernst Kapp entwickelte 1877 eine Theorie der »Technik als Organprojektion«. Vgl. Kapp, Grundlinien.

44 Mahrenholz, Derrick de Kerckhove.

45 Changeux, Der neuronale Mensch, S. 337.

46 Damasio, Descartes' Irrtum, S. 155; John J. Ratey nimmt an, dass von diesen 100 000 zwischen 30 000 und 50 000 »für das Gehirn zuständig sind«. Ratey, Das menschliche Gehirn, S. 43. Inzwischen gibt es die Vermutung, dass der Begriff »Gen« auf problematischen Projektionen basiert und dass der Vorgang der Steuerung molekularer dreidimensionaler Strukturbildung durch genetische »Information« bzw. den entsprechenden »Code« wohl viel komplexer ist als bisher angenommen. Einige Kritiker gehen davon aus, dass die ganze Terminologie des »Buches« oder »Codes« und das Reden von »Information« überhaupt eher einen semantischen Holzweg als einen Königsweg zur Erkenntnis darstellen. Vgl. Blumenberg, Lesbarkeit, S. 372 ff. Soweit sich das »Gen-Modell« behauptet hat, ist man inzwischen bei der Annahme angelangt, es gebe nur ca. 30 000 Gene. Vgl. dazu Hagner, Wissenschaftsgeschichte, S. 27.

47 Zur Geschichte dieser Ideen vgl. Hagner, Homo cerebralis.

48 Zum Begriff Spur vgl. Georg W. Bertram, Hermeneutik und Dekonstruktion, München 2002, und Angehrn, Interpretation und Dekonstruktion.

49 Jacques Derrida et al., Mimésis des articulations, Paris 1975.

50 Lakoff/Johnson, Philosophy in the Flesh.

51 Ciompi, Die emotionalen Grundlagen.

52 Fausto-Sterling, Sexing the Body.

53 Herbert A. Simon, Homo rationalis. Die Vernunft im menschlichen Leben, Frankfurt a.M. 1983, S. 9.

54 Ebenda, S. 39.

55 Vgl. dazu Jakob Tanner, ›Kultur‹ in den Wirtschaftswissenschaften.

56 Douglass C. North, Institutionen, institutioneller Wandel und Wirtschaftsleistung, Tübingen 1992, S. 9, S. 130 und S. 30. Derartige Feststellungen finden sich in der ökonomischen Literatur immer häufiger. Vgl. Henrich, Foundations.

57 Der Transaktionskostenansatz ist grundsätzlich in ein Optimierungsmodell ökonomischen Handelns integrierbar, während dies für neuere Arbeiten nicht mehr gilt. Interessant wäre auch ein Vergleich zwischen Norths Argumentation und dem Economic-Culture-Ansatz, wie er von Berger vorgeschlagen wird, vgl. Berger, Capitalist Revolution.

58 Denzau/North, Shared Mental Models.

59 Gigerenzer/Selten (Hg.), Bounded rationality.

60 Letzteres in Absetzung zu Autoren wie Lupia/McCubbins/Popkin, die betonen, die anschwellende Literatur zum Thema weise u.a. deshalb Mängel auf, weil hier häufig davon ausgegangen werde, es liege hier ein »nicht-maximierendes« Verhalten vor. Vgl. Lupia/McCubbins/Popkin, Elements of Reason, S. 10.

61 Gigerenzer/Selten, Bounded Rationality, S. 7 ff. Vgl. dazu auch aus entwicklungspsychologischer Sicht Hans Aebli, Denken: das Ordnen des Tuns. Bd. I: Kognitive Aspekte der Handlungstheorie, Bd. II: Denkprozesse, Stuttgart 1980.

62 Reinhard Selten, What is Bounded Rationality?, in: Gigerenzer/Selten, Bounded Rationality, S. 14 ff.

63 Vgl. dazu Maurice Merleau-Ponty, Phänomenologie der Wahrnehmung; Polanyi, Implizites Wissen, und Bloch, How we think they think.

64 Selten, What is Bounded Rationality?, S 29.

65 Sen, Rational Fools.

66 Kahneman/Slovic/Tversky (Hg.), Judgment under uncertainty (erstmals wurden diese Überlegungen 1982 veröffentlicht). Vgl. auch Gary Klein, The Fiction of Optimization, in: Gigerenzer/Selten, Bounded Rationality, S. 103–121.

67 Zum »Prinzip geistiger Ökonomie« finden sich anregende Ausführungen bei Kracauer, Geschichte, S. 35, S. 84, S. 176 und S. 232.

68 Harris, The Rise, S. 2 f. Auch Anthropologen, welche die Schlussfolgerungen von Harris nicht teilen, stützen doch einige seiner Voraussetzungen. So Rabinow, Anthropos Today, aus dessen Sicht die Konzentration der Anthropologie auf »politics and poetics« zur Vernachlässigung dieser entscheidenden Fragen geführt hat.

69 Steven Pinker, Language Instinct, S. 428, zit. nach Trabant, Über das Schwinden der Sinne, S. 187.

70 Thomas, Out of Time, S. 1.

71 Mandelbrot, Die fraktale Geometrie.

72 Vgl. eine populäre Einführung zur Chaostheorie: Kinnebrock, Bedeutende Theorien.

73 Dies die Formulierung, die Hans Medick, bezogen auf Marshall D. Sahlins und Bernard S. Cohn, zitiert; vgl. Medick, Missionare, S. 310.

74 Hilary Putnam, Vorwort zu: Nelson Goodman, Tatsache, Fiktion, Voraussage, S. X f.; Nelson Goodman, Ways of Worldmaking, Indianapolis/Cambridge 1981.

75 James Clifford, The Predicament of Culture, Cambridge 1988.

76 Rabinow, Anthropologie der Vernunft, S. 45 f.

77 Hans Robert Jauß, Paradigmatik der Geisteswissenschaften, in: Frühwald et al., Geisteswissenschaften heute, S. 47 und S. 69 ff.

78 Ebenda, S. 42.

6. Geschichte und symmetrische Anthropologie

»Les choses dures montrent un côté doux; matérielles, certes, elles s'engramment et se programment aussi comme des logiciels. Il y a du logiciel dans le materiel. Pas seulement dans nos cerveaux, mais aussi dans l'Univers. La ›nature‹ s'ensemence de programmes.«[1]
(Michel Serres)

In diesem abschließenden Kapitel wird versucht, einige Konsequenzen aus den bisherigen Überlegungen zu ziehen und die Perspektive einer symmetrischen Anthropologie zu entwickeln. Dabei geht es um Fragestellungen, welche die Historische Anthropologie von ihrer Fixierung auf die theoretisch nicht entwicklungsfähige Figur des »konkreten Menschen« ablösen können, ohne dass indessen Begriffe wie Subjekt, Selbstdeutung und Handeln verabschiedet werden müssten. Das Konzept der »symmetrischen Anthropologie«, das hier stark gemacht werden soll, stammt aus der Wissenschaftsgeschichte (vgl. Kap. 1) und wurde von Michel Callon und Bruno Latour mit dem Ziel in die Diskussion eingeführt, die »alte anthropologische Matrix«[2] zu sprengen und einer Rede vom »Menschen« entgegenzuwirken, die alles und damit nichts erklärt. Das Symmetrisierungsparadigma bezieht sich auf zwei zusammenhängende Ebenen: Auf der *ersten* wird davon ausgegangen, dass menschliches Handeln und die Eigenlogik der Dinge sowie Symbole im historischen Prozess auf kontingente Weise zusammenwirken. Auf der *zweiten* Ebene geht es um Möglichkeiten und Grenzen des Verstehens des Fremden oder – anders formuliert – um das Verhältnis zwischen Kulturrelativismus und Universalismus. Für beide Ebenen wird nicht ein abgerundetes Erklärungsmodell angestrebt, sondern Symmetrisierung beinhaltet zunächst ein heuristisches Prinzip: Die Aufmerksamkeitsstruktur muss – dies das Postulat – in beide Richtungen durchlässig sein, damit im Forschungsprozess vermieden werden kann, dass einer Position von vornherein eine größere Plausibilität zugemessen wird oder überhaupt nur Einflüsse von der einen Seite ins Blickfeld der Analyse geraten.

6.1 Zirkularität und Wechselwirkungen

Das erste Symmetriepostulat soll ebenso anthropozentrische Kurzschlüsse wie eine Reduktion des historischen Prozesses auf eine »menschenleere« Dynamik verhindern. Ausgangspunkt ist eine Vorstellung des *anthropos* als bedingendes und bedingtes Lebewesen: Alles, was Menschen kreieren oder womit sie in Berührung kommen, verwandeln sie in eine Bedingung ihrer Existenz und ihrer Lebensweise.[3] In diesem Aneignungsprozess werden sie aber auch durch dingliche und symbolische Eigenlogiken erfasst. Es sind zwar Menschen, die durch ihre »Arbeit«, d.h. durch zielgerichtete Natur-Kultur-Transformation, die technischen Systeme, materiellen Artefakte, symbolischen Codes und imaginären Welten geschaffen oder zum Funktionieren gebracht haben. Menschen schaffen sich eine Welt nach ihrem Bilde – gegenläufig zu dieser »Humanisierung« der Natur durch die menschliche Praxis lassen sich jedoch eine »Technisierung«, »Maschinisierung«, »Rationalisierung« und »Formalisierung« der Kultur beobachten, die das, was als das Humane verstanden wird, mit formen. Das Bild des Menschen ist somit nie sein eigenes. Ein Erklärungsmuster, das davon ausgeht, Menschen würden den Kulturprozess dadurch vorantreiben, dass sie zweckrational Dinge verwenden und zielstrebig zu neuen Erkenntnissen gelangen, vermag kein adäquates Verständnis dieser Dynamik zu liefern. Menschen agieren vielmehr schon immer in einem Ereigniskontinuum, das mit exklusiven Kategorien des Menschlichen nicht hinreichend beschrieben werden kann und für dessen Analyse neue Konzepte nötig sind.

Die zweite Symmetriethese setzt sich von der – vor allem im Zuge der Rezeption von Vicos Schriften populär gewordenen – Vorstellung ab, Menschen könnten nur das geistig nachvollziehen, was sie selber gemacht haben. Weil dieses Machen aber – so das Argument weiter – kulturabhängig ist, können Menschen letztlich nur die Kultur, in der sie leben, verstehen. Gegenüber anderen Menschen, die in anderen Kulturen leben, ist ein direkter Verstehenszugang gekappt. Es bleiben dann zwei Haltungen: Während die erste dieses »Fremde« verabsolutiert, es als das radikal Andere exotisiert oder dämonisiert, löst die zweite es auf, indem sie es sich aneignet und nostrifiziert, sei es durch Verführung, sei es mittels Gewalt. Bleibt im ersten Fall das Fremde draußen und unverständlich, gelangt es im anderen Fall nach innen, wird hier (zwangs-)assimiliert und damit in seiner Fremdheit aufgelöst. Dieses historische und kulturanthropologische Problem der »otherness in time und space« lässt sich anders angehen, wenn »das Fremde« symmetrisiert, d.h., wenn davon ausgegangen wird, dass Menschen sich selbst ebenso fremd sind (oder sein können), wie sie es anderen gegenüber sind (oder sein können), und dass umgekehrt im Fremden auch Eigenes wahrzunehmen ist. Aus dieser Sicht konstituiert sich Kultur über Unterscheidungen und Unterschiede. Kulturelle Evolution wird im Wesentlichen durch Differenzkaskaden, Widersprüche und Kontingenz vorangetrieben, die persönliche und »kollektive« Identitäten immer wieder unterminieren und destabilisieren. Sowohl in der intrakulturellen Kommunikation wie in den transkulturellen Austauschbeziehungen lassen sich Rationalitätsstrukturen aufzeigen, welche die immer vorhandene Fremdheitserfahrung mit Verstehensmöglichkeiten konfrontieren. Dabei geht es nicht um die Kontrastierung von »Wir« und »die anderen«. Vielmehr handelt es sich um eine Erfahrung, die Julia Kristeva in einem Buchtitel mit der Formulierung »Fremde sind wir uns selbst«[4] umschrieben hat. Damit wird klar, dass sich Fremdes und Eigenes viel komplexer verschränken und durchwirken, als dies in der dichotomen Wahrnehmung von »eigener« und »fremder« Kultur erscheint. Daraus folgt wiederum, dass die Negation von Unterschieden im Namen von Universalien ebenso wenig weiterführend ist wie die Hypostasierung des Fremden. Beide Haltungen konvergieren darin, in anderen »Kulturen« etwas Inkommensurables und prinzipiell Unzugängliches zu sehen, das entweder als Gefahr bekämpft oder als »das Andere« idealisiert und verteidigt wird.[5] Gegen solche Positionen gilt es, das Dilemma zwischen einem in der Menschennatur verankerten Universalismus und einem auf Differenz pochenden Kulturrelativismus in der eigenen Kultur, in der eigenen Person zu suchen. Es gibt dann keine kohärenten Kulturen und stabilen Identitäten mehr, sondern nur noch widersprüchliche Erfahrungen, in denen sich »das Fremde« und »das Eigene« in immer neuen Prismen der Selbst- und Fremderkenntnis brechen.

6.2 Arbeit und Medien: das *tool making animal* als *zoon symbolicon*

Das Modell menschlicher Selbsterschaffung durch Arbeit ist in vielen historisch-anthropologischen Ansätzen so präsent und einflussreich, dass es sich lohnt, seine asymmetrische »Konstruktion« genauer zu untersuchen. Die Geschichte des *anthropos* wird hier als *Anthropopoiésis*, als »Selbstfabrikation des Menschen«[6] geschildert. Der Medientheoretiker Vilém Flusser hat dieses Erklärungsmuster, von dem er sich kritisch absetzt, in einer Kurzversion geschildert: Er spricht von einem Kulturmodell, das von einer fortschreitenden Herstellung und Erzeugung von »Kulturobjekten« durch den Menschen ausgeht und das diese Anreicherung der Kultur mit materiellen Artefakten als einen kumulativen Vorgang auffasst, bei dem schließlich »asymptotisch [...] die gesamte Natur in Kultur verwandelt« wird.[7] Diese Transformation der Natur durch Kultur ist zugleich ein Tradierungsprozess, in dem Menschen die erworbenen Informationen in Kommunikationsprozessen und durch Speichertechniken generationenübergreifend weitergeben. In diesem Modell sind, so Flusser, »viele – vielleicht überhaupt alle – modernen Ideologien wiederzuerkennen«[8]. Die spezifische Differenz, über die der Mensch in Absetzung von Tieren definiert wird, besteht in der Arbeit bzw. in den Arbeitswerkzeugen. Der Mensch ist der *homo faber* oder das *tool making animal*.[9]

Im dialektischen Denken von Karl Marx hat diese anthropologisch-humanistische Vision der Geschichte ihre konsequenteste Formulierung gefunden.[10] In seinen 1844/45 verfassten *Ökonomisch-philosophischen Manuskripten* erklärt Marx die Historizität des Menschen und seiner Sinnlichkeit durch die gesellschaftlich vermittelten Aneignungsprozesse: »Der Mensch eignet sich sein allseitiges Wesen auf eine allseitige Art an, also als ein totaler

Mensch. Jedes seiner menschlichen Verhältnisse zur Welt, Sehn, Hören, Riechen, Schmecken, Fühlen, Denken, Anschauen, Empfinden, Wollen, Tätig sein, Lieben, kurz alle Organe seiner Individualität [...] sind in ihrem gegenständlichen Verhalten oder in ihrem Verhalten zum Gegenstand die Aneignung desselben.«[11] Sinnbildung (im Doppelsinn des Wortes) verläuft hier in enger Wechselwirkung mit der Humanisierung der Natur, d.h. mit der Hervorbringung kultureller und materieller Artefakte durch Menschen. Marx argumentiert auf der Grundlage einer historisch-anthropologischen Praxeologie: Die Geschichte wird von ihm begriffen als »Vergegenständlichung des menschlichen Wesens, sowohl in theoretischer als praktischer Hinsicht«[12]. Dadurch entsteht überhaupt erst jener gesellschaftliche Reichtum, der als gigantische Produktionsmaschinerie des Kapitalismus wiederum auf die Sinnlichkeit der Menschen zurückwirkt und sie verändert. Wenn Marx schreibt, »die Bildung der fünf Sinne« sei »eine Arbeit der ganzen bisherigen Weltgeschichte«, so spitzt er genau dieses Argument zu.[13]

Für Marx ist dieser Prozess in einer Klassengesellschaft notwendigerweise mit einer Entfremdung des Menschen von sich selbst verbunden. Die Gesellschaft wird sich zum Rätsel, weil die Akteure die immer komplexeren materiellen Objektivationen, die aus der Kapitalakkumulation und der Entfaltung der Produktivkräfte hervorgehen, nicht mehr als ein Ausbeutungsverhältnis zwischen sozialen Klassen zu durchschauen vermögen. Der gesellschaftliche Reichtum erscheint nicht mehr als Schöpfung menschlicher Arbeit, sondern er wird zur *»zweiten* Natur«, d.h. zu einem verdinglichten Komplex, der »die Menschen unter einem System sachlicher Bedingungen subsumiert« und sich »ihnen gegenüber durchsetzt«[14]. Alfred Schmidt charakterisiert die marxsche »Dialektik von Subjekt und Objekt« aufgrund der wechselseitigen Historisierung der Natur durch die Menschen und der naturhaften Verdinglichung gesellschaftlicher Verhältnisse denn auch als »Dialektik der Natur«[15]. Die wissenschaftliche Utopie von Marx, die auf Zuspitzung herrschender Trends aufbaute, ließ sich schlüssigerweise auf die Doppelgleichung bringen: »Vollendeter Naturalismus = Humanismus« und »vollendeter Humanismus = Naturalismus«. Im Endeffekt ist das Kommunismus, der als »die wahrhafte Auflösung des Widerstreites zwischen dem Menschen mit der Natur und mit dem Menschen« zugleich »das aufgelöste Rätsel der Geschichte« ist und sich »als diese Lösung weiß«[16].

Anklänge an diese marxsche Theorie menschlicher Selbstverwirklichung durch wert- und weltschaffende Arbeit finden sich – allerdings vom utopischen Impetus solcher Heilserwartung befreit – ebenso in Sigmund Freuds Bemerkung, der Mensch sei zum »Prothesengott«[17] geworden, wie in Thomas Luckmanns und Peter L. Bergers Theorem der »sozialen Konstruktion der Wirklichkeit«.[18] Der Denkfigur eines »dialektischen Prozess[es] von Externalisierung, Objektivation und Internalisierung«[19] folgt auch Marshall McLuhan in seiner Medientheorie. Technik wird hier grundsätzlich als materialisierte Exteriorisierung aktiven menschlichen Konstruktionsgeistes dargestellt; McLuhan spricht von »technischen Ausweitungen unseres Körpers«[20]. Durch die Nutzung elektrischer Signalübertragung gelingt es Menschen, künstliche Sinnes- und Kommunikationsorgane zu kreieren, wodurch sie fähig werden, ihre physischen Möglichkeiten räumlich und zeitlich zu erweitern, d.h. globale Netzstrukturen aufzubauen und innerhalb dieser mit Lichtgeschwindigkeit Informationen auszutauschen: »Heute, nach mehr als hundert Jahren der Technik der Elektrizität, haben wir sogar das Zentralnervensystem zu einem weltumspannenden Netz ausgeweitet.«[21] Mit der Feststellung, das Medium sei die Botschaft, finden sich bei McLuhan allerdings auch Ansätze zu einer Symmetrisierung des anthropologischen Konzepts.

Dasselbe zeigt sich beim französischen Sozialwissenschaftler Serge Moscovici.[22] Sein Ausgangspunkt ist die These, der Mensch sei »nicht ›Besitzer‹ oder ›Entdecker‹, sondern Schöpfer und Subjekt seines Naturzustandes«. Seine Funktion bestehe nicht darin, sich ein materielles Universum anzueignen, sondern »als interner Faktor und Regulator der natürlichen Realität« wirksam zu werden.[23] So verbindet Moscovici in einem großen historischen Überblick die Darstellung der »Abfolge der Naturzustände« mit jener der »Schöpfungen der Arbeit«, wobei er zwischen »Produktion« und »Schöpfung« unterscheidet und sukzessiv Naturkonzepte (organische, mechanische, kybernetische etc.) entwickelt.[24] Das eigentliche Merkmal des Menschen erkennt man aus dieser Sicht »nicht so sehr in der Herstellung von Werkzeugen noch [...] in der Vernunft [...], sondern darin, dass er sich selbst erschafft, dass er sich mit den übrigen Wesen verbindet, kurz, dass er seinen Naturzustand erzeugt«[25]. In diesem Denkmodell ist der Mensch kein Produkt natürlicher Kräfte mehr, sondern die *natura rerum*, die Natur der Dinge, gerät in den unaufhaltsamen Strom, in dem menschliche Praxis und äußere Bedingungen permanent zu neuen Wirklichkeiten amalgamieren. Gegen den Vorwurf, hier liege ein anthropozentrisches Weltbild vor, antwortet Moscovici, man vergesse zu leicht, »dass alle unsere Modelle der Natur in irgendeiner Weise anthropozentrisch sind und dass die Natur von menschenähnlichen Wesen oder solchen, die im Begriffe sind, es zu werden, bevölkert ist«. Eine Geschichte der Hervorbringung der Natur habe deshalb die Sprünge sichtbar zu machen, in denen der Mensch zu neuen Formen der Selbstbeschreibung übergehen konnte, weil er es eben verstanden hat, eine »neue Phase« zu erreichen und eine »neue Konstitution« zu entfalten.[26] Diese fortschreitende Herauslösung des Menschen aus einer (traditionell verstandenen) »Naturgeschichte« und die Einsicht in die »menschliche Geschichte der Natur«[27] stellen für Moscovici komplementäre Bewegungen dar, die schließlich einer Sozialordnung auf die Sprünge helfen könnten, die »sich als Form der Naturordnung erweist und nicht als ihr entgegengesetzte Entität«[28]. Daraus resultiert der Appell an »die menschliche Gattung als höchstem Experimentator«, sie möge doch das »übermenschliche Abenteuer« weitertreiben.[29]

Moscovici bewegt sich in seinen Ausführungen zwischen einer – an Marx orientierten – anthropologischen Praxeologie und einer Symmetriethese, in der Natur und Kultur ineinander übergehen. Historische Anthropologie wird stärker in die letzte Richtung gehen müssen, will sie anthropozentrische Kurzschlüsse oder die Hypostasierung eines Gattungssubjekts, genannt »der Mensch«, vermeiden. Dabei kommt sie um die Auseinandersetzung mit geschichtsphilosophischen Entwürfen nicht herum, muss jedoch versuchen, diese auf praktikable Fragestellungen und Forschungszugänge »herunterzubrechen«. Dabei wird die Zentralkategorie der »Arbeit« durch jene der »Medien« in den Hintergrund gedrängt. Ein praxeologischer Zugang zur Geschichte lässt sich produktiver am Medienkonzept entfalten. Als nützlich erweisen sich dann Einsichten, wie sie etwa von Stefan Rieger in seiner Sicht einer Medienanthropologie formuliert werden: »Im Durchgang des Menschen durch die Erfahrung der Medien und der wissenschaftlichen Dispositive, Apparaturen und Aufzeichnungstechniken verändert sich der Mensch als Objekt des Wissens und nicht zuletzt als Objekt sowohl seiner Fremd- wie auch seiner Selbstwahrnehmung.«[30] Damit wird deutlich, dass Mediendispositive »die Matrix für Redeweisen über den Menschen«[31] liefern.

Exkurs: Schrift als Medium und menschliche Praxis

Dies kann etwa anhand des Mediums der Schrift und an den kulturellen Praktiken des Schreibens sowie Lesens gezeigt werden. Die Schrift stellt »das wichtigste von Menschen geschaffene Zeichensystem« dar und hat sich in verschiedenen Medien materialisiert.[32] Schrift ermöglicht es, Sprache zu objektivieren. Sprachliche Ausdrucksformen erhalten ein materielles Korrelat in einem System sichtbarer Zeichen. Als Kommunikations- und Speichermedium schuf die Schrift neue Ermöglichungsbedingungen gesellschaftlicher Interaktion und Imagination. Jack Goody fasst den Prozess so zusammen: »In dieser materiellen Form kann Sprache über räumliche Entfernungen übermittelt und durch die Zeit hindurch bewahrt werden; was Menschen sagen und denken, kann vor der Vergänglichkeit mündlicher Kommunikation gerettet werden.«[33] Damit erweitert Schrift die Skala menschlicher Aktivitäten in räumlicher und zeitlicher Hinsicht. Der Schriftgebrauch schafft die Voraussetzung für komplexe bürokratische Organisation, für Handelsbeziehungen über große Entfernungen hinweg, für Buchreligionen, die ihren Absolutheitsanspruch mit missionierender Aktivität kombinieren. Insgesamt konstituiert – worauf Florian Coulmas hinweist – Schrift ein neues Kontinuum der Geschichtlichkeit, indem sie sprachlich vermittelte Information fixiert und wörtlich tradierbar macht.[34] Goody betont, dass die Einführung des semitischen Alphabets und seine Verbreitung über weite Teile der Welt unablässige Kommunikationsprozesse zwischen kleinen, lokalen Traditionen und den größeren Traditionen anregte.[35]

Durch die Praktiken des Schreibens und (lauten oder leisen) Lesens ist Schrift an den Körper des Menschen gebunden. Am Beispiel der europäischen Entwicklung zeigt der Literaturwissenschaftler Christian Kiening in seiner »politischen Anthropologie in literarischem Gewand«, wie die kulturellen Spannungsfelder zwischen Körper (als sinnlicher, performativer Präsenz eines Menschen in der rhetorischen Inszenierung von Sprache) und Schrift (als der Produktion, Distribution und Aneignung von Texten) in unterschiedliche Wechselverhältnisse gerieten. »Vor dem Zeitalter der Literatur«, d.h. im Mittelalter und zu Beginn der Frühen Neuzeit, funktionierten Texte anders als dann im 18. Jahrhundert.[36] Doch auch im Zeitalter des aufkommenden Buchdrucks und der dadurch vorangetriebenen »Technisierung des Worts«[37] blieben Visualisierung und lautes Sprechen (Vorlesen) noch immer das weit verbreitete Ausdrucksmedium im Umgang mit autorisierten Texten. Lesen war Sprechen, die mit der alphabetischen Schrift gegebene Möglichkeit einer Virtualisierung der Sprache blieb an ihre lautliche Materialisierung zurückgebunden. In der Aufklärung veränderten sich die Ausbreitungs- und Rezeptionsbedingungen für Texte. Waren Drucksachen noch während längerer Zeit den rigiden Kontrollbestrebungen von absolutistischen und kirchlichen Herrschaftsträgern unterworfen, so entwickelte sich das Buch nun zum Kultobjekt und zur *contrebande* und infiltrierte die Gesellschaft. Die *out-of-control*-Befindlichkeit der Eliten nahm ebenso zu wie der Hunger nach Gedrucktem in breiteren Bevölkerungssschichten, wo sich die Lesefähigkeit und -fertigkeit auszubreiten begann.

Mit dem Roman, der sich steigender Beliebtheit erfreute, gelangte eine neue Form der – von körperlichen Artikulationsformen zunehmend abgetrennten – stillen, durch andere nicht direkt beobachtbaren Imagination zum Durchbruch. Damit geriet die Sprache ins Zentrum des Ich. Albrecht Koschorke hat darauf hingewiesen, dass die Alarmstimmung, in welche die Herrschaftsträger aufgrund der raschen Ausweitung des leisen Lesens versetzt wurden, keineswegs irrational waren, denn die neuen Lesepraktiken stellten eine der zentralen Voraussetzungen für den Gefühlshaushalt, die Identitätsproduktion und das Individualitätsregister der sich formierenden bürgerlichen Schichten dar. Die Gegenmaßnahmen gegen die »Leseseuche« und »Büchersucht« lassen sich so als ein Repressions- und Präventionsversuch gegen eine mediale Innovation und neue kulturelle Praktiken verstehen, welche den Raum politischen Handelns einschneidend verändern sollten. Es war der Umgang mit Schriftlichem, es war das Schreiben, Lesen und Erzählen, die nun zu »Elementen eines erstmals zu voller Ausprägung gelangten neuartigen Kommunikationssystems«[38] wurden. Der Roman, der die Einbildungskraft seiner Leserinnen und Leser anregte und modellierte, prägte auch – so Friedrich Kittler in einer Studie zu den »optischen Medien« – eine protocineastische Wahrnehmungsform. Romane fungierten mithin als ein Inter-Medium, das Buchproduktion und Bildtechnologie aufeinander bezog. Denn das Buch unterwies leise Leser in neuen Illusionstechniken, die den Blick von innen auf einen »Bildschirm« ermöglichten. So lieferte es den »Stoff« für die Projektionen von »Welt«. Das nach 1800 entwickelte Vermögen, »Buchstabensequenzen als [...] imaginären Bildsequenzen zu folgen«, stellte somit – dies Kittlers These – eine kulturelle Ermöglichungsbedingung der ein Jahrhundert später einsetzenden Verfilmung dieser Stoffe dar.[39] In Absetzung zu einer Kulturgeschichte, die diesen Prozess in einer selbstlaufenden technischen Dynamik auflöst, sollte es der Historischen Anthropologie immer darum gehen, die Affektmodellierung und die Subjektdefinitionen in die Untersuchung mit einzubeziehen, die durch neue Medien möglich werden und die auch wiederum die Aneignung dieser medialen Systeme prägen. Im Unterschied zu einer an Marx inspirierten These der Selbsterschaffung des Menschen wird hier die Logik der dinglichen Welt und der symbolischen Formen in die Analyse einbezogen. Historische Anthropologie muss davon ausgehen, dass Sprache, Schrift, Musik und Bilder auch eine nichtmenschliche, eine »unmenschliche« Dimension aufweisen.

6.3 Informationstheorie, kybernetische Anthropologie, Technik

Aussicht auf die Überwindung anthropozentrischer Beschreibungsformen schien nach dem Zweiten Weltkrieg die Kybernetik zu bieten, die Maschinen, Netzwerke, Tiere und Menschen in ein homologes Kategoriensystem zu integrieren verspricht.[40] Kybernetik basiert auf der Zentralkategorie »Information« und strebt die vergleichende Analyse von Gesetzmäßigkeiten bei Steuerungs- und Regelungsprozessen in technischen, biologischen und sozialen Systemen an. Dabei sind vor allem *feedbacks* wichtig, d.h. die Rückmeldung von Ergebnissen in einer Weise, dass sich das System aufgrund von Variationen des *output* über die Dosierung des *input* selbst zu regulieren vermag. Selbstregulierung und Selbstreferentialität sind deshalb weitere Grundbegriffe der Kybernetik.

1948 hatte Norbert Wiener die einflussreiche Studie *Cybernetics or control and communication in the animal and the machine* publiziert, 1949 legten Claude E. Shannon und Warren Weaver ihre *Mathematical Theory of Communication* vor.[41] Beide Werke, welche die Kybernetik und die mathematische Informationstheorie begründeten, hatten maßgeblichen Einfluss auf die strukturale Anthropologie und die Psychoanalyse, während sie in der Geschichtsschreibung nicht zur Kenntnis genommen wurden. Jacques Lacan bezog sich in seiner Analyse des Unbewussten auf die mathematische Informationstheorie, welche das Verhältnis von Rauschen und Information in idealtypischen Nachrichtenkanälen in einer formalen Sprache ausdrückte und wandte sie auf seine Theorie der Signifikantenketten und Zeichenordnungen an.[42] Damit brachte er – in Absetzung von Freud, der mit seinen »Apparaten« noch einer Sprache vor dem Computerzeitalter verhaftet war – die Psychoanalyse »auf den Stand von High Tech«[43]. Claude Lévi-Strauss bezog sich in *Das wilde Denken* ebenfalls auf die Informationstheorie, um den Nachweis zu führen, »dass die Nachrichten (während ihrer Übermittlungsperiode, in der sie objektiv außerhalb des Bewusstseins der Sender und der Empfänger existieren) gemeinsame Eigenschaften mit der physischen Welt zeigen«. Daraus folgt, dass Menschen nur eine sehr beschränkte Vorstellung davon haben können, was mit ihnen passiert, wenn sie kommunizieren: »Wenn sie sich auch hinsichtlich der physischen Phänomene irren (nicht absolut, aber relativ auf der Ebene, auf der sie sie verstanden) und sie als Nachrichten interpretierten«, so konnten sie doch »immerhin zu einigen ihrer Eigenschaften Zugang finden«. Sie erfassten, mit anderen Worten, zwar nie die ganze »Welt der Information«, die »ein Teil oder ein Aspekt der natürlichen Welt ist«, konnten jedoch durch das ständige Prozessieren von Informationen »seit Jahrtausenden [...] sich den Naturgesetzen auf dem Wege der Information [...] nähern«[44].

Kybernetische und Historische Anthropologie, so wie sie hier vorgestellt werden, verfolgen dasselbe Ziel, die Natur-Kultur-Unterscheidung zu unterlaufen. Kybernetische Modelle legen nahe, was Hans Blumenberg forderte: Es gelte, »das vermeintlich ›Natürliche‹ auf analoge Weise zu destruieren und seiner ›Künstlichkeit‹ im Funktionssystem der menschlichen Elementarleistung ›Leben‹ zu überführen«[45]. Hier wird eine Kritik an einem mit »Natur« konnotierten Lebensbegriff formuliert. Sie findet sich auch in Paul Rabinows »Anthropologie des Zeitgenössischen«[46]. Rabinow zeigt, wie mit dem Aufstieg der Biotechnologie, der Molekularbiologie, der Genomik und der Reproduktionsmedizin auch die Lebensführung der Menschen und ihr Selbstbild verändert wurden; dies weniger durch das technisch bereits Erreichte als durch die mythopoetische Projektion des Vorstellbaren.[47] Historische Anthropologie bietet die Möglichkeit, die unterschiedlichen Formen einer Technisierung des Menschenbildes und der gegenläufigen Anthropomorphisierung der Technik zu analysieren, die mit neuen technosozialen Netzwerken vorangetrieben werden. Im Zentrum der Forschung stehen auch hier Subjektivierungsformen, die durch den rasant zunehmenden Stellenwert von technischen Bildern im menschlichen Selbstverständnis geprägt sind.

Menschen eignen sich Technik in sich wandelnden sozialen Kontexten an. Dennoch lassen sich diese technischen Artefakte nicht – im Sinne Vicos – als »Objektivationen des menschlichen Geistes« begreifen. Wenn das Problem einer symmetrischen Anthropologie auf philosophische Fragen bezogen wird, so wird deutlich, dass sich die Kritik an der anthropologischen Praxeologie und am dialektischen Humanismus immer wieder auf Martin Heideggers Begriff der Technik als einer »Weise des Entbergens« bezieht.[48] Heidegger fordert das instrumentalistische Technikverständnis der europäischen Tradition heraus, indem er behauptet, dass das Verhältnis zwischen »Mensch« und »Natur« nicht zu verstehen sei unter dem Paradigma des klassisch-neuzeitlichen Subjekt-Objekt-Dualismus. Es müsse vielmehr in seiner unhintergehbaren Zusammengehörigkeit und freilich auch unausweichlichen Gefährlichkeit verstanden werden als der Zusammenhang eines »Gestells«, in dem sich der »Bestand« der durch die Technik erschlossenen Natur-»Gegebenheiten« jeweils erst im Zuge seiner Nutzung und Zurichtung in unterschiedlichen Formen »entbirgt« und so neue Potenziale und Einsichten freigibt.

Das ist ein starkes Argument, um das eine Kritik an einem humanistischen Technikverständnis nicht herumkommt.[49] Anstatt jedoch einer Fixierung auf Heidegger zu verfallen, soll hier auf einen Autor hingewiesen werden, der ein ähnliches Argument aus einer anderen Perspektive formulierte.[50] Für Michael Polanyi haben Dinge die »Fähigkeit [...], sich künftig in neuer, ungeahnter Bedeutung zu zeigen«. Menschen beobachten Dinge, aber dadurch werden nur einzelne ihrer Seiten erfasst und ihre Bedeutung nicht erschöpft. Die Realität von Gegenständen zeigt sich für Polanyi gerade dadurch, dass sie sich – unabhängig von Menschen – immer wieder auf neue, überraschende Weise darstellen können. Wissen wird so zu etwas unabdingbar Dynamischem; die Kenntnis der Wirklichkeit fällt zusammen mit »demjenigen Vorwissen [...], das die Wissenschaftler auf der Suche nach Entdeckungen leitet«[51]. Damit lässt sich das, was sich nicht im intentionalen Handeln und expliziten Wissen von Menschen auflösen lässt, als »stumme Dimension« und als »implizites Wissen« fassen. Auch in dieser Argumentationsfigur verschwindet der Mensch nicht, er wird bloß neu positioniert. Er bleibt in einer symmetrisch aufgeklärten Historischen Anthropologie weiterhin der Ausgangspunkt einer historischen Darstellung. Er wird in dieser allerdings relational gedacht und als Knotenpunkt eines komplexen Netzwerks geortet. Gerade in dieser prekären Position wird er auf neue Weise interessant.

6.4 Möglichkeiten und Grenzen des Verstehens

Die zweite Symmetrie-These führt nochmals zum Verhältnis von Eigenem und Fremdem zurück. Die Geschichte von Kulturkontakt und interkulturellen Beziehungen[52] zeigt, dass die Spieße in diesem Austausch nicht gleich lang waren. Ungleichheit und Unterdrückung herrschten vor. Die Erfahrung von Kolonialismus und Imperialismus legte für anthropologische und historische Interpretationen zwei Haltungen nahe: Die *eine* plädierte dafür, die Geschichte gewaltsamer Übergriffe und Herrschaftsausübung nicht in die wissenschaftliche Praxis hinein zu verlagern. Anstatt die ganze Welt mit einem einzigen – dem eigenen – Maßstab zu messen und diesen so als »universalistisch« zu adeln, sollte endlich eine respektvolle Haltung gegenüber anderen Kulturen und fremden Menschen eingenommen werden. Daraus resultierte weniger ein Relativismus als die Ablehnung eines kurzschlüssigen Universalismus, der relativistische Positionen voreilig kritisierte. Der Kulturanthropologe Clifford Geertz sprach von einem »Anti-Anti-Relativismus«[53]. Die *andere* Haltung versucht, ausgehend von der Einsicht, dass die Diskussion kulturübergreifender Maßstäbe nur deswegen geführt werden muss, weil es kulturelle Differenzen gibt, zu einer universalistischen Interpretation zu gelangen.[54] Aus dieser Perspektive ist es gerade die Behauptung, »die Afrikaner« oder »die Asiaten« seien »anders« – womit ihnen die Errungenschaften westlicher Kultur letztlich auch nie zugänglich seien –, welche den zutiefst problematischen Kern des imperialistischen Bewusstseins ausmacht. Mit der kulturrelativistischen Behauptung, auch heute könne ein Anthropologe »andere Kulturen« nicht verstehen, weil diese gegenüber der eigenen so fremd seien, wird die Geschichte kolonialer Unterdrückung auf eine nur vordergründig aufgeklärt erscheinende Weise fortgesetzt.

Weder die eine noch die andere Position kann in diesem Streit einfach »Recht« bekommen. Vielmehr liegt hier eine dilemmatische Argumentationsstruktur vor, bei der die Denunzierung der gegnerischen Position auf einen »blinden Fleck« in der eigenen verweist. So können auch die exemplarischen Geschichten, die für die eine oder die andere Position angeführt werden können, immer eine Plausibilität beanspruchen. Von gegenseitigen Verstehensmöglichkeiten geht Tzvetan Todorov in seiner Studie *Die Eroberung Amerikas* aus. Montezuma und Cortes agierten beide in einer Situation der Unsicherheit, beide konnten nicht wissen, wie groß die geistige Flexibilität des Gegenübers ist, was der jeweils andere im Schilde führt und worüber sie selbst getäuscht werden sollten. Es war dann Cortes, der ein Surplus an Selbstreflexivität ausschöpfen konnte. Er handelte so, dass er mit einem sehr beschränkten Einsatz personeller und materieller Ressourcen imstande war, seinen Gegner zu überlisten und zum Ziele zu kommen.[55] Für Todorov gibt es durchaus unterschiedliche, kontextabhängige Rationalitäten; als solche ermöglichen sie aber eine komplexe Interaktion, die sich in Kategorien einer Strategie beschreiben lässt und in der es auch für Begriffe wie »Treue« und »Verrat« Platz gibt.

Der Fall von Captain James Cook, der am 14. Februar 1779 im Verlaufe eskalierender Konflikte mit den Insulanern auf Hawaii zu Tode gebracht wurde, wird von Marshall D. Sahlins gerade umgekehrt dargestellt.[56] Der Mord war demnach kein aggressiver Akt, sondern »Effekt« eines »Mythos«, zu dem die Europäer keinen Zugang hatten. Sahlins beschreibt in zwei Studien[57], wie Cook nach seiner Ankunft von den Hawaiianern zunächst als Figur einer politischen Kosmologie identifiziert worden war. Der Captain konnte begreifen, dass er aufgrund der Zeremonien und Rituale wie eine Gottheit verehrt wurde, denn dafür hatte er ein Modell. Was er nicht ahnen konnte, war, dass er 1778 aufgrund des Zeitpunkts seines Eintreffens und seines Verhaltens auf der Insel nicht mit Ku (dem Kriegsgott, der den Königen nahe stand und zu dieser Zeit abwesend war), sondern mit dem sanften, Fruchtbarkeit und Wohlfahrt spendenden Lono identifiziert worden war. Diesen Eindruck verstärkte er unwillentlich durch den Zeitpunkt seiner Abreise und durch seine Ankündigung, er werde in einem Jahr wiederkommen. Dass er – aufgrund eines Mastbruchs – bereits nach wenigen

Tagen zurückkehrte, brachte nun aber dieses Bild durcheinander. Cook geriet in einen Konflikt mit dem wiederkehrenden Kriegsgott, und so schlug die Huldigung in zornige Gewalt um. Cook und seine Mannschaft begriffen nicht, dass sie – obwohl der todbringende Konflikt in der symbolischen Struktur der hawaiianischen Gesellschaft gar nicht vorgesehen war – dennoch in eine performative Dynamik hineingerieten, die in diesem Mord kulminierte. Sahlins schreibt also die Geschichte eines anhaltenden und sich an einem bestimmten Punkt dramatisch überschlagenden kulturellen Missverständnisses.[58]

Anders als Sahlins sieht der aus Sri Lanka stammende Anthropologe Gananath Obeyesekere den Sachverhalt: An jenem Februartag hätten sich am Strande von Hawaii zwei menschliche Gruppen gegenübergestanden, die beide von einer »practical rationality« geleitet und demzufolge durchaus in der Lage gewesen seien, den Motiven und Reaktionen des jeweiligen Gegenübers Sinn abzugewinnen. Die Gewalt gegen Cook erscheint aus dieser Sicht als »rationale Widerstandshandlung gegen Geiselnahmeversuch und Häuptlings-Ermordung«[59]. Wie Albert Wirz gezeigt hat, kann man – unter dem jeweils alternativen Blickwinkel – beiden Interpretationen Ethnozentrismus vorwerfen.[60] Eine nichtethnozentrische Zugangsweise müsste sich zuerst einmal dezentrieren, d.h. ein ganzes Bündel von Interpretationen ins Auge fassen und zulassen. Es kann dann zutreffen (und ist wahrscheinlich), dass die aus dem umfassenden Kulturtraining Europas hervorgegangenen Seefahrer tatsächlich eine naiv universalistische Position eingenommen haben, die es ihnen unmöglich machte, die »kulturelle Logik« der »Eingeborenen« nachzuvollziehen. Paradoxerweise praktizierten sie gerade dadurch einen europäisch-ethnozentrischen Partikularismus, d.h., sie fielen faktisch in einen Relativismus zurück, der die »interkulturelle Übersetzung« von Intentionen blockierte.

Wirz konstatiert darüber hinaus, dass es wohl auf beiden Seiten keine homogenen Interpretationslager gab, sondern hüben wie drüben verschiedene Individuen widersprüchliche Deutungen entwickelt haben dürften. Damit macht er einen Vorschlag, wie Dichotomien, die sich in das Denken der Aufklärung eingeschrieben haben und bis heute die Interpretationsgewohnheiten von Historikern und Anthropologen bestimmen, ausgehebelt werden können zugunsten komplexerer Geschichten.

Solche Geschichten, die auf einen monochromen Kulturbegriff verzichten und eine generalisierende Verstehenshypothese auf der Grundlage praktischer Vernunft anstreben, behaupten nicht, Menschen seien autonome Subjekte. Die Rationalitätsunterstellung, die für diese Interpretation nötig ist, basiert auch nicht auf normativen Vorgaben, sondern entspricht eher dem *principle of charity*, wie es Donald Davidson formuliert hat: Man geht davon aus, dass das, was andere sagen bzw. auf andere Weise mitteilen, bestimmten, mehr oder minder verständlichen Intentionalitäten folgt, die als Gründe für Handeln nachvollziehbar sind.[61] Diese Form gegenseitigen Verstehens beruht auf Neugier und aktiver Rezeptivität. Sie ist an Übersetzungsleistungen gebunden, die nach beiden Seiten, sowohl »hinein« in die fremde Sprache wie auch aus dieser »heraus«, führen. Kulturelle Übersetzungstätigkeit in diesem Sinne ist keine statische Transformation von einem Punkt zu einem anderen, sondern ein progressiv-dynamischer Prozess, der Verstehensmöglichkeiten nach beiden Seiten verändert und erweitert. Weit davon entfernt, nach dem Modell einer »transportierbaren Eindeutigkeit oder der formalisierbaren Polysemie« zu funktionieren, lässt Übersetzung viele Bedeutungen in der Schwebe und kann als offener Aneignungsprozess beschrieben werden.[62]

Verstehenwollen setzt somit Fremdheitserfahrung voraus. Beim Schreiben der Geschichte finden Historiker/innen immerzu Unvertrautes vor, und es stellen sich Fragen nach dem Zusammenhang verstreuter Artefakte, schriftlicher Quellen und Hypothesen. Ob man dann eine »Verfremdung« der erzählten Geschichten anstrebt oder das, was man glaubt erkennen zu können, in den eigenen Verstehenshorizont zu integrieren versucht, ist eine Frage der Wahl. Nach dem Motto »La réalité dépasse la fiction« kann es sich in vielen Fällen als sinnvoll erweisen, auf ein Bemühen um Verstehen zu setzen. Denn nur so lassen sich die widersprüchlichen Momente im Denken, Fühlen und Handeln von Menschen herausarbeiten. Der Blick auf den Menschen verliert durch das Wissen um dessen Abhängigkeit von materiellen Voraussetzungen und von kulturellen Codes sowie um dessen Verflochtenheit mit einem symbolischen Universum keineswegs an Faszination.

Heute, in einer Zeit, in der neue Medien (Computer, Internet) und grenzüberschreitend expandierende kommunikative Netzwerke (Globalisierung) das Sensorium für die Bedeutung des Lokalen, d.h. der lokalen Kontexte, in denen Menschen leben, wiederum geschärft haben, lassen sich die beiden Dimensionen einer symmetrischen Anthropologie in Forschungsfragestellungen übersetzen, die auch einen neuen Blick für die Vergangenheit öffnen: Da, wo »Kulturkreise« oder Religionen bisher in ihrer Binnenkohärenz und ihrer symbolischen Autarkie analysiert wurden, zeigen sich nun wichtige Elemente einer *shared history*, einer geteilten Geschichte, die durch Kulturtransfers, durch interkulturellen Austausch und durch Transkulturation geprägt wurde. Es lassen sich zudem vergleichbare Deutungsmuster und Reaktionsmechanismen auf soziale Problemlagen erkennen, die in ihrer Wahrnehmung allerdings wiederum kulturell codiert sind, so dass sie aus der jeweiligen Binnensicht kaum aufeinander bezogen werden können. Der experimentelle Umgang mit theoretischen Zugängen, die Veränderung von Beobachtungsmaßstäben und -standpunkten sowie der Perspektivenwechsel von außen nach innen und wieder zurück bieten bisher wenig ausgeschöpfte Möglichkeiten für historisch-anthropologische Untersuchungen. Dasselbe gilt für die Analyse der medialen und soziotechnischen Systeme, welche die Bedingungen für die menschliche Lebensführung verändern und die kommunikative Interaktion im globalen Maßstab beschleunigen. Aus der Sicht einer symmetrischen Anthropologie geht es hier weder um den Nachweis eines technischen Selbstlaufes noch um die Darstellung menschlicher Werkzeugentwicklung. Vielmehr stellt sich die Aufgabe, die entstehenden und sich rhizomartig ausbreitenden Netzwerke zu analysieren. Diese kommen durch die Verbindung und Vermischung natürlicher Eigenschaften und kultureller Fähigkeiten zustande, was diese Unterscheidung zugleich auflöst. Mit der sozialen Dynamik dieser Netzwerke werden Ein- und Ausschließungsmechanismen in Gang gesetzt, die nicht nur neue Formen soziokultureller Ungleichheit erzeugen, sondern auch die kulturelle Geographie des 19. und 20. Jahrhunderts in einer Weise transformieren, welche die etablierten Stereotypen des »Eigenen« und des »Fremden« selbst zum historischen Echoeffekt machen. Mit dieser Gegenwartserfahrung verlagern sich auch das Interesse an der Vergangenheit und die Fragen an die Geschichte: Es zeigt sich die historische Tiefendimension der *shared history*. Und es wird deutlich, wie künstlich die Natur-Kultur-Differenz schon immer war. Eine Historische Anthropologie, die sich das bewusst macht, öffnet neue und interdisziplinäre Perspektiven der Forschung.

1 Michel Serres, Mémoire et oubli, in: ders., L'incandescent, S. 60.
2 Latour, Wir sind nie modern gewesen, S. 154.
3 Arendt, Vita activa, S. 16.
4 So der Buchtitel von Kristeva, Fremde sind wir uns selbst.
5 Während aktuelle »Kulturkreistheorien« (à la Huntington) das Gefahrenmoment, das vom »Fremden« ausgeht, betonen und entsprechende Abwehrmaßnahmen legitimieren, erweisen sich kulturrelativistische Positionen häufig als unfähig, ein kritisches Verhältnis zu »anderen Kulturen« einzunehmen und Ungerechtigkeit und Verbrechen zu kritisieren. Vgl. Huntington, Kampf der Kulturen. Gegen Huntington lässt sich mit Richard Rorty sagen, dass der Relativismus nur für jene Universalisten ein Problem ist, die über eine objektive Grundlage für ein Gleichheitspostulat meinen verfügen zu müssen. Vgl. dazu Rabinow, Anthropologie der Vernunft, S. 63.
6 So wird das Problem dargestellt in Calame/Kilani (Hg.), La fabrication.
7 Flusser, Revolution der Bilder, S. 9.
8 Ebenda, S. 10.
9 Wichtig sind hier vor allem die begrifflichen Differenzierungen, die Hannah Arendt unter Rückgriff auf aristotelische Unterscheidungen in die moderne Diskussion eingeführt hat. Arbeiten, Herstellen und Handeln sind grundsätzlich auseinander zu halten. Vgl. Arendt, Vita activa.
10 In der strukturalistischen Lesart des marxschen Werkes wird dieses Frühwerk allerdings als vorwissenschaftlich charakterisiert. Vgl. Althusser/Balibar, Das Kapital lesen.
11 Marx, Manuskripte, in: ders./Engels, Werke, Bd. 40, S. 539.
12 Ebenda, S. 542.
13 Ebenda, S. 541 f.
14 Schmidt, Begriff der Natur, S. 201. Den Begriff der »zweiten Natur« übernimmt Marx von Max Stirner, Der Einzige und sein Eigenthum, Leipzig 1844, S. 90, zit. in: Marx/Engels, Die deutsche Ideologie (1845/46), in: ders./Engels, Werke, Bd. 3, S. 150.
15 Schmidt, Begriff der Natur, S. 8.
16 Marx, Nationalökonomie und Philosophie, in: ders./Engels, Werke, Bd. 40, S. 536.

17 Freud, Das Unbehagen, S. 222.

18 Berger/Luckmann, The Social Construction. Vgl. auch Peter L. Berger, Zur Dialektik von Religion und Gesellschaft. Elemente einer soziologischen Theorie, Frankfurt a.M. 1973, S. 4.

19 Otto Gerhard Oexle, Geschichte als historische Kulturwissenschaft, in: Hardtwig/Wehler, Kulturgeschichte heute, S. 14-40, hier S. 26.

20 Marshall McLuhan, Die magischen Kanäle, Düsseldorf/Wien 1968, S. 17 (Understanding Media 1964).

21 Ebenda, S. 15.

22 Moscovici, Versuche.

23 Ebenda, S. 27.

24 Ebenda, S. 57 ff., S. 86 ff., S. 102 ff.

25 Ebenda, S. 29.

26 Ebenda.

27 Ebenda, S. 124.

28 Ebenda, S. 528.

29 Ebenda, S. 531 f.

30 Rieger, Individualität, S. 475.

31 Ebenda, S. 30.

32 Coulmas, Über Schrift, S. 10.

33 Jack Goody, Einleitung, in: ders. (Hg.), Literalität, S. 8.

34 Coulmas, Über Schrift, S. 12.

35 Goody, Einleitung, S. 19. Eine Kontroverse hat sich an der Frage entzündet, ob das Alphabet »als die optimale Lösung der Verschriftlichungsaufgabe für natürliche Sprachen anzusehen« sei. Der einen These, welche im Alphabet die optimale »Ökonomie des notwendigen Zeicheninventars« sieht und die damit eine universelle Tendenz zur alphabetischen Schrift unterstellt, steht eine andere gegenüber, die das relativer sieht und davon ausgeht, »dass verschiedene Schriftsysteme typologische Unterschiede zwischen den Sprachen reflektieren, in deren Kontext sie entstanden sind«. Coulmas, Über Schrift, S. 18 und S. 28.

36 Kiening, Zwischen Körper und Schrift, S. 12 ff.

37 Ong, Orality and Literacy.

38 Albrecht Koschorke, Alphabetisation und Empfindsamkeit, in: Schings (Hg.), Der ganze Mensch, S. 605-628, hier S. 627 f.

39 Kittler, Optische Medien, S. 138 ff.

40 Rieger, Kybernetische Anthropologie, S. 507.
41 Wiener, Kybernetik; Shannon/Weaver, Mathematical Theory.
42 Jacques Lacan, Das Seminar, Buch II, hg. von N. Haas, Olten 1980, S. 378-380.
43 Friedrich Kittler, Die Welt des Symbolischen – eine Welt der Maschine, in: ders., Draculas Vermächtnis, S. 64. Man muss allerdings sehen, dass auch schon Freud versuchte, das Unbewusste zu algorithmisieren.
44 Lévi-Strauss, Das wilde Denken, S. 308 f. Von diesem Ansatz her kritisiert Lévi-Strauss das dialektische Modell und die metabolische Metaphorik, nach der das von Menschen Hervorgebrachte permanent wieder einverleibt wird, weil der kulturelle Lebensvorgang nur dann am Laufen zu halten sei, wenn dauernd etwas verdaut wird. Für die Kritik des dialektischen Denkens Jean-Paul Sartres verwendet er folgendes Bild: »Indem die historische Vernunft diese [die Anderen] auf Mittel reduziert, die gerade gut genug sind, ihren philosophischen Appetit zu stillen, huldigt sie einer Art intellektuellem Kannibalismus, der in den Augen des Ethnographen weit empörender ist als der eigentliche.« Vgl. Lévi-Strauss, Das wilde Denken, S. 297. Friedrich Kittlers – von Werner Hamacher übernommene – These geht davon aus, in diesem dialektischen Inkorporationsprozess sei Unverdauliches wieder ausgeschieden worden. Die Kulturwissenschaften seien im 19. Jahrhundert als eine »Resteverwertung idealistischer Abfälle« aufgetreten. Vgl. Kittler, Kulturgeschichte S. 132.
45 Blumenberg, Anthropologische Annäherungen, S. 115.
46 Vgl. dazu Rees/Caduff, Anthropos plus Logos, S. 24 f.
47 Vgl. Rabinow, Essays, und ders., Making PCR.
48 Martin Heidegger, Frage nach der Technik; zum Verhältnis von Marx und Heidegger vgl. auch Kittsteiner, Mit Marx für Heidegger.
49 Vgl. dazu Kittler, Kulturgeschichte, S. 242 ff.
50 Polanyi, Implizites Wissen, S. 33 ff.
51 Ebenda, S. 36.
52 Für diese Austauschvorgänge wird auch der Begriff der »Transkulturation« (in Anlehnung an das einseitige Konzept der Akkulturation) verwendet. Vgl. Burke, Kultureller Austausch.
53 Geertz, Anti-Anti-Relativism.
54 Benhabib, Claims of Culture.

55 Tzvetan Todorov, Die Eroberung Amerikas. Das Problem des Anderen, Frankfurt a.M 1992.
56 Sahlins, Historical Metaphors and Mythical Realities; ders., Inseln der Geschichte.
57 Vgl. dazu Thomas, Out of Time, S. 104.
58 Vgl. Kaufmann, Die ›Wilden‹.
59 Ebenda, S. 72.
60 Albert Wirz, Das Bild vom anderen. Möglichkeiten und Grenzen interkulturellen Verstehens, in: Brockner/Nau (Hg.), Ethnozentrismus, S. 153-169.
61 Donald Davidson spricht neben Konsistenzunterstellung auch von Wahrheitsunterstellung, was hier nicht im Vordergrund steht. Der Begriff »Principle of Charity« wurde bereits 1959 von Neil Wilson und später von Willard Van Orman Quine verwendet, um die Haltung eines Linguisten zu bezeichnen, der »im Feld« ein Übersetzungsmanual für eine ihm radikal fremde Sprache erarbeiten will und der nun die Identifikation logischer Konstanten anstrebt. Vgl. Donald Davidson, A Coherence Theory of Truth and Knowledge, in: E. LePore (Hg.), Truth and Interpretation. Perspectives on the Philosophy of Donald Davidson, New York 1986, S. 307-319.
62 Hans-Dieter Gondek, Nachwort des Übersetzers, in: Jacques Derrida, Geschlecht (Heidegger). Sexuelle Differenz, ontologische Differenz, Heideggers Hand (Geschlecht II), Wien 1988, S. 107. Vgl. auch Graham (Hg.), Difference in Translation; Koller, Einführung.

7. Epilog: Der »rationale Mensch«

In Stanley Kubricks *2001: A Space Odyssey* werden wir in den Eingangsszenen Zeugen eines Lichtmoments der Kulturevolution, der in einen phantastischen Zeitraffer überführt wird: Dem soeben noch stupiden Hominiden geht im Anblick eines Knochens auf, dass er das Material, aus dem er selber zu einem Gutteil besteht, als Werkzeug und Waffe einsetzen kann. Nach diesem Geistesblitz schleudert er triumphierend das Artefakt in den offenen Himmel, wo es, sich um seine Achse drehend, entschwindet, ... um im sanften Schnitt als rotierende weiße Raumstation wieder zu erscheinen. Die Überblendung des ersten Aktes instrumenteller Selbstermächtigung eines intelligenten Lebewesens und der Reise durch die Galaxien überbrückt in der filmischen Simulation vier Millionen Jahre in wenigen Sekunden. Konstanz und Diskontinuität gehen raffiniert ineinander über: Während bei der Entwicklung des technischen Geräts ein technischer Quantensprung nötig war, um dem Menschen das Abheben vom kleinen blauen Planeten zu ermöglichen, ist die Kreisbewegung, die in der Beziehung zwischen Dingen und Kräften steckt, geblieben.

Die *Space Odyssey* beginnt mit der Handhabung eines Knochens – von knöchernen Überresten ist auch zu Beginn dieses Buches die Rede. Eine Variante der Historischen Anthropologie versucht, diesem organischen Stoff mit naturwissenschaftlichen Methoden neue Einsichten abzugewinnen. Die dominierenden Richtungen historisch-anthropologischer Forschung sehen im

Menschen hingegen ein *zoon symbolicon*, ein kulturell vergesellschaftetes Wesen, zu dessen Erforschung Knochen nichts beitragen können. In diesem Buch wurde argumentiert, dass Knochen als Leitfossil der physischen Anthropologie in der Historischen Anthropologie tatsächlich ebenso ausgedient haben wie die Annahme, der Mensch des Weltraumzeitalters sei letztlich der gleiche Affe geblieben, welcher der Australopithecus schon war, der einst in der Savanne den Knochen himmelwärts geworfen hat. Doch wenn Überreste der Vergangenheit als Materialität analysiert werden, um Spuren kultureller Praktiken (Ernährung, Krankheiten, medizinische Techniken, Übergangsriten etc.) erkennbar zu machen, dann bleiben auch Knochen als Forschungsobjekt der Historischen Anthropologie relevant. Um diese Spuren zu interpretieren, ist allerdings ein Interpretationsansatz notwendig, der vom komplementären Problem der Abhängigkeit der Kultur vom Körper und der Historizität, d.h. der kulturellen Wandelbarkeit des Körpers ausgeht. Historische Anthropologie, wie sie in den vorangehenden Kapiteln vorgestellt wurde, strebt eine solche Doppelperspektive an. Dabei macht sie den Versuch, die Natur, die in der Moderne als überzeitliche Kategorie fungierte, wiederum in die Kultur zu integrieren, womit sich nicht nur der Kulturbegriff verändert, sondern die Gegenüberstellung von Natur und Kultur insgesamt fragwürdig wird.

Auf eine einheitswissenschaftliche Betrachtungsweise, wie sie nach dem Zweiten Weltkrieg vor allem mittels der Sprache der Kybernetik angestrebt wurde, läuft diese Anstrengung allerdings nicht hinaus. Aus der Lösung wissenschaftlicher Probleme resultieren neue Fragen und überschüssiges Wissen, welche die innerwissenschaftliche Differenzierung vorantreiben. Auch künftig werden unterschiedliche wissenschaftliche Forschungsmethoden, Erklärungsmodelle und Beschreibungsmodi koexistieren und interagieren. Historische Anthropologie versteht sich in dieser anhaltenden Pluralität der Wissenschaft als ein integrierender Ansatz, der es ermöglicht, verschiedene Formen der Inter- und der Transdisziplinarität zu erproben.

Im vierten Kapitel wurden zwei Autoren vorgestellt, die den menschlichen Körper auf angemessene Weise zu denken ermöglichen: Marcel Mauss und Gilbert Ryle.[1] In ihrer Leiblichkeit sind Menschen Einschränkungen unterworfen. Um fliegen zu können, müssen sie materielle Artefakte einsetzen, die sie lange erträumt und schließlich gebaut haben. Mauss hat im Zusammenhang mit der Reform der französischen Kriegsmarine nach dem Ersten Weltkrieg dargelegt, dass auch Schwimmen, für das keine speziellen technischen Geräte benötigt werden, alles andere als »natürlich« ist. Er beschreibt diese Fertigkeit, sich im Wasser fortzubewegen, welche die Matrosen nun gleichsam auf Kommando zu erlernen hatten, als eine elaborierte »Technik des Körpers«. Ryles Theorie weist weitgehende Affinitäten zum Technikkonzept von Mauss auf. Sie unterminiert zunächst die weit verbreitete Vorstellung des »Geistes« als eines »Gespensts im Körper«. »Geist« ist für Ryle an Können und damit an das Erlernen von Fertigkeiten gebunden, das wiederum intellektuelle Fähigkeiten voraussetzt: »Ich hätte nicht Brustschwimmen lernen können, wenn ich die Anweisungen nicht verstanden hätte; aber ich muß nun beim Brustschwimmen diese Anweisungen nicht aufsagen.«[2] Das Antrainieren eines Automatismus wird von Mauss als eine Verschränkung von Institution und Individuum beschrieben: der kollektive Körper (»die Kriegsmarine«) und die individuellen Körper (die Matrosen) lernen gleichzeitig schwimmen; das eine setzt das andere voraus.

Es gibt kulturwissenschaftliche Theorien, die Marcel Mauss gegen einen historisch-anthropologischen Ansatz zu wenden versuchen. Wenn Friedrich Kittler aus dem Sachverhalt, dass die von Mauss erwähnten französischen Marinesoldaten »in corpore« schwimmen lernen mussten, schließt, damit könne man den einzelnen Menschen vergessen, so bringt er sich unnötigerweise um Denkmöglichkeiten.[3] Historisch-anthropologische Studien zeigen, dass es eben durchaus interessant ist zu erforschen, was die Soldaten davon gehalten haben, »wassertüchtig« gemacht zu werden. Verstanden sie das als Zumutung, interpretierten sie das als ihrer Sicherheit dienlich, oder machte es ihnen ganz einfach Spaß? Schrieben sie Postkarten über Schwimmübungen und Unglücksfälle? Gibt es offizielle Rapporte oder inoffizielle Aufzeichnungen, welche auf Implementierungsprobleme dieser Körpertechnik, auf Widerstände und organisatorische Reibungsverluste hinweisen? Existieren Bilder, welche Bekleidung und Ausrüstung zeigen? Gibt es musealisierte Gegenstände oder Artefakte, die einfach irgendwo liegen geblieben sind? Das sind Fragen, die im Theoriehorizont von Marcel Mauss angelegt sind.[4] Die Historische Anthropologie tut auch künftig gut daran, ihr Interesse für Subjektivierungsformen und Selbstdeutungen nicht einem reduktionistischen Kultur- und Technikverständnis zu opfern.

Das Subjekt ist allerdings keine eindeutige Kategorie. Dem Sinne von *subiectum* entsprechend ist es sowohl das Zugrundeliegende wie auch das Unterworfene.[5] Zu sagen, Menschen seien Ausdruck ihrer Kultur – da dieser unterworfen –, ist ebenso richtig, wie zu sagen, die Kultur sei Ausdruck des Menschen – da ihr dieser zugrunde liegt. Aus diesem Zirkel führt kein Weg heraus. Die Historische Anthropologie hat darauf auf unterschiedliche Weise reagiert. Einerseits wurden Studien vorgelegt, welche die Prägung von Menschen durch die Kultur, in der sie leben, darstellen. Andererseits wurde die Entstehung sozialer Strukturen und gesellschaftlicher Institutionen aus Handlungsmustern erklärt, welche sich nicht von den Situationsdeutungen und vom Selbstverständnis der einzelnen Akteure ablösen lassen. Ob aus der einen oder der anderen Perspektive: Vertreter der Historischen Anthropologie haben im Verlaufe der vergangenen Jahrzehnte die Geschichte des Alltagslebens, der Gewohnheiten, der Reproduktion und Veränderung menschlicher Lebensweisen zum Gegenstand historischer Forschung gemacht. Sie analysieren soziale Logiken, Kulturtechniken und Formen symbolischer Interaktion in unterschiedlichen gesellschaftlichen Kontexten. Sie öffnen neue Zugänge zur Untersuchung von Körperbildern und Gesellschaftsvorstellungen sowie von Reinheits- und Verletzungsphantasmen, die sich auf diese beziehen. Sie zeigen mit der Darstellung kultureller Vielfalt, wie unterschiedlich nicht nur die Selbstwahrnehmungen, sondern auch die Deutungen des Fremden waren und noch immer sind. Damit stellt sich das Problem des interkulturellen Verstehens jenseits eines kulturellen Relativismus und menschlichen Universalismus. Und indem historisch-anthropologische Studien versuchen, Interpretationsperspektiven »von den Rändern« her zu entwickeln, gelingt es, subtile und schroffe Formen der Stigmatisierung, der Ausgrenzung, der Diskriminierung, der Kriminalisierung und Unterdrückung aufzuzeigen und die sozialen Mechanismen sowie die ideologischen Legitimationsstrategien zu analysieren, die solche Ein- und Ausschließungsvorgänge vorantreiben. Dieses Interesse für verschiedenste Dimensionen sozialer Ungleichheit ist in letzter Zeit stärker geworden, womit sich auch eine Erweiterung der Historischen Anthropologie um sozialhistorische Fragestellungen abzeichnet.

Ein wichtiges Desiderat bleibt die angemessene Definition des Begriffs der Handlung und der Praxis. Auch wenn Menschen nicht die autonomen, rationalen, selbsttransparenten Subjekte sind, als die sie sich selbst häufig sehen, so machen sie doch Bilder von sich und unterstellen anderen Menschen Absichten. Die Untersuchung der so entstehenden Rationalitätsformen, die zu gesellschaftlichen Institutionen gerinnen, bietet einen produktiveren Zugang zur Historischen Anthropologie als menschliche »Wesensfragen«. Der Begriff der »Rationalität« bedarf allerdings einer doppelten Präzisierung bzw. Relativierung: *Erstens* entstehen in jedem Geflecht von Handlungsabsichten wiederum unbeabsichtigte Wirkungen. Handelnde Subjekte erleben somit dauernd Überraschungen und finden sich mit Bedingungen konfrontiert, die sie nicht gewollt haben und deren Zustandekommen sie nicht durchschauen. Dennoch haben Menschen Gründe für ihr Handeln. Meist geht es – und dies ist der *zweite Punkt*, den es zu beachten gilt – um Rationalisierungen, d.h. um Zurechtlegungen, um konstruierte Gründe, mit denen Handelnde sich das, was sie tun, selber erklären oder anderen gegenüber rechtfertigen. Die Historische Anthropologie hat sich bisher mit beträchtlichem analytischen Gewinn für die argumentativen Muster interessiert, mit deren Hilfe Menschen ihre Handlungen »rationalisieren«.

Auf dem Umschlagbild dieses Buches ist der *uomo razionale* (der »rationale« oder »rationelle« Mensch) von Nicolay Diulgheroff[6] abgebildet. Hier weist der Begriff des »Rationalen« eine weitere Bedeutungsdimension auf. Diulgheroff, 1901 in Bulgarien geboren, malte das Bild mit Spiralenkopf, Sonnenblick, Cello und Fließband im Jahr 1928, im selben Jahr, in dem in Turin auch die erste Ausstellung für neofuturistische Architektur eröffnet wurde. Der Futurismus diente sich beim faschistischen Regime an, bildete jedoch eine Formensprache und ein Technikverständnis heraus, die etwa der marxistische Theoretiker Antonio Gramsci zu Beginn der 1920er Jahre auch in der avantgardistischen Massenkunst der Russischen Oktoberrevolution erkannt hatte. Eben deshalb plädierte er dafür, die Futuristen nicht einfach als politisch rechts stehende Gruppierung abzustempeln, sondern ihr innovatives Potenzial ernst zu nehmen. Diulgheroff spezialisierte sich in der Folge zunehmend auf die Architektur. Der bekannteste futuristische Theoretiker der »Stadt der Zukunft«, Antonio Sant'Elia, schrieb im Juli 1914 (zwei Jahre vor seinem Tod in einer der Materialschlachten des Ersten Weltkriegs) im *Manifest über Futuristische Architektur*, es gehe darum, »das futuristische Haus von Grund auf neu zu schaffen, es mit allen Hilfsmitteln der Wissenschaft und der Technik zu bauen«, denn »diese Architektur kann nicht den Gesetzen der geschichtlichen Kontinuität unterliegen. Sie muss neu sein, wie unser Gemütszustand neu ist.«[7] Sant'Elia situierte die Gegenwart in einem Diskontinuum zur Vergangenheit – ebendiese Intention finden wir im technomorphen Menschenbild Diulgheroffs. Der »Gemütszustand« seines *uomo razionale* findet seinen Ausdruck in den Artefakten, aus denen er besteht. Die Rationalisierung und Technisierung der Welt schlägt zurück auf das Innere. In das schwarze Loch der Sonne blickend, könnte dem *uomo razionale* gerade der Geistesblitz kommen, dass die Vorstellungen, die er sich von der Welt macht, ihn auch in Räume und Zeiten tragen werden, die er heute nur erahnt.

Anmerkungen

1 Mauss, Techniken des Körpers, S. 197-220; Ryle, Begriff des Geistes.

2 Ryle, Begriff des Geistes, S. 59 f. und 383 ff; Zitat S. 60.

3 Kittler, Kulturgeschichte, S. 215 f.

4 Claude Lévi-Strauss schrieb 1974 im Vorwort zur Aufsatzsammlung *Soziologie und Anthropologie*, die »totale soziale Tatsache«, um deren Analyse es Mauss in den dort versammelten Texten gehe, stelle sich dreidimensional dar: soziologisch-synchron, historisch-diachron und psychologisch. »Diese dreifache Annäherung kann sich nun allein in Individuen vollziehen.« Vgl. Claude Lévi-Strauss, Einleitung in das Werk von Marcel Mauss, in: Mauss, Soziologie und Anthropologie, Bd. 1, S. 20.

5 Vgl. Ricken, Menschen.
6 Abbildung aus: Pontus Hulten (Red.), Futurismo & Futurismi, Mailand 1986, S. 332.
7 Antonio Sant'Elia, Die futuristische Architektur, in: Wolfgang Asholt/ Walter Fähnders (Hg.), Manifeste und Proklamationen der europäischen Avantgarde (1909-1938), Stuttgart/Weimar 1995, S. 85.

Dank

Die Idee zu diesem Buch entstand während meines Aufenthaltes am *Wissenschaftskolleg zu Berlin* im akademischen Jahre 2001/02. Die interdisziplinäre Herausforderung, welche das geistig produktive Ambiente am Halensee prägt, lässt einen nicht nur mit vielen Anregungen, sondern intellektuell etwas dezentriert zurück. Was tun angesichts der tagtäglich erfahrbaren *disunity of science*, die sich in einer babylonischen Vervielfältigung der Expertensprachen äußert? Soll man sich in dieser unübersichtlichen Situation doch wieder in die eigene disziplinäre Wagenburg zurückziehen, um im transdisziplinären Durcheinander eine klare Position markieren zu können? Oder soll man sich für alles interessieren und dabei Gefahr laufen, den Eindruck eines unbeschwerten wissenschaftlichen Globaldilettanten zu hinterlassen? Ich habe versucht, diese Alternative zu meiden, hatte jedoch eine klare Präferenz für Horizonterweiterung. Ohne die vielfältigen Impulse, die ich in diesem Jahr erhielt, hätte ich dieses Buch, das sich – aus der Sicht eines Historikers – in verschiedenes Neuland vorwagt, nicht schreiben können. Dem Wissenschaftskolleg möchte ich deshalb in erster Linie danken.

Eine weitere Station im Labyrinth interdisziplinären Arbeitens war im Herbst 2002 das *Max-Planck-Institut für Wissenschaftsgeschichte* in Berlin; Hans-Jörg Rheinberger und Michael Hagner danke ich für die Einladung. In Berlin waren auch Diskussionen mit Peter Schöttler wichtig für die Konzipierung des

Buchprojekts. Erste Überlegungen zum Zusammenhang zwischen Geschichtswissenschaft und Hirnforschung habe ich dann im Frühjahr 2003 am *Centre Marc Bloch* in Berlin vorgetragen. Während eines *sabbaticals* im Wintersemester 2003/04 erwies sich ein Aufenthalt in der *Maison des sciences de l'homme* in Paris als ausgezeichnete Förderung. Maurice Aymard hat mich mit seiner Einladung aus dem administrativen Betrieb der Heimuniversität herausgeholt und mir nochmals die Gelegenheit ungestörten Schreibens verschafft. Gespräche mit einer Reihe von französischen Historiker/innen, insbesondere mit Sabina Loriga und auch mit Peter Becker (der ebenfalls Fellow in der *Maison Suger* war) haben mir neue Ausblicke auf das Thema eröffnet.

Für die Klärung verschiedener Probleme waren auch Eberhard Ortland (Berlin), Doris Kaufmann (Berlin/Bremen) und Valentin Groebner (Zürich/Luzern) kundige Gesprächspartner; Anregungen erhielt ich des Weiteren von Mitherausgeber/innen der *Historischen Anthropologie* und den Kollegen des in Zürich als *joint venture* zwischen Universität und Eidgenössisch Technischer Hochschule neu gegründeten *Competence Center for the History of Knowledge*: David Gugerli, Michael Hagner, Michael Hampe und Philipp Sarasin. Dass Historische Anthropologie eine facettenreiche Thematik ist, in der sich viele aktuelle Kontroversen überlagern, machte sich in Diskussionen bemerkbar, in denen sich auch theoretische Divergenzen öffneten. Jene, mit denen ich über dieses Buch diskutieren konnte, haben viele Einfälle geliefert, die nicht speziell ausgewiesen sind; für die Argumentationslinie des Buches sowie für Unterlassungen und fortbestehende Unklarheiten bin ich allerdings allein verantwortlich. In der Schlussphase der Manuskriptgestaltung konnte ich mich neben dem aufmerksamen Lektorat des Verlags auf die Mitarbeit von Ariane Winkler verlassen, die bei der Redaktionsarbeit formale Exaktheit mit inhaltlichem Sachverstand verband.

Während der ganzen Arbeit am Buch und besonders während der Zeit, die ich schreibend in Berlin-Kreuzberg verbrachte, hat mich Simone Mahrenholz mit inspirierenden Interventionen auf verwegene Pfade philosophischen Denkens gebracht und – wenn ich mich zu verlieren drohte – wieder auf jenen soliden Weg zurück gewiesen, ohne den ein Manuskript zu einem grenzenlosen Thema nie fertig werden würde. Ihr gilt ein ganz spezieller Dank.

Zürich, im Juli 2004 Jakob Tanner

Anhang

Literaturhinweise

1. Einführungen und Überblicksartikel

Axel, Brian Keith, Introduction. Historical Anthropology and its Vicissitudes, in: ders. (Hg.), From the Margins. Historical Anthropology and its Futures, Durham/London 2002, S. 1-44.

Burghartz, Susanna, Historische Anthropologie/Mikrogeschichte, in: Günther Lottes/Joachim Eibach (Hg.), Kompass Geschichtswissenschaft, Göttingen 2002, S. 206-218.

Burguière, André, Historische Anthropologie, in: Jacques Le Goff/Roger Chartier/Jacques Revel (Hg.), Die Rückeroberung des historischen Denkens. Grundlagen der Neuen Geschichtswissenschaft, Frankfurt a.M. 1994, S. 62-102.

Daniel, Ute, Alltagsgeschichte, Historische Anthropologie, in: dies., Kompendium Kulturgeschichte. Theorien, Praxis, Schlüsselwörter, Frankfurt a.M. 2001, S. 298-313.

Dressel, Gert, Historische Anthropologie. Eine Einführung, Wien/Köln/Weimar 1996.

Dülmen, Richard van, Historische Anthropologie. Entwicklung, Probleme, Aufgaben, Köln/Weimar/Wien 2001.

Kaser, Karl/Siegfried Gruber/Robert Pichler (Hg.), Historische Anthropologie im südöstlichen Europa. Eine Einführung, Wien/Köln/Weimar 2003.

Lüdtke, Alf, Alltagsgeschichte, Mikro-Historie, historische Anthropologie, in: Hans-Jürgen Goertz (Hg.), Geschichte. Ein Grundkurs, Reinbek b. Hamburg 1998, S. 557-578.

Medick, Hans, Historische Anthropologie, in: Stefan Jordan (Hg.), Lexikon Geschichtswissenschaft. Hundert Grundbegriffe, Stuttgart 2002, S. 157-161.

Süssmuth, Hans (Hg.), Historische Anthropologie. Der Mensch in der Geschichte, Göttingen 1984.
Vogel, Jakob, Historische Anthropologie, in: Christoph Cornelissen (Hg.), Geschichtswissenschaften. Eine Einführung, Frankfurt a.M. 2000, S. 295-306.
Viazzo, Pier Paolo, Introduzione all'anthropologia storica, Roma/Bari 2000.
Wulf, Christoph, Vom Menschen. Handbuch Historische Anthropologie, Weinheim/Basel 1997.
Ders., Grundzüge und Perspektiven Historischer Anthropologie, in: ders./Dietmar Kamper (Hg.), Logik und Leidenschaft. Erträge Historischer Anthropologie, (Reihe Historische Anthropologie, Sonderband), Berlin 2002, S. 1099-1122.
Wunder, Heide, Kulturgeschichte, Mentalitätengeschichte, Historische Anthropologie, in: Richard van Dülmen (Hg.), Fischer Lexikon Geschichte, (2. Aufl.), Frankfurt a.M. 1995, S. 65-86.

2. Prämissen, Theorie, Methodologie der Historischen Anthropologie

Acham, Karl, Soziale Universalien und sozialwissenschaftliche Anthropologie, in: Peter M. Hejl (Hg.), Universalien und Konstruktivismus, Frankfurt a.M. 2001, S. 95-125.
Adam, Karl/Winfried Schulze (Hg.), Teil und Ganzes. Zum Verhältnis von Einzel- und Gesamtanalyse in Geschichts- und Sozialwissenschaften, München 1990.
Adorno, Theodor W., Minima Moralia. Reflexionen aus dem beschädigten Leben, Frankfurt a.M. 2001 (erstmals 1951).
Ders., Negative Dialektik, Frankfurt a.M. 1970.
Alcock, John, The Triumph of Sociobiology, Oxford 2001.
Alexandrov, Daniel A., The Historical Anthropology of Science in Russia, in: Russian Studies in History, Vol. 34, Nr. 2, 1995, S. 62-91.
Algazi, Gadi, Kulturkult und die Rekonstruktion von Handlungsrepertoires, in: L'homme. Zeitschrift für feministische Wissenschaft, Nr. 11, 2000, S. 105-119.

Althusser, Louis/Etienne Balibar, Das Kapital lesen, 2 Bde., Reinbek b. Hamburg 1972.

Angehrn, Emil, Interpretation und Dekonstruktion. Untersuchungen zur Hermeneutik, Weilerswist 2003.

Arendt, Hannah, Vita activa – oder: Vom tätigen Leben, München 1967.

Asad, Talal, Übersetzen zwischen den Kulturen. Ein Konzept der britischen Sozialanthropologie, in: Eberhard Berg/Martin Fuchs (Hg.), Kultur, soziale Praxis, Text. Die Krise der ethnographischen Repräsentation, Frankfurt a.M. 1993, S. 300-334.

Ashcroft, Bill/Gareth Griffith/Helen Tiffin (Hg.), Key Terms in Post-Colonial Studies, London 1998.

Augé Marc, Non-Lieux. Introduction à une anthropologie de la surmodernité, Paris 1992.

Aurich, Rolf/Wolfgang Jacobsen/Gabriele Jatho (Hg.), Künstliche Menschen. Manische Maschinen. Kontrollierte Körper, Berlin 2000, S. 13-42.

Axel, Brian Keith (Hg.), From the Margins. Historical Anthropology and its Futures, Durham/London 2002.

Baechler, Jean, Nature et histoire, Paris 2000.

Barberi, Alessandro, Clio verwunde(r)t. Hayden White, Carlo Ginzburg und das Sprachproblem der Geschichte, Wien 2000.

Ders. (Hg.), Historische Medienwissenschaft, Wien 2003.

Barth, Frederik, Scale and Social Organization, Oslo 1978.

Ders., The Analysis of Culture in Complex Societies, in: Ethnos, Vol. 54, Heft 3/4, 1989, S. 120-142.

Bateson, Gregory, Ökologie des Geistes. Anthropologische, psychologische, biologische und epistemologische Perspektiven, Frankfurt a.M. 1996 (erstmals 1972).

Belting, Hans, Bild-Anthropologie. Entwürfe für eine Bildwissenschaft, München 2001.

Benhabib, Seyla, The Claims of Culture. Equality and Diversity in the Global Era, Princeton 2002.

Bensa, Alban, De la micro-histoire vers une anthropologie critique, in: Jacques Revel (Hg.), Jeux d'échelles. La micro-analyse à l'expérience, Paris 1996, S. 37-70.

Berger, Peter L., The Capitalist Revolution. Fifty Propositions about Prosperity, Equality, and Liberty, New York 1986.

Bergmann, Klaus/Rolf Schörken (Hg.), Geschichte im Alltag – Alltag in der Geschichte, Düsseldorf 1982.

Berliner Geschichtswerkstatt (Hg.), Alltagskultur, Subjektivität und Geschichte. Zur Theorie und Praxis von Alltagsgeschichte, Münster 1994.

Blacking, John (Hg.), The Anthropology of the Body, London/New York/San Francisco 1977.

Bloch, Marc/Fernand Braudel/Lucien Febvre et al., Schrift und Materie der Geschichte. Vorschläge zur systematischen Aneignung historischer Prozesse, hg. von Claudia Honegger, Frankfurt a.M. 1977.

Bloch, Maurice E.F., How we think they think. Anthropological Approaches to Cognition, Memory and Literacy, Boulder 1998.

Blumenberg, Hans, Anthropologische Annäherungen an die Aktualität der Rhetorik, in: ders., Wirklichkeiten, in denen wir leben. Aufsätze und eine Rede, Stuttgart 1981, S. 104-136.

Ders., Die Lesbarkeit der Welt, Frankfurt a.M. 1986.

Böhme, Gernot, Anthropologie in pragmatischer Hinsicht, (Darmstädter Vorlesungen), Frankfurt a.M. 1985.

Böhme, Hartmut/Gernot Böhme, Das Andere der Vernunft. Zur Entwicklung von Rationalitätsstrukturen am Beispiel Kants, Frankfurt a.M. 1985.

Bourdieu Pierre, Entwurf einer Theorie der Praxis auf der ethnologischen Grundlage der kabylischen Gesellschaft, Frankfurt a.M. 1979.

Ders., Praktische Vernunft. Zur Theorie des Handelns, Frankfurt a.M. 1998.

Boyd, Robert/Peter J. Richerson, Culture and the Evolutionary Process, Chicago/London 1985.

Braudel, Fernand/Lucien Febvre/Arnaldo Momigliano, Der Historiker als Menschenfresser. Über den Beruf des Geschichtsschreibers, Berlin 1990.

Braun, Christina von (Hg.), Gender-Studien. Eine Einführung, Stuttgart 2000.

Brockner, Manfred/Heino Nau (Hg.), Ethnozentrismus. Möglichkeiten und Grenzen des interkulturellen Dialogs, Darmstadt 1997.

Bromley, Roger/Udo Göttlich/Carsten Winter (Hg.), Cultural Studies. Grundlagentexte zur Einführung, Lüneberg 1999.

Buchanan, Mark, Ubiquity. The Science of History ... Or why the World is Simpler than we think, London 2000.

Burguière, André, Der Begriff der ›Mentalitäten‹ bei Marc Bloch und Lucien Febvre. Zwei Auffassungen, zwei Wege, in: Ulrich Raulff (Hg.), Mentalitäten-Geschichte. Zur historischen Rekonstruktion geistiger Prozesse, Berlin 1987, S. 33-49.

Burke, Peter (Hg.), New Perspectives on Historical Writing, Oxford 1992.

Calame, Claude/Mondher Kilani (Hg.), La fabrication de l'humain dans les cultures et en anthropologie, Lausanne 1999.

Callon, Michel, Éléments pour une sociologie de la traduction. La domestication des coquilles Saint-Jacques et des marins pêcheurs en baie de Saint-Brieuc, in: L'année sociologique, Bd. 36, 1986, S. 169-208.

Certeau, Michel de, Das Schreiben der Geschichte, Frankfurt a.M./New York 1991.

Chartier, Roger, Die unvollendete Vergangenheit. Beziehungen zwischen Philosophie und Geschichte, in: ders., Die unvollendete Vergangenheit. Geschichte und die Macht der Weltauslegung, Berlin 1989, S. 21-36.

Childs, Peter/R.J. Patrick Williams, An Introduction to Post-Colonial Theory, London/New York 1997.

Ciompi, Luc, Die emotionalen Grundlagen des Denkens. Entwurf einer fraktalen Affektlogik, Göttingen 1997.

Clifford, James/George E. Marcus (Hg.), Writing Culture. The Poetics and Politics of Ethnography, Berkeley 1986.

Cockburn, Andrew, Evolutionsökologie, Stuttgart 1995 (übers. und bearb. von Ralf-Gerd Cordes und Andreas Kaschuba-Holtgrave; ill. von Karina Hansen).

Cohn, Bernard S., History and Anthropology. The State of Play, in: Comparative Studies in Society and History, Vol. 22, 1980, S. 198-221.

Conrad, Christoph/Martina Kessel (Hg.), Kultur und Geschichte. Neue Einblicke in eine alte Beziehung, Stuttgart 1998.

Conrad, Sebastian/Shalini Randeria (Hg.), Jenseits des Eurozentrismus. Postkoloniale Perspektiven in den Geschichts- und Kulturwissenschaften, Frankfurt a.M. 2002.

Corbin, Alain, Zur Geschichte und Anthropologie der Sinneswahrnehmung, in: ders., Wunde Sinne. Über die Begierde, den Schrecken und die Ordnung der Zeit im 19. Jahrhundert, Stuttgart 1993, S. 197-211.

Ders./Arlette Farge/Michelle Perrot (Hg.), Geschlecht und Geschichte. Ist eine weibliche Geschichtsschreibung möglich?, Frankfurt a.M. 1994.

Crapanzo, Vincent, Imaginative Horizons. An Essay in Literary-Philosophical Anthropology, Chicago 2003.
Davidson, Donald, Rational Animals, in: Dialectica, Nr. 36, 1982, S. 317-328.
Dawkins, Richard, The Selfish Gene, Oxford 1989.
Deleuze, Gilles, Differenz und Wiederholung, München 1992.
Denzau, Arthur T./Douglass North, Shared Mental Models. Ideologies and Institutions, in: Arthur Lupia/Mathew D. McCubbins/Samuel L. Popkin (Hg.), Elements of Reason. Cognition, Choice, and the Bounds of Rationality, Cambridge/New York 2000, S. 23-46.
Derrida, Jacques, Fines hominis, in: ders., Randgänge der Philosophie, Wien 1988 (erstmals 1968), S. 119-141.
Ders., Die Schrift und die Differenz, Frankfurt a.M. 1972.
Devereux, Georges, Angst und Methode in den Verhaltenswissenschaften, Frankfurt a.M./Berlin/Wien 1976.
Dinges, Martin, ›Historische Anthropologie‹ und ›Gesellschaftsgeschichte‹. Mit dem Lebensstilkonzept zu einer ›Alltagskulturgeschichte‹ der Frühen Neuzeit, in: Zeitschrift für historische Forschung, 24, 1997, S. 179-214.
Dosse, François, L'empire du sens. L'humanisation des sciences humaines, Paris 1995.
Douglas, Mary, Ritual, Tabu und Körpersymbolik. Sozialanthropologische Studien in Industriegesellschaft und Stammeskultur, Frankfurt a.M. 1981.
Dies./David Hull (Hg.), How Classification Works. Nelson Goodman among the Social Sciences, Edinburgh 1982.
Dourish, Paul, Where the Action is. The Foundations of Embodied Interaction, Cambridge Mass. u.a. 2001.
Dressel, Gert (Hg.), Mensch – Gesellschaft – Wissenschaft. Versuche einer Reflexiven Historischen Anthropologie, Innsbruck 1999.
Dreyfus, Hubert L./Paul Rabinow, Michel Foucault. Jenseits von Strukturalismus und Hermeneutik, Frankfurt a.M. 1987.
Duby, Georges/Guy Lardreau, Geschichte und Geschichtswissenschaft. Dialoge, Frankfurt a.M. 1982.
Elkana, Yehuda, Anthropologie der Erkenntnis, Frankfurt a.M. 1986.
Emrich, Hinderk M., Psychiatrische Anthropologie, München 1990.
Engell, Lorenz/Joseph Vogl (Hg.), Mediale Historiographien, Weimar 2001.

Eriksen, Thomas Hylland/Finn Sivert Nielsen, A History of Anthropology, London 2001.
Fabian Johannes J., Time and the Other. How Anthropology makes its Objects, New York 1983.
Farge, Arlette, Le goût de l'archive, Paris 1989.
Fauser, Markus, Einführung in die Kulturwissenschaft, Darmstadt 2003.
Fausto-Sterling, Anne, Sexing the Body. Gender Politics and the Construction of Sexuality, New York 2000.
Febvre, Lucien, Das Gewissen des Historikers, Frankfurt a.M. 1990.
Fedrowitz, Jutta/Dirk Matejovski/Gert Kaiser (Hg.), Neuroworlds. Gehirn – Geist – Kultur, Frankfurt a.M./New York 1994.
Fischer, Joachim, Der Dritte. Zur Anthropologie der Intersubjektivität, in: Wolfgang Essbach (Hg.), wir/ihr/sie. Identität und Alterität in Theorie und Methode, Würzburg 2000, S. 103-136.
Flaig, Egon, Geschichte ist kein Text. ›Reflexive Anthropologie‹ am Beispiel der symbolischen Gaben im römischen Reich, in: H.W. Blanke/Friedrich Jaeger/Thomas Sandkühler (Hg.), Dimensionen der Historik. Geschichtstheorie, Wissenschaftsgeschichte und Geschichtskultur heute. Jörn Rüsen zum 60. Geburtstag, Köln/Weimar/Wien 1998, S. 345-360.
Ders., Kinderkrankheiten der Neuen Kulturgeschichte, in: Rainer Maria Kiesow/Dieter Simon (Hg.), Auf der Suche nach der verlorenen Wahrheit. Zum Grundlagenstreit in der Geschichtswissenschaft, Frankfurt a.M./New York 2000, S. 26-47.
Fleck, Ludwik, Entstehung und Entwicklung einer wissenschaftlichen Tatsache. Einführung in die Lehre vom Denkstil und Denkkollektiv, Frankfurt a.M. 1980 (erstmals 1935).
Flusser, Vilém, Die Revolution der Bilder. Der Flusser-Reader zu Kommunikation, Medien und Design, Mannheim 1995.
Ders., Ins Universum der technischen Bilder, Göttingen 1996.
Foucault, Michel, Was ist Aufklärung?, in: Eva Erdmann/Rainer Forst/Axel Honneth (Hg.), Ethos der Moderne. Foucaults Kritik der Aufklärung, Frankfurt a.M. 1990, S. 35-54.
Ders., Archäologie des Wissens, Frankfurt a.M. 1992.
Ders., Der Mensch ist ein Erfahrungstier, Frankfurt a.M. 1996 (Gespräch mit Ducio Trombardori).
Ders., Die Ordnung der Dinge. Eine Archäologie der Humanwissenschaften, Frankfurt a.M. 1997.

Ders., Der anthropologische Zirkel, Berlin 2003.
Freud, Sigmund, Das Unbehagen in der Kultur, in: ders., Fragen der Gesellschaft. Ursprünge der Religion, Studienausgabe, Bd. IX, Frankfurt a.M. 1974, S. 193-270.
Friedländer, Saul, Memory, History, and the Extermination of the Jews of Europe, Bloomington 1993.
Frühwald, Wolfgang/Hans Robert Jauß/Reinhart Koselleck/Jürgen Mittelstraß/Burkhart Steinwachs, Geisteswissenschaften heute. Eine Denkschrift, Frankfurt a.M. 1996.
Gadamer, Hans-Georg/Paul Vogler (Hg.), Neue Anthropologie, (7 Bde.), München 1972-74.
Gamm, Gerhard, Nicht nichts. Studien zu einer Semantik des Unbestimmten, Frankfurt a.M. 2000.
Gebauer, G./D. Kamper/D. Lenzen/G. Mattenklott/Ch. Wulf/K. Wünsche, Historische Anthropologie. Zum Problem der Humanwissenschaften heute oder Versuch einer Neubegründung, Reinbek b. Hamburg 1989.
Ders./Christoph Wulf, Mimesis. Kultur – Kunst – Gesellschaft, Reinbek b. Hamburg 1992.
Ders./Christoph Wulf, Spiel, Ritual, Geste. Mimetisches Handeln in der sozialen Welt, Reinbek b. Hamburg 1998.
Geertz, Clifford, The Interpretation of Cultures, New York 1973.
Ders., Anti-Anti-Relativism, in: American Anthropologist, Vol. 86, 1984, S. 263-278.
Ders., Dichte Beschreibung. Beiträge zum Verstehen kultureller Systeme, Frankfurt a.M. 1987.
Ders., Die künstlichen Wilden. Anthropologen als Schriftsteller, München/Wien 1990.
Genette, Gérard, Palimpsestes. La littérature au second degré, Paris 1982.
Giedion, Sigfried, Die Herrschaft der Mechanisierung. Ein Beitrag zur anonymen Geschichte, Frankfurt a.M. 1982 (mit einem Nachwort von Stanislaus von Moos).
Gigerenzer, Gerd/Reinhard Selten (Hg.), Bounded Rationality. The Adaptive Toolbox, Cambridge Mass./London 2001.
Ginzburg, Carlo, Spurensicherung. Über verborgene Geschichte, Kunst und soziales Gedächtnis, Berlin 1983.
Giuliani, Regula (Hg.), Merleau-Ponty und die Kulturwissenschaften, München 2000.

Gold, Peter/Andreas K. Engel (Hg.), Der Mensch in der Perspektive der Kognitionswissenschaften, Frankfurt a.M. 1998.
Goodman, Alan H./Deborah Heath/M. Susan Lindee (Hg.), Genetic Nature/Culture. Anthropology and Science beyond the Two-Culture Divide, Berkeley u.a. 2003.
Goodman, Nelson, Tatsache, Fiktion, Voraussage, Frankfurt a.M. 1988.
Graham, Joseph F. (Hg.), Difference in Translation, Ithaca/London 1985.
Grendi, Edoardo, Microanalisi e storia sociale, in: Quaderni storici, Nr. 7, 1972, S. 506-520.
Groethuysen, Bernhard, Philosophische Anthropologie, München 1969.
Groh, Dieter, Anthropologische Dimensionen der Geschichte, Frankfurt a.M. 1992.
Grossberg, Lawrence/Cary Nelson/Paula A. Treichler (Hg.), Cultural Studies, New York/London 1992.
Gumbrecht, Hans Ulrich/K. Ludwig Pfeiffer (Hg.), Materialität der Kommunikation, Frankfurt a.M. 1988.
Gurevich, Aron, Geschichtswissenschaft und Historische Anthropologie, in: Gesellschaftswissenschaften, Nr. 16, 1990, S. 70-90.
Habermas, Jürgen, Anthropologie, in: Jürgen Habermas, Kultur und Kritik. Verstreute Aufsätze, Frankfurt a.M. 1973, S. 89-111.
Habermas, Rebekka, Geschlechtergeschichte und ›anthropology of gender‹. Geschichte einer Begegnung, in: Historische Anthropologie, Heft 3, 1993, S. 485-509.
Hacking, Ian, Historical Ontology, Cambridge 2002.
Hagner, Michael (Hg.), Ansichten der Wissenschaftsgeschichte, Frankfurt a.M. 2001.
Halbwachs, Maurice, Das kollektive Gedächtnis, Stuttgart 1967.
Hardtwig, Werner/Hans-Ulrich Wehler (Hg.): Kulturgeschichte heute, Göttingen 1996.
Harman, Graham, Tool-being. Heidegger and the Metaphysics of Objects, Chicago u.a. 2002.
Harris, Marvin, The Rise of Anthropological Theory. A History of Theories of Culture, London 1968.
Heberer, Gerhard/Gottfried Kurth/Ilse Schwidetzky-Roesing, Anthropologie, Frankfurt a.M. 1959.
Heidegger, Martin, Die Frage nach der Technik, in: ders., Vorträge und Aufsätze, Stuttgart 1954, S. 9-40.

Hejl, Peter M. (Hg.), Universalien und Konstruktivismus, Frankfurt a.M. 2001.

Helbling, Jürg, Koevolution und die Sozialwissenschaften, in: Vierteljahresschrift der Naturforschenden Gesellschaft in Zürich, 147/3, 2002, S. 115-124.

Henrich, Joseph/Robert Boyd/Samuel Bowles/Colin Camerer/Ernst Fehr/Herbert Gintis (Hg.), Foundations of Human Sociality. Economic Experiments and Ethnographic Evidence from Fifteen Small-Scale Societies, Oxford 2004.

Herdt, Gilbert, Third Sex, Third Gender. Beyond Sexual Dimorphism in Culture and History, New York 1996.

Hiley, David R./James F. Bohman/Richard Shustermann (Hg.), The Interpretative Turn. Philosophy, Science, Culture, Ithaca/New York 1991.

Höffe, Otfried (Hg.), Der Mensch – ein politisches Tier? Essays zur politischen Anthropologie, Stuttgart 1992.

Hügli, Anton et al., Artikel ›Mensch‹, in: Joachim Ritter/Karlfried Gründer (Hg.), Historisches Wörterbuch der Philosophie, Bd. 5, Basel/Stuttgart 1980, S. 1059-1105.

Humboldt, Wilhelm von, Plan einer vergleichenden Anthropologie (1795), in: Hans-Josef Wagner, Anthropologie und Theorie der Menschenkenntnis, Darmstadt 2002, S. 9-37.

Ders., Theorie der Menschenkenntnis. Aus der Schrift: Das 18. Jahrhundert, in: Hans-Josef Wagner, Anthropologie und Theorie der Menschenkenntnis, Darmstadt 2002, S. 38-93.

Hunt, Lynn, The New Cultural History, Berkeley/Los Angeles 1989.

Huntington, Samuel P., Der Kampf der Kulturen. The Clash of Civilisations. Die Neugestaltung der Weltpolitik im 21. Jahrhundert, München/Wien 1996.

Ingold, Tim (Hg.), Key Debates in Anthropology, London/New York 1996.

Jeggle, Utz/Gottfried Korff/Martin Scharfe/Bernd Jürgen Warneken (Hg.), Volkskultur in der Moderne. Probleme und Perspektiven empirischer Kulturforschung, Reinbek b. Hamburg 1986.

Joas, Hans, Soziales Handeln und menschliche Natur. Anthropologische Grundlagen der Sozialwissenschaften, Frankfurt a.M./New York 1980.

Johnson, Mark, The Body in the Mind. The Bodily Basis of Meaning, Imagination, and Reasoning, Chicago/London 1987.

Jordan, Stefan (Hg.), Lexikon Geschichtswissenschaft. Hundert Grundbegriffe, Stuttgart 2002.
Kahneman, Daniel/Paul Slovic/Amos Tversky (Hg.), Judgment under Uncertainty. Heuristics and Biases, Cambridge 1991.
Kamper, Dietmar, Geschichte und menschliche Natur. Die Tragweite gegenwärtiger Anthropologiekritik, München 1973.
Kant, Immanuel, Werkausgabe in zwölf Bänden, hg. von Wilhelm Weischedel, Frankfurt a.M. 1977.
Kapp, Ernst, Grundlinien einer Philosophie der Technik, Braunschweig 1877.
Kern, Andrea/Christoph Menke (Hg.), Philosophie der Dekonstruktion. Zum Verhältnis von Normativität und Praxis, Frankfurt a.M. 2002.
Kiesow, Rainer Maria/Dieter Simon (Hg.), Auf der Suche nach der verlorenen Wahrheit. Zum Grundlagenstreit in der Geschichtswissenschaft, Frankfurt a.M./New York 2000.
Kinnebrock, W., Bedeutende Theorien des 20. Jahrhunderts. Ein Vorstoß zu den Grenzen von Berechenbarkeit und Erkenntnis, München/Wien 1999.
Kittler, Friedrich, Draculas Vermächtnis. Technische Schriften, Leipzig 1993.
Ders., Eine Kulturgeschichte der Kulturwissenschaft, München 2000.
Kittsteiner, Hans Dieter, Mit Marx für Heidegger – mit Heidegger für Marx, München 2004.
Köhler, Oskar, Versuch einer ›Historischen Anthropologie‹, in: Saeculum, Bd. 25, Heft 1, 1974, S. 129-246.
Koller, Werner, Einführung in die Übersetzungswissenschaft, Wiesbaden 1997.
Koselleck, Reinhart, Wozu noch Historie?, in: Historische Zeitschrift, Bd. 212, Heft 1, 1971, S. 1-18.
Ders., Erfahrungswandel und Methodenwechsel. Eine historisch-anthropologische Skizze, in: Christian Meier/Jörn Rüsen (Hg.), Historische Methode, München 1988, S. 13-61.
Ders., Zeitschichten. Studien zur Historik, Frankfurt a.M. 2003.
Kracauer, Siegfried, Geschichte – Vor den letzten Dingen, Frankfurt a.M. 1971.
Krämer, Sybille, Sprache, Sprechakt, Kommunikation. Sprachtheoretische Positionen des 20. Jahrhunderts, Frankfurt a.M. 2001.
Kreff, Ferdinand, Grundkonzepte der Sozial- und Kulturanthropologie in der Globalisierungsdebatte, Berlin 2003.

Kristeva, Julia, Fremde sind wir uns selbst, Frankfurt a.M. 1990.
Lacan, Jacques, Das Ich in der Theorie Freuds und in der Technik der Psychoanalyse, Das Seminar, Buch II, Weinheim/Berlin 1991.
Ders., Schriften II, ausgewählt und hg. von Norbert Haas, Weinheim/Berlin 1991.
Ders., Das Drängen des Buchstabens im Unbewussten oder die Vernunft seit Freud, in: ders., Schriften II, ausgewählt und hg. von Norbert Haas, Weinheim/Berlin 1991, S. 15-55.
La Mettrie, Julien Offray de, L'homme machine/Die Maschine Mensch, Hamburg 1990.
Lakoff, George/Mark Johnson, Philosophy in the Flesh. The Embodied Mind and its Challenge to Western Thought, New York 1999.
Latour, Bruno, Wir sind nie modern gewesen. Versuch einer symmetrischen Anthropologie, Berlin 1995.
Le Goff, Jacques/Roger Chartier/Jacques Revel (Hg.), Die Rückeroberung des historischen Denkens. Grundlagen der Neuen Geschichtswissenschaft, Frankfurt a.M. 1994.
Lefort, Claude, Les formes de l'histoire. Essais d'anthropologie politique, Paris 1978.
Lepenies, Wolf, Geschichte und Anthropologie. Zur wissenschaftlichen Einschätzung eines aktuellen Disziplinenkontakts, in: Geschichte und Gesellschaft, Heft 2/3, 1975, S. 325-343.
Ders., Probleme einer Historischen Anthropologie, in: Reinhard Rürup (Hg.), Historische Sozialwissenschaft, Göttingen 1977, S. 126-159.
Lepetit, Bernard, Les formes de l'expérience. Une autre histoire sociale, Paris 1995.
Leroi-Gourhan, André, Hand und Wort. Die Evolution von Technik, Sprache und Kunst, Frankfurt a.M. 1981.
Lesser, Alexander, History, Evolution, and the Concept of Culture. Selected Papers, hg. und eingeleitet von Sidney W. Mintz, Cambridge 1985.
Lévi-Strauss, Claude, Das wilde Denken, Frankfurt a.M. 1973.
Ders., Stillstand und Geschichte. Plädoyer für eine Ethnologie der Turbulenzen, in: Ulrich Raulff (Hg.), Vom Umschreiben der Geschichte. Neue historische Perspektiven, Berlin 1986, S. 68-87.
Ders., Rasse und Geschichte, in: ders., Strukturale Anthropologie II, Frankfurt a.M. 1992, S. 363-407.

Ders., Der Blick aus der Ferne, Frankfurt a.M. 1993.
Ders., Traurige Tropen, Frankfurt a.M. 2001.
Lévy, Pierre, Die kollektive Intelligenz. Eine Anthropologie des Cyberspace, Mannheim 1997.
Lindemann, Gesa, Doppelte Kontingenz und reflexive Anthropologie, in: Zeitschrift für Soziologie, Nr. 28, 1999, S. 165-181.
Loetz, Francisca, Gespräche an der Grenze. Französische Sozialgeschichte in Selbst- und Fremdeinschätzung, in: Historische Anthropologie, Heft 2, 1999, S. 295-318.
Loraux, Nicole, Éloge de l'anachronisme en histoire, in: Le genre humain, Été-automne, 1993, S. 23-38.
Lorenz, Kuno, Einführung in die philosophische Anthropologie, Darmstadt 1990.
Lorenz, Maren, Leibhaftige Vergangenheit. Einführung in die Körpergeschichte, Tübingen 2000.
Dies., Wozu Anthropologisierung der Geschichte? Einige Anmerkungen zur kontraproduktiven Polarisierung der Erkenntnisinteressen in den Geisteswissenschaften, in: Historische Anthropologie, Heft 3, 2003, S. 415-434.
Lösch, Andreas/Dominik Schrage/Dierk Spreen/Markus Stauff (Hg.), Technologien als Diskurse. Konstruktion von Wissen, Medien und Körpern, Heidelberg 2001.
Lubinski, Axel/Thomas Rudert/Martina Schattowsky (Hg.), Historie und Eigen-Sinn. Festschrift für Jan Peters, Weimar 1977.
Lüdtke, Alf (Hg.), Alltagsgeschichte. Zur Rekonstruktion historischer Erfahrungen und Lebenswelten, Frankfurt a.M/New York 1989.
Luhmann, Niklas, Frühneuzeitliche Anthropologie. Theorietechnische Lösungen für ein Evolutionsproblem der Gesellschaft, in: ders., Gesellschaftsstruktur und Semantik. Studien zur Wissenssoziologie der modernen Gesellschaft, Bd. 1, Frankfurt a.M. 1980, S. 162-234.
Ders., Die Gesellschaft der Gesellschaft, (2 Teil-Bde.), Frankfurt a.M. 1997.
Lupia, Arthur/Mathew D. McCubbins/Samuel L. Popkin (Hg.), Elements of Reason. Cognition, Choice, and the Bounds of Rationality, Cambridge/New York 2000.

Lyotard, Jean-François, Ob man ohne Körper denken kann, in: Hans Ulrich Gumbrecht/K. Ludwig Pfeiffer (Hg.), Materialität der Kommunikation, Frankfurt a.M. 1988, S. 813-829.

Maase, Kaspar/Bernd Jürgen Warneken (Hg.), Unterwelten der Kultur. Themen und Theorien der volkskundlichen Kulturwissenschaft, Köln/Weimar/Wien 2003.

MacIntyre, Alasdair, Die Anerkennung der Abhängigkeit. Über menschliche Tugenden, Hamburg 2001.

Mäckler, Andreas/Christiane Schäfers (Hg.), Was ist der Mensch ...? 1111 Zitate geben 1111 Antworten, Köln 1989 (mit einem Vorwort und Einführungen von Volker Sommer).

Mahrenholz, Simone, Derrick de Kerckhove – Medien als Psychotechnologien, in: Alice Lagaay/David Lauer (Hg.), Medien-Theorien. Eine philosophische Einführung, Frankfurt a.M. 2004, S. 69-95.

Mandelbrot, Benoît B., Die fraktale Geometrie der Natur, Basel u.a. 1991.

Marcus, George, Ethnography Through Thick and Thin, Princeton 1998.

Marquard, Odo, Schwierigkeiten mit der Geschichtsphilosophie, Frankfurt a.M. 1972.

Martin, Jochen, Der Wandel des Beständigen. Überlegungen zu einer Historischen Anthropologie, in: Freiburger Universitätsblätter, Heft 126, 1994, S. 35-46.

Marx, Karl/Friedrich Engels, Werke, 39 Bde., Berlin 1956-1968, reprints 1972 ff.

Mauss, Marcel, Die Techniken des Körpers, in: ders., Soziologie und Anthropologie, hg. von Wolf Lepenies/Henning Ritter, Bd. 2, Frankfurt a.M. 1989, S. 197-220.

Ders., Soziologie und Anthropologie, (2 Bde.), Frankfurt a.M. 1989.

Mayr, Ernst, The Biology of Race and the Concept of Equality, in: Daedalus, Winter 2002, S. 89-94.

Medick, Hans, Missionare im Ruderboot? Ethnologische Erkenntnisweisen als Herausforderung an die Sozialgeschichte, in: Geschichte und Gesellschaft, Vol. 10, 1984, S. 295-319.

Ders., Quo vadis Historische Anthropologie? Geschichtsforschung zwischen Historischer Kulturwissenschaft und Mikro-Historie, in: Historische Anthropologie, Heft 1, 2001, S. 78-92.

Mercure, Daniel/Jan Spurk (Hg.), Le travail dans l'histoire de la pensée occidentale, Saint-Nicolas 2003.

Merleau-Ponty, Maurice, Phänomenologie der Wahrnehmung, Berlin 1966.
Ders., Das Auge und der Geist. Philosophische Essays, Hamburg 2003.
Ders., Das Primat der Wahrnehmung, Frankfurt a.M. 2003.
Meschonnic, Henri, Critique du rythme. Anthropologie historique du langage, Lagrasse 1982.
Metzinger, Thomas, Anthropologie und Kognitionswissenschaft, in: Peter Gold/Andreas K. Engel (Hg.), Der Mensch in der Perspektive der Kognitionswissenschaften, Frankfurt a.M. 1998, S. 326-372.
Metzinger, Thomas, Being no one. The Self-Model Theory of Subjectivity, Cambridge/Mass. 2003.
Middell, Matthias/Steffen Sammler (Hg.), Alles Gewordene hat Geschichte. Die Schule der Annales in ihren Texten, Leipzig 1994.
Minazzoli, Agnès, L'homme sans image. Une anthropologie négative, Paris 1996.
Mintz, Sidney W., The Anthropological Interview and the Life History, in: Oral History Review, 1979, S. 18-26.
Moore-Gilbert, Bart, Postcolonial Theory. Contexts, Practices, Politics, London/New York 1997.
Moore, Jerry D., Visions of Culture. An Introduction to Anthropological Theories and Theorists, Walnut Creek 2004.
Moscovici, Serge, Versuche über die menschliche Geschichte der Natur, Frankfurt a.M. 1990 (erstmals 1968).
Nadel, Siegfried F., The Foundations of Social Anthropology, London 1951.
Nietzsche, Friedrich, Werke in drei Bänden, hg. von Karl Schlechta, 1954-1969.
Nipperdey, Thomas, Bemerkungen zum Problem einer historischen Anthropologie, in: Ernst Oldenmeyer (Hg.), Die Philosophie und die Wissenschaften. Simon Moser zum 65. Geburtstag, Meisenheim 1967, S. 350-370.
Ders., Kulturgeschichte, Sozialgeschichte, historische Anthropologie, in: Vierteljahreshefte für Sozial- und Wirtschaftsgeschichte, Vol. 65, 1968, S. 145-164.
Ders., Die anthropologische Dimension der Geschichtswissenschaft, in: ders., Gesellschaft, Kultur, Theorie, Göttingen 1976, S. 33-58.
Nitschke, August, Plädoyer für eine alternative Anthropologie, in: Geschichte und Gesellschaft, Heft 2, 1976, S. 261-263.

Ders., Historische Verhaltensforschung, Stuttgart 1981.
Ders, Fremde Wirklichkeiten. Dynamik der Natur und Bewegungen im Menschen, Goldbach 1995.
Nixdorff, Heide/Thomas Hauschild (Hg.), Europäische Ethnologie. Theorie- und Methodendiskussion aus ethnologischer und volkskundlicher Sicht, Berlin 1982.
Oexle, Otto Gerhard/Jörn Rüsen (Hg.), Historismus in den Kulturwissenschaften. Geschichtskonzepte, historische Einschätzungen, Grundlagenprobleme, Köln 1996.
Olson, Steve, Herkunft und Geschichte des Menschen. Was die Gene über unsere Vergangenheit verraten, Berlin 2003.
Passeron, Jean-Claude, Formalisation, rationalité et histoire, in: Jean-Yves Grenier/Claude Grignon/Pierre-Michel Menger (Hg.), Le modèle et le récit, Paris 2001, S. 215-282.
Peukert, Detlev, Neuere Alltagsgeschichte und Historische Anthropologie, in: Hans Süssmuth (Hg.), Historische Anthropologie. Der Mensch in der Geschichte, Göttingen 1984, S. 57-72.
Pinker, Steven, The Language Instinct, New York 1994.
Pitt-Rivers, Julian, History and Anthropology, in: Comparative Studies in Society and History, Nr. 5, 1963, S. 253-258.
Plessner, Helmuth, Die Stufen des Organischen und der Mensch. Einleitung in die philosophische Anthropologie, Berlin 1975 (erstmals 1928).
Ders., Mit anderen Augen. Aspekte einer philosophischen Anthropologie, Stuttgart 1982.
Polanyi, Michael, Personal Knowledge. Towards a Post-Critical Philosophy, London 1958.
Ders., Implizites Wissen, Frankfurt a.M. 1985.
Rabinow, Paul, Symbolic Domination. Cultural Form and Historical Change in Marocco, Chicago 1975.
Ders., Reflections on Fieldwork in Marocco, Berkeley 1977.
Ders., French Modern. Norms and Forms of the Social Environment, Cambridge 1989.
Ders., Making PCR. A Story of Biotechnology, Chicago 1996.
Ders., Essays on the Anthropology of Reason, Princeton 1997.
Ders., French DNA. Trouble in Purgatory, Chicago 1999.
Ders., Anthropos Today. Reflections on Modern Equipment, Princeton 2003.

Ders., Anthropologie der Vernunft. Studien zu Wissenschaft und Lebensführung, Frankfurt a.M. 2004.
Rancière, Jacques, Le concept d'anachronisme et la vérité de l'historien, in: L'inactuel, Nr. 6, 1996, S. 53-68.
Raphael, Lutz, Die Erben von Bloch und Febvre. Geschichte der Annales-Historiographie und nouvelle histoire 1945-1980, Stuttgart 1984.
Ratey, John J., Das menschliche Gehirn. Eine Gebrauchsanweisung, München 2003.
Raulff, Ulrich (Hg.), Vom Umschreiben der Geschichte. Neue historische Perspektiven, Berlin 1986.
Ders. (Hg.), Mentalitäten-Geschichte. Zur historischen Rekonstruktion geistiger Prozesse, Berlin 1987.
Ders., Der streitbare Prälat. Lucien Febvre (1878-1956), in: Lucien Febvre, Das Gewissen des Historikers, Berlin 1988, S. 235-253.
Ders., Quis custodiet custodes? Über die Bewahrung und die Erforschung von Tradition, in: ders./Gary Smith (Hg.), Wissensbilder. Strategien der Überlieferung, Berlin 1999, S. 1-12.
Reichmayr, Johannes/Ursula Wagner/Caroline Ouederruo/Binja Pletzer, Psychoanalyse und Ethnologie. Biographisches Lexikon der psychoanalytischen Ethnologie, Ethnopsychoanalyse und interkulturellen psychoanalytischen Therapie, Gießen 2003.
Revel, Jacques (Hg.), Jeux d'échelles. La micro-analyse à l'expérience, Paris 1996.
Rheinberger, Hans-Jörg, Jenseits von Natur und Kultur. Anmerkungen zur Medizin im Zeitalter der Molekularbiologie, in: Cornelius Borck (Hg.), Anatomien medizinischen Wissens. Medizin – Macht – Moleküle, Frankfurt a.M. 1996, S. 287-306.
Ricken, Norbert, Menschen – Zur Struktur anthropologischer Reflexion als einer unverzichtbaren kulturwissenschaftlichen Dimension, in: Friedrich Jaeger/Burkhard Liebsch (Hg.), Handbuch der Kulturwissenschaften, Bd. 1: Grundlagen und Schlüsselbegriffe, Stuttgart/Weimar 2004, S. 152-172.
Rieger, Stefan, Die Individualität der Medien. Eine Geschichte der Wissenschaft vom Menschen, Frankfurt a.M. 2001.
Ders., Die Ästhetik des Menschen. Über das Technische in Leben und Kunst, Frankfurt a.M. 2002.
Ders., Kybernetische Anthropologie. Eine Geschichte der Virtualität, Frankfurt a.M. 2003.

Rössner, Hans (Hg.), Der ganze Mensch. Aspekte einer pragmatischen Anthropologie, München 1986.
Ryle, Gilbert, Der Begriff des Geistes, Stuttgart 2002 (erstmals 1949).
Sahlins, Marshall D., Kultur und praktische Vernunft, Frankfurt a.M. 1981.
Ders., Other Times, Other Customs. The Anthropology of History, in: American Anthropologist, Vol. 85, 1983, S. 517-544.
Ders., Inseln der Geschichte, Hamburg 1992 (engl. 1985).
Sarasin, Philipp, Geschichtswissenschaft und Diskursanalyse, Frankfurt a.M. 2003.
Sarat, Austin/Jonathan Simon, Cultural Analysis, Cultural Studies, and the Law. Moving Beyond Legal Realism, Durham/London 2003.
Scheler, Max, Die Stellung des Menschen im Kosmos, Darmstadt 1928.
Schiffauer, Werner, Der cultural turn in der Ethnologie und der Kulturanthropologie, in: Friedrich Jaeger/Jürgen Straub (Hg.), Handbuch der Kulturwissenschaften, Bd. 2: Paradigmen und Disziplinen, Stuttgart/Weimar 2004, S. 502-517.
Ders., Die Angst vor der Differenz. Zu neuen Strömungen in der Kulturanthropologie, in: Zeitschrift für Volkskunde, Vol. 92, Nr. 1, S. 20-31.
Schindler, Norbert, Widerspenstige Leute. Studien zur Volkskultur in der Frühen Neuzeit, Frankfurt a.M. 1992.
Schipperges, Heinrich, Kosmos Anthropos. Entwürfe zu einer Philosophie des Leibes, Stuttgart 1981.
Schlumbohm, Jürgen (Hg.), Mikrogeschichte – Makrogeschichte. Komplementär oder inkommensurabel?, Göttingen 1998.
Schmidinger, Heinrich/Clemens Sedmak (Hg.), Der Mensch – ein ›animal rationale‹? Vernunft – Kognition – Intelligenz, Darmstadt 2004.
Schmidt, Alfred, Der Begriff der Natur in der Lehre von Marx, Frankfurt a.M. 1971.
Schnädelbach, Herbert, Vernunft und Geschichte. Vorträge und Abhandlungen, Frankfurt a.M. 1987.
Schöttler, Peter, Mentalitäten-Geschichte und Psychoanalyse. Lucien Febvres Begegnung mit Jacques Lacan 1937/38, in: Österreichische Zeitschrift für Geschichtswissenschaften, Heft 3, 2000, S. 135-146.
Schulze, Winfried (Hg.), Sozialgeschichte, Alltagsgeschichte, Mikro-Historie. Eine Diskussion, Göttingen 1994.

Ders., Ego-Dokumente. Annäherungen an den Menschen in der Geschichte, Berlin 1996.

Schumpeter, Joseph, Wesen und Hauptinhalt der theoretischen Nationalökonomie, Wien 1908.

Schurz, Robert, Negative Hermeneutik. Zur sozialen Anthropologie des Nicht-Verstehens, Opladen 1995.

Sen, Amartya, Rational Fools. A Critique of the Behavioral Foundations of Economic Theory, in: ders., Choice, Welfare and Measurement, Oxford 1982, S. 84-106.

Serres, Michel, L'incandescent, Paris 2003.

Shannon, Claude E./Warren Weaver, The Mathematical Theory of Communication, Urbana 1949.

Sidky, H., A Critique of Postmodern Anthropology. In Defense of Disciplinary Origins and Traditions, Lewiston 2003.

Sieder, Reinhard, Sozialgeschichte auf dem Weg zu einer historischen Kulturwissenschaft, in: Geschichte und Gesellschaft, Vol. 20, Heft 3, 1994, S. 445-468.

Siegenthaler, Hansjörg, Learning and its Rationality in a Context of Fundamental Uncertainty, in: Journal of Institutional and Theoretical Economics, Vol. 153, Nr. 4, 1997, S. 748-761.

Singer, Peter, Befreiung der Tiere, München 1982 (erstmals 1975).

Singer, Wolf, Ein neues Menschenbild? Gespräche über Hirnforschung, Frankfurt a.M. 2003.

Sofsky, Wolfgang, Systematische und historische Anthropologie. Adnoten zu Hans Medicks »Quo vadis Historische Anthropologie«, in: Historische Anthropologie 9, Heft 3, 2001, S. 457-461.

Sommer, Volker, Bruder Affe, in: Neue Zürcher Zeitung Folio, August 2003, S. 14-18.

Sonnemann, Ulrich, Negative Anthropologie. Vorstudien zur Sabotage des Schicksals, Reinbek b. Hamburg 1969.

Sprandel, Rolf, Kritische Bemerkungen zu einer historischen Anthropologie, in: Saeculum, 25, 1974, S. 247-250.

Ders., Historische Anthropologie. Zugänge zum Forschungsstand, in: Saeculum, 27, 1976, S. 121-142.

Steffens, Andreas, Das Innenleben der Geschichte. Anläufe zur Historischen Anthropologie, Essen 1984.

Tanner, Jakob, Körpererfahrung, Schmerz und die Konstruktion des Kulturellen, in: Historische Anthropologie, Heft 3, 1994, S. 489-502.
Ders., History of Body, in: International Encyclopedia of the Social and Behavioral Sciences, Amsterdam 2001, S. 1277-1282.
Ders., ›Kultur‹ in den Wirtschaftswissenschaften und kulturwissenschaftliche Interpretationen ökonomischen Handelns, in: Friedrich Jaeger/Jörn Rüsen (Hg.), Handbuch der Kulturwissenschaften, Bd. 3: Themen und Tendenzen, Stuttgart/Weimar 2004, S. 195-224.
Thieme, Klaus-Dieter, Die wissenschaftliche Anthropologie Malinowskis, in: Bronislaw Malinowski, Geschlecht und Verdrängung in primitiven Gesellschaften, Reinbek b. Hamburg 1962, S. 261-271.
Thies, Christian, Einführung in die philosophische Anthropologie, Darmstadt 2004.
Thomas, Keith, History and Anthropology, in: Past and Present, Vol. 13, 1963, S. 3-24.
Thomas, Nicholas, Out of Time. History and Evolution in Anthropological Discourse, Cambridge 1989.
Thompson, Edward P., Volkskunde, Anthropologie und Sozialgeschichte, in: ders., Plebejische Kultur und moralische Ökonomie. Aufsätze zur Sozialgeschichte des 18. und 19. Jahrhunderts, Frankfurt a.M. 1980, S. 290-318.
Todorov Tzvetan, Abenteuer des Zusammenlebens. Versuch einer allgemeinen Anthropologie, Frankfurt a.M. 1998.
Trabant, Jürgen, Über das Schwinden der Sinne im Geist-Körper der Sprache, in: Christoph Wulf/Dietmar Kamper (Hg.), Logik und Leidenschaft. Erträge Historischer Anthropologie, (Reihe Historische Anthropologie, Sonderband), Berlin 2002, S. 185-193.
Turner, Victor W., Das Liminale und das Liminoide in Spiel, ›Fluss‹ und Ritual. Ein Essay zur vergleichenden Symbologie, in: ders., Vom Ritual zum Theater. Der Ernst des menschlichen Spiels, Frankfurt a.M. 1995 (erstmals 1982), S. 28-94.
Ders./Edward Bruner (Hg.), The Anthropology of Experience, Urbana 1986.
Van Gennep, Arnold, Übergangsriten, Frankfurt a.M. u.a. 1986.
Veyne, Paul, Die Originalität des Unbekannten. Für eine andere Geschichtsschreibung, Frankfurt a.M. 1988.
Vogl, Joseph, Kalkül und Leidenschaft. Poetik des ökonomischen Menschen, München 2002.

Wagner, Hans-Josef, Anthropologie und Theorie der Menschenkenntnis, Darmstadt 2002.
Wehler, Hans-Ulrich, Die Herausforderung der Kulturgeschichte, München 1998.
Weiss, Gabriele, Gedanken zu Oskar Köhlers ›Versuch einer Historischen Anthropologie‹, in: Mitteilungen der Anthropologischen Gesellschaft in Wien, Bd. 111, 1981, S. 93-98.
Wernhart, Karl R./Werner Zips (Hg.), Ethnohistorie. Rekonstruktion und Kulturkritik. Eine Einführung, Wien 1998.
White, Hayden, Auch Klio dichtet oder Die Fiktion des Faktischen. Studie zur Tropologie des historischen Diskurses, Stuttgart 1991.
Wiener, Norbert, Kybernetik. Regelung und Nachrichtenübertragung in Lebewesen und Maschine, Reinbek b. Hamburg 1968.
Wiesing, Lambert, Merleau-Pontys Entdeckung der Wahrnehmung, in: Maurice Merleau-Ponty, Das Primat der Wahrnehmung, Frankfurt a.M. 2003, S. 85-124.
Wulf, Christoph/Dietmar Kamper (Hg.), Logik und Leidenschaft. Erträge Historischer Anthropologie, (Reihe Historische Anthropologie, Sonderband), Berlin 2002.
Ders., Anthropologie. Geschichte – Kultur – Philosophie, Reinbek 2004.
Yerushalmi, Yosef H., Zachor: Erinnere Dich. Jüdische Geschichte und jüdisches Gedächtnis, Berlin 1988.

3. Studien zur Historischen Anthropologie und zur Körpergeschichte

Ackerman, Diane, A Natural History of the Senses, New York 1990.
Agulhon, Maurice, Der vagabundierende Blick. Für ein neues Verständnis politischer Geschichtsschreibung, Frankfurt a.M. 1995.
Ariès, Philippe, Geschichte der Kindheit, München 1975.
Ders., Geschichte des Todes, München 1980.
Ders./Georges Duby (Hg.), Geschichte des privaten Lebens, (5 Bde.), Frankfurt a.M. 1989-1994.
Armstrong, David, Political Anatomy of the Body. Medical Knowledge in Britain in the Twentieth Century, Cambridge 1983.

Asad, Talal (Hg.), Anthropology and the Colonial Encounter, London 1973.
Audoin-Rouzeau, Frédérique/Jean Desse (Red.), Exploitation des animaux sauvages à travers le temps. Actes des rencontres, 15-16-17 octobre 1992 (XIIIe Rencontres internationales d'archéologie et d'histoire d'Antibes, IVe Colloque international de l'Homme et l'animal, Société de recherche interdisciplinaire).
Baechler, Jean, Nature et histoire, Paris 2000.
Barkhaus, Annette/Matthias Mayer/Neil Roughley/Donatus Thürnau (Hg.), Identität, Leiblichkeit, Normativität. Neue Horizonte anthropologischen Denkens, Frankfurt a.M. 1996.
Barsch, Armin/Peter M. Hejl (Hg.), Menschenbilder. Zur Pluralisierung der Vorstellung von der menschlichen Natur (1850-1914), Frankfurt a.M. 2000.
Beck, Rainer, Unterfinning. Ländliche Welt vor Anbruch der Moderne, München 1983.
Benthien, Claudia/Anne Fleig/Ingrid Kasten (Hg.), Emotionalität. Zur Geschichte der Gefühle, Köln/Weimar 2000.
Berdahl, Robert/Hans Medick/David Sabean, Klassen und Kultur. Sozialanthropologische Perspektiven in der Geschichtsschreibung, Frankfurt a.M. 1982.
Berg, Eberhard/Martin Fuchs (Hg.), Kultur, soziale Praxis, Text. Die Krise der ethnographischen Repräsentation, Frankfurt a.M. 1993.
Berger, Peter L./Thomas Luckmann, The Social Construction of Reality. A Treatise in the Sociology of Knowledge, Garden City/New York 1966.
Bermingham, A./John Brewer (Hg.), The Consumption of Culture, 1600-1800. Image, Object, Text, London 1995.
Bitterli, Urs, Alte Welt – neue Welt. Formen des europäisch-überseeischen Kulturkontakts vom 15. bis zum 18. Jahrhundert, München 1986.
Bloch, Marc, Les Rois thaumaturges. Étude sur le caractère surnaturel attribué à la puissance royale particulièrement en France et en Angleterre, Paris 1983 (erstmals 1924).
Ders., Apologie der Geschichte oder Der Beruf des Historikers, hg. von Lucien Febvre, München 1985 (erstmals 1949).
Ders., Apologie der Geschichtswissenschaft oder Der Beruf des Historikers, hg. von Peter Schöttler, Stuttgart 2002.
Bödeker, Hans Erich/Peter Hanns Reill/Jürgen Schlumbohm (Hg.), Wissenschaft als kulturelle Praxis 1750-1900, Göttingen 1999.

Böhme, Gernot, Der offene Leib. Interpretation der Mikrokosmos-Makrokosmos-Beziehung bei Paracelsus, in: Dietmar Kamper/Christoph Wulf (Hg.), Transfigurationen des Körpers. Spuren der Gewalt in der Geschichte, Berlin 1989, S. 44-58.

Bodley, John H., The Power of Scale. A Global History Approach, New York 2003.

Brand, Gerd, Gesellschaft und persönliche Geschichte. Die mythologische Sinngebung sozialer Prozesse, Stuttgart 1972.

Braun, Rudolf, Industrialisierung und Volksleben. Veränderungen der Lebensformen unter Einwirkung der verlagsindustriellen Heimarbeit in einem ländlichen Industriegebiet (Zürcher Oberland) vor 1800, Göttingen 1979.

Ders., Sozialer und kultureller Wandel in einem ländlichen Industriegebiet (Zürcher Oberland) unter Einwirkung des Maschinen- und Fabrikwesens im 19. und 20. Jahrhundert, Zürich 1999.

Ders., Von den Heimarbeitern zur europäischen Machtelite, (ausgewählte Aufsätze), Zürich 2000.

Brednich, Rolf W. (Hg.), Grundriß der Volkskunde. Einführung in die Forschungsfelder der europäischen Ethnologie, Berlin 1994.

Bremmer, J./H. Roodenburg (Hg.), A Cultural History of Gesture, Ithaca 1991.

Bruns, Claudia/Walter Tilmann (Hg.), Von Lust und Schmerz. Eine historische Anthropologie der Sexualität, Köln 2004.

Burckhardt, Martin, Metamorphosen von Raum und Zeit. Eine Geschichte der Wahrnehmung, Frankfurt a.M./New York 1994.

Burguière, André/Christiane Klapisch-Zuber/Martine Segalen/Françoise Zonabend (Hg.), Geschichte der Familie, (3 Bde.), Frankfurt u.a. 1996-1998.

Burke, Peter, Helden, Schurken und Narren. Europäische Volkskultur in der frühen Neuzeit, Stuttgart 1981.

Ders., The Historical Anthropology of Early Modern Italy, Cambridge 1987.

Ders., Vico. Philosoph, Historiker, Denker einer neuen Wissenschaft, Berlin 1987.

Ders., Kultureller Austausch, Frankfurt a.M. 2000.

Classen, Constance, Worlds of Sense. Exploring the Senses in History and across Cultures, London 1993.

Collins, Randall, The Role of Emotions in Social Structure, in: K.R. Scherer/P. Ekman (Hg.), Approaches to Emotion, New York 1984, S. 385-396.
Corbin, Alain, Pesthauch und Blütenduft. Eine Geschichte des Geruchs, Frankfurt a.M. 1988.
Ders., Le temps, le désir et l'horreur. Essais sur le dix-neuvième siècle, Paris 1991.
Coulmas, Florian, Über Schrift, Frankfurt a.M. 1982.
Crary, Jonathan, Techniques of the Observer. On Vision and Modernity in the Nineteenth Century, Cambridge Mass. 1990.
Darnton, Robert, The Great Cat Massacre and other Episodes in French Cultural History, New York 1984 (dt.: Das grosse Katzenmassaker. Streifzüge durch die französische Kultur vor der Revolution, München 1989).
Davis, Natalie Zemon, Frauen und die Gesellschaft am Beginn der Neuzeit. Studien über Familie, Religion und die Wandlungsfähigkeit des sozialen Körpers, Berlin 1986.
Dies., Humanismus, Narrenherrschaft und die Riten der Gewalt. Gesellschaft und Kultur im frühneuzeitlichen Frankreich, Frankfurt a.M. 1987.
Davis-Sulikowski, Ulrike/Hildegard Diemberger/Andre Gingrich/Jürg Helbling (Hg.), Körper, Religion und Macht. Sozialanthropologie der Geschlechterbeziehungen, Frankfurt a.M. 2001.
Delumeau, Jean, Angst im Abendland. Die Geschichte kollektiver Ängste im Europa des 14. bis 18. Jahrhunderts, Reinbek b. Hamburg 1989.
Dinzelbacher, Peter (Hg.), Europäische Mentalitätsgeschichte. Hauptthemen in Einzeldarstellungen, Stuttgart 1993.
Dixon, Thomas, From Passions to Emotions. The Creation of a Secular Psychological Category, Cambridge 2003.
Douglas, Mary, Reinheit und Gefährdung, Berlin 1985.
Dubym, Georges/Michelle Perrot (Hg.), Geschichte der Frauen, (5 Bde.) Frankfurt a.M. 1993-1995.
Duchet, Michèle, Anthropologie et histoire au siècle des lumières, Paris 1971.
Dülmen, Richard van/Norbert Schindler (Hg.), Volkskultur. Zur Wiederentdeckung des vergessenen Alltags (16.-20. Jahrhundert), Frankfurt a.M. 1987.
Ders., Kultur und Alltag in der Frühen Neuzeit, (3 Bde.), München 1990-1994.

Ders. (Hg.), Dynamik der Tradition. Studien zur historischen Kulturforschung, Frankfurt a.M. 1992.
Ders. (Hg.), Erfindung des Menschen. Schöpfungsträume und Körperbilder 1500-2000, Wien/Köln/Weimar 1998.
Ders. (Hg.), Entdeckung des Ich. Die Geschichte der Individualisierung vom Mittelalter bis zur Gegenwart, Köln/Weimar 2001.
Duden, Barbara, Geschichte unter der Haut. Ein Eisenacher Arzt und seine Patientinnen um 1730, Stuttgart 1991.
Emrich, Hinderk M., Psychiatrische Anthropologie, München 1990.
Evans-Pritchard, Edward E., Hexerei, Orakel und Magie bei den Zande, Frankfurt a.M. 1988 (erstmals 1937).
Febvre, Lucien, Das Problem des Unglaubens im 16. Jahrhundert. Die Religion des Rabelais, Stuttgart 2002 (mit einem Nachwort von Kurt Flasch).
Flandrin, Jean-Louis, Le sexe et l'Occident. Évolution des attitudes et des comportements, Paris 1981.
Foster, Hal (Hg.), Vision and Visuality, Seattle 1988.
Gehlen, Arnold, Der Mensch. Seine Natur und seine Stellung in der Welt, Berlin 1941.
Ders., Die Seele im technischen Zeitalter. Sozialpsychologische Probleme in der industriellen Gesellschaft, Hamburg 1957.
Gerhards, Jürgen, Soziologie der Emotionen. Fragestellungen, Systematik und Perspektiven, Weinheim/München 1988.
Ginzburg, Carlo, Der Käse und die Würmer. Die Welt eines Müllers um 1600, Frankfurt a.M. 1979.
Ders., Hexensabbat. Entzifferung einer nächtlichen Geschichte, Berlin 1990.
Glück, Helmut, Schrift und Schriftlichkeit. Eine sprach- und kulturwissenschaftliche Studie, Stuttgart 1987.
Goody, Jack, The Domestication of the Savage Mind, Cambridge 1977.
Ders. (Hg.), Literalität in traditionalen Gesellschaften, Frankfurt a.M. 1981.
Ders., Die Logik der Schrift und die Organisation von Gesellschaft, Frankfurt a.M. 1990.
Ders., The Power of the Written Tradition, Washington/London 2000.
Gould, Stephen Jay, Die Entdeckung der Tiefenzeit. Zeitpfeil und Zeitzyklus in der Geschichte unserer Erde, München 1990.
Graber, Jörn/Heinz Thoma (Hg.), Zwischen Empirisierung und Konstruktionsleistung. Anthropologie im 18. Jh., (Hallesche Beiträge zur Europäischen Aufklärung 24), Tübingen 2004.

Graf, Friedrich Wilhelm, Die Wiederkehr der Götter. Religion in der modernen Kultur, München 2004.

Greenblatt, Stephen, Wunderbare Besitztümer. Die Erfindung des Fremden. Reisende und Entdecker, Berlin 1994.

Griessinger, Andreas, Das symbolische Kapital der Ehre. Streikbewegungen und kollektives Bewusstsein deutscher Handwerksgesellen im 18. Jahrhundert, Frankfurt a.M./Berlin/Wien 1981.

Groebner, Valentin, Ungestalten. Die visuelle Kultur der Gewalt im Mittelalter, München/Wien 2003.

Guillaumin, Colette, Sexe, race et pratique du pouvoir. L'idée de nature, Paris 1992.

Gurevich, Aron, Historical Anthropology of the Middle Ages, Chicago 1992.

Habermas, Rebekka/Nils Minkmar (Hg.), Das Schwein des Häuptlings. Sechs Aufsätze zur Historischen Anthropologie, Berlin 1992.

Hagner, Michael (Hg.), Der falsche Körper. Beiträge zu einer Geschichte der Monströsitäten, Göttingen 1995.

Ders., Homo cerebralis. Der Wandel vom Seelenorgan zum Gehirn, Berlin 1997.

Haraway, Donna, Im Streit um die Natur der Primaten. Auftritt der Töchter im Feld des Jägers 1960-1980, in: Michael Hagner (Hg.), Ansichten der Wissenschaftsgeschichte, Frankfurt a.M. 2001, S. 337-389.

Hobsbawm, Eric/Terence Ranger (Hg.), The Invention of Tradition, Cambridge 1983.

Honegger, Claudia (Hg.), M. Bloch, F. Braudel, L. Febvre u.a. Schrift und Materie der Geschichte. Vorschläge zur systematischen Aneignung historischer Prozesse, Frankfurt a.M. 1977.

Hörisch, Jochen, Der Sinn und die Sinne. Eine Geschichte der Medien, Frankfurt a.M. 2001.

Howes, David (Hg.), The Varieties of Sensory Experience. A Sourcebook in the Anthropology of the Senses, Toronto/Buffalo/London 1991.

Ders., Sensual Relations. Engaging the Senses in Culture and Social Theory, Ann Arbor 2003.

Huizinga, Johan, Der Herbst des Mittelalters. Studien über Lebens- und Geistesformen des 14. und 15. Jahrhunderts in Frankreich und in den Niederlanden, Stuttgart 1975.

Jauch, Ursula Pia, Jenseits der Maschine. Philosophie, Ironie und Ästhetik bei Julien Offray de La Mettrie (1709-1751), München 1998.
Jaynes, Julian, Der Ursprung des Bewußtseins, Reinbek b. Hamburg 1988.
Jeggle, Utz, Im Schatten des Körpers. Vorüberlegungen zu einer Volkskunde der Körperlichkeit, in: Zeitschrift für Volkskunde, Vol. 76, 1980, S. 169-188.
Jütte, Robert, Geschichte der Sinne. Von der Antike bis zum Cyberspace, München 2000.
Kamper Dietmar/Christoph Wulf (Hg.), Transfigurationen des Körpers. Spuren der Gewalt in der Geschichte, Berlin 1989.
Kaschuba, Wolfgang/Carola Lipp, Dörfliches Überleben. Zur Geschichte materieller und sozialer Reproduktion ländlicher Gesellschaften im 19. und 20. Jahrhundert, Tübingen 1982.
Kaufmann, Doris, Die ›Wilden‹ in Geschichtsschreibung und Anthropologie der ›Zivilisierten‹. Historische und aktuelle Kontroversen um Cooks Südseereisen und seinen Tod auf Hawaii 1799, in: Historische Zeitschrift, Bd. 260, S. 49-73.
Kiening, Christian, Zwischen Körper und Schrift. Texte vor dem Zeitalter der Literatur, Frankfurt a.M. 2003.
Kittler, Friedrich, Optische Medien. Berliner Vorlesung 1999, Berlin 2002.
Kleinspehn, Thomas, Der flüchtige Blick. Sehen und Identität in der Kultur der Neuzeit, Reinbek b. Hamburg 1989.
Kondylis, Panajotis, Die Aufklärung im Rahmen des neuzeitlichen Rationalismus, Stuttgart 1986.
Kramer, Fritz W., Der rote Fes. Über Besessenheit und Kunst in Afrika, Frankfurt a.M. 1987.
Krauss, Werner, Zur Anthropologie des 18. Jahrhunderts. Die Frühgeschichte der Menschheit im Blickpunkt der Aufklärung, Frankfurt a.M. 1987.
Kriedte, Peter, Eine Stadt am seidenen Faden. Haushalt, Hausindustrie und soziale Bewegung in Krefeld in der Mitte des 19. Jahrhunderts, Göttingen 1991.
Krüger, Gesine, Das ›sprechende Papier‹. Schriftgebrauch als Zugang zur außereuropäischen Geschichte, in: Historische Anthropologie, Heft 3, 2003, S. 355-369.

Kuchenbuch, Ludolf, unter Mitarb. von Stefan Hanemann/Sabine Teubner-Schoebel/Juliane Trede, Grundherrschaft im früheren Mittelalter, Idstein 1991.

Labouvie, Eva, Andere Umstände. Eine Kulturgeschichte der Geburt, Köln/Weimar/Wien 1998.

Le Goff, Jacques (Hg.), Der Mensch des Mittelalters, Frankfurt a.M./New York 1990.

Ders., Phantasie und Realität des Mittelalters, Stuttgart 1990.

Le Guérer, Annick, Les pouvoirs de l'odeur, Paris 1988.

Le Roy, Ladurie Emmanuel, Montaillou. Ein Dorf vor dem Inquisitor, Frankfurt a.M. u.a. 1980.

Levi, Giovanni, Das immaterielle Erbe. Eine bäuerliche Welt an der Schwelle zur Moderne, Berlin 1986.

Levin, David M. (Hg.), Modernity and the Hegemony of Vision, Berkeley 1993.

Lindner, Rolf, Die Wilden Cliquen in Berlin. Ein Beitrag zur historischen Kulturanalyse, in: Historische Anthropologie, Heft 3, 1993, S. 451-467.

Lindquist Sven, Grabe, wo du stehst. Handbuch zur Erforschung der eigenen Geschichte, Bonn 1989.

Lucassen, Jan/Leo Lucassen (Hg.), Migration, Migration History, History. Old Paradigms and New Perspectives, Bern 1997.

Lüdtke, Alf, Eigen-Sinn. Fabrikalltag, Arbeitserfahrungen und Politik vom Kaiserreich bis in den Faschismus, Hamburg 1994.

Maase, Kaspar/Wolfgang Kaschuba (Hg.), Schund und Schönheit. Populäre Kultur um 1900, Köln/Wien u.a. 2001.

Medick, Hans/David Sabean (Hg.), Emotionen und materielle Interessen. Sozialanthropologische und historische Beiträge zur Familienforschung, Göttingen 1984.

Ders., Weben und Überleben in Laichingen 1650-1900. Lokalgeschichte als allgemeine Geschichte, Göttingen 1996.

Messerli, Alfred/Roger Chartier (Hg.), Lesen und Schreiben in Europa 1500-1900. Vergleichende Perspektiven, Basel 2000.

Ders., Lesen und Schreiben 1700-1900. Untersuchung zur Durchsetzung der Literalität in der Schweiz, Tübingen 2002.

Metzeltin, Michael, Der Andere und der Fremde. Eine linguistisch-kognitive Untersuchung, Wien 1996.

Mintz, Sidney W., Die süße Macht. Kulturgeschichte des Zuckers, Frankfurt a.M. 1992.
Mitterauer, Michael, Historisch-anthropologische Familienforschung. Fragestellungen und Zugangsweisen, Wien/Köln/Weimar 1999.
Moravia, Sergio, Beobachtende Vernunft. Philosophie und Anthropologie in der Aufklärung, Frankfurt a.M. 1989.
Muchembled, Roger, Kultur des Volkes – Kultur der Eliten. Die Geschichte einer erfolgreichen Verdrängung, Stuttgart 1982.
Münch, Paul/Rainer Walz (Hg.), Tiere und Menschen. Geschichte und Aktualität eines prekären Verhältnisses, Paderborn 1998.
Muir, Edward/Guido Ruggiero (Hg.), Microhistory and the Lost People of Europe, Baltimore/London 1991.
Nadin Mihai, The Civilisation of Illiteracy, Dresden 1997.
Naumann-Beyer, Waltraud, Anatomie der Sinne im Spiegel von Philosophie, Ästhetik und Literatur, Köln 2003.
Niethammer, Lutz/Alexander von Plato (Hg.), »Wir kriegen jetzt andere Zeiten«. Auf der Suche nach der Erfahrung des Volkes in nachfaschistischen Ländern, Berlin/Bonn 1985.
Obeyesekere, Gananath, The Apotheosis of Captain Cook. European Mythmaking in the Pacific, Princeton 1992.
Ong, Walter J., Crisis and Understanding in the Humanities, in: Daedalus, Vol. 98, Nr. 4, 1969, S. 617-640.
Ders., Rhetoric, Romance, and Technology, Ithaca/London 1971.
Ders., Interfaces of the word, Ithaca/London 1977.
Ders., Orality and Literacy. The Technologizing of the Word, London/New York 1982.
Reay, Barry, Microhistories, Demography, Society and Culture in Rural England 1800-1930, Cambridge 1996.
Reddy, William M., The Navigation of Feeling. A Framework for the History of Emotions, Cambridge 2001.
Reinhard, Wolfgang, Lebensformen Europas. Eine historische Kulturanthropologie, München 2004.
Rivlin, Robert/Karen Bravelle, Deciphering the Senses. The Expanding World of Human Perception, New York 1984.
Rodaway, Paul, Sensuous Geographics. Body, Sense and Place, London/New York 1994.
Roelcke, Volker, Krankheit und Kulturkritik. Psychiatrische Gesellschafts-

deutungen im bürgerlichen Zeitalter (1790-1914), Frankfurt a.M. u.a. 1999.
Rothman, Sheila M./David J. Rothman, The Pursuit of Perfection. The Promise and Perils of Medical Enhancement, New York 2003.
Sabean David, Property, Production and Family in Neckarhausen 1700 to 1870, Cambridge 1990.
Sahlins, Marshall D., Historical Metaphors and Mythical Realities. Structure in the Early History of the Sandwich Islands Kingdom, Ann Arbor 1981.
Ders., Der Tod des Kapitän Cook. Geschichte als Metapher und Mythos als Wirklichkeit, Berlin 1986.
Sarasin, Philipp/Jakob Tanner (Hg.), Physiologie und industrielle Gesellschaft. Studien zur Verwissenschaftlichung des Körpers im 19. und 20. Jahrhundert, Frankfurt a.M. 1998.
Ders., Reizbare Maschinen. Eine Geschichte des Körpers 1765-1914, Frankfurt a.M. 2001.
Schenda, Rudolf, Alphabetisierung und Literarisierungsprozesse in Westeuropa im 18. und 19. Jahrhundert, in: Ulrich Herrmann (Hg.), Geschichte des Erziehungs- und Bildungswesens in Deutschland, Basel 1981, S. 145-168.
Schindler, Norbert, Volkskultur. Zur Wiederentdeckung des vergessenen Alltags (16.-20. Jahrhundert), Frankfurt a.M. 1984.
Schings, Hans-Jürgen (Hg.), Der ganze Mensch. Anthropologie und Literatur im 18. Jahrhundert, (DFG-Symposium 1992), Stuttgart/Weimar 1994.
Schivelbusch, Wolfgang, Geschichte der Eisenbahnreise. Zur Industrialisierung von Raum und Zeit im 19. Jahrhundert, Frankfurt a.M./Berlin 1979.
Schlumbohm, Jürgen, Lebensläufe, Familien, Höfe. Die Bauern und Eigentumslosen des Osnabrücker Kirchspiels Belm in protoindustrieller Zeit, 1650-1860, Göttingen 1994.
Schulte, Regina, unter Mitwirkung von Pernille Arenfeldt u.a., Der Körper der Königin. Geschlecht und Herrschaft in der höfischen Welt (seit 1500), Frankfurt a.M. 2002.
Schwarte, Ludger/Christoph Wulf (Hg.), Körper und Recht. Anthropologische Dimensionen der Rechtsphilosophie, München 2003.
Simon-Muscheid, Katharina, Die Dinge im Schnittpunkt sozialer Beziehungsnetze: Reden und Objekte im Alltag (Oberrhein, 14.-16. Jahrhundert), Göttingen 2004.

Straus, Erwin, Vom Sinn der Sinne. Ein Beitrag zur Grundlegung der Psychologie, Berlin u.a. 1972.
Street, Brian V. (Hg.), Cross-Cultural Approaches to Literacy, Cambridge u.a. 1983.
Ders., Literacy in Theory and Practice, Cambridge 1984.
Tanner, Jakob, Fabrikmahlzeit. Ernährungswissenschaft, Industriearbeit und Volksernährung in der Schweiz 1890-1950, Zürich 1999.
Taussig, Michael, Mimesis and Alterity. A Particular History of the Senses, New York u.a. 1993.
Thompson, Edward P., Plebejische Kultur und moralische Ökonomie. Aufsätze zur Sozialgeschichte des 18. und 19. Jahrhunderts, Frankfurt a.M. 1980.
Ders., Die Entstehung der englischen Arbeiterklasse, Frankfurt a.M. 1987.
Todorov, Tzvetan, Die Eroberung Amerikas. Das Problem des Anderen, Frankfurt a.M. 1985.
Ventoura, Lina, Migration und Nation. Transformationen der Kollektivität und der gesellschaftlichen Positionen, Athen 1994.
Vinge, Louise, The Five Senses. Studies in a Literary Tradition, Lund 1975.
Walter, Tilmann, Medikalisierung, Körperlichkeit und Emotionen. Prolegomena zu einer neuen Geschichte des Körpers, in: Journal für Psychologie, Vol. 2, 2000, S. 25-49.
Wecker, Regina, Zwischen Ökonomie und Ideologie. Arbeit im Lebenszusammenhang von Frauen im Kanton Basel-Stadt 1870-1910, Zürich 1997.
Williams, Elizabeth A., The Physical and the Moral. Anthropology, Physiology, and Philosophical Medicine in France, 1750-1850, Cambridge 1994.
Wolf, Eric R., Die Völker ohne Geschichte. Europa und die andere Welt seit 1400, Frankfurt a.M./New York 1991.
Wolf, Ursula, Das Tier in der Moral, Frankfurt a.M. 1990.
Worsley, Peter, Die Posaune wird erschallen. ›Cargo‹-Kulte in Melanesien, Frankfurt a.M. 1973.

4. Zeitschriften und Periodika

American Anthropologist, Arlington 1888-1898, 1899 ff.
Annales. Histoires Sciences Sociales, Paris 1929 ff.
Bios. Zeitschrift für Biographieforschung und Oral History, Opladen 1988 ff.
Comparative Studies in Society and History, Cambridge 1959 ff.
Der Alltag. Sensationsblatt des Gewöhnlichen, Zürich 1978-1997.
Ethnologia Europaea, Journal of European Ethnology, Kopenhagen 1971 ff.
Historische Anthropologie, Kultur – Gesellschaft – Alltag, Köln/Weimar/Wien 1993 ff.
History and Anthropology, London 1984 ff.
Journal of Interdisciplinary History, Cambridge/London 1971 ff.
kea. Zeitschrift für Kulturwissenschaften/kea. Journal of cultural sciences, Bremen 1971 ff.
L'inactuel, Paris 1994 ff.
L'homme. Zeitschrift für feministische Wissenschaft, Wien 1990 ff.
Oral History Review, California 1973 ff.
Paragrana. Internationale Zeitschrift für Historische Anthropologie, Berlin 1992 ff.
Past and Present. A Journal of Historical Studies, Oxford 1951 ff.
Rural History. Economy, Society, Culture, Cambridge 1990 ff.
Saeculum. Jahrbuch für Universalgeschichte, Freiburg/München 1950 ff.
Technology and Culture. The International Quarterly of the Society for the History of Technology, Baltimore 1960 ff.
WerkstattGeschichte, Hamburg 1992 ff.

Jakob Tanner, geb. 1950, ist Professor für Geschichte der Neuzeit an der Forschungsstelle für Sozial- und Wirtschaftsgeschichte der Universität Zürich und Mitherausgeber der *Historischen Anthropologie*, der *Zeitschrift für Unternehmensgeschichte* und von *Gesnerus. Swiss Journal of the History of Medicine and Sciences.* Bücher u.a. (Hg. mit Philipp Sarasin), Physiologie und industrielle Gesellschaft. Studien zur Verwissenschaftlichung des Körpers im 19. und 20. Jahrhundert (1998); Fabrikmahlzeit. Ernährungswissenschaft, Industriearbeit und Volksernährung in der Schweiz, 1890-1950 (1999); (Hg. mit Harold James), Enterprise in the Period of Fascism in Europe (2002); (Hg. mit Sigrid Weigel), Gedächtnis, Geld und Gesetz. Vom Umgang mit der Vergangenheit des Zweiten Weltkrieges (2002). Eine Liste aller Veröffentlichungen und Forschungsprojekte findet sich unter der Adresse: http://www.fsw.unizh.ch/site.html.